新编21世纪高等职业教育精品教材 财务会计类

第3版

企业内部控制实务

主　编／张长胜
副主编／曾　辉　孙　娟　张　婷

中国人民大学出版社
·北京·

图书在版编目（CIP）数据

企业内部控制实务/张长胜主编．--3版．--北京
中国人民大学出版社，2023.5
新编21世纪高等职业教育精品教材．财务会计类
ISBN 978-7-300-31674-1

Ⅰ.①企…　Ⅱ.①张…　Ⅲ.①企业内部管理—高等职
业教育—教材　Ⅳ.①F272.3

中国国家版本馆CIP数据核字（2023）第077837号

新编21世纪高等职业教育精品教材·财务会计类
企业内部控制实务（第3版）
主　编　张长胜
副主编　曾　辉　孙　娟　张　婷
Qiye Neibu Kongzhi Shiwu

出版发行	中国人民大学出版社		
社　　址	北京中关村大街31号	**邮政编码**	100080
电　　话	010－62511242（总编室）		010－62511770（质管部）
	010－82501766（邮购部）		010－62514148（门市部）
	010－62515195（发行公司）		010－62515275（盗版举报）
网　　址	http://www.crup.com.cn		
经　　销	新华书店		
印　　刷	北京溢漾印刷有限公司	**版　　次**	2014年10月第1版
开　　本	787 mm×1092 mm　1/16		2023年5月第3版
印　　张	19.25	**印　　次**	2025年6月第2次印刷
字　　数	393 000	**定　　价**	45.00元

前言

习近平总书记在中国共产党第二十次全国代表大会上的报告指出："统筹职业教育、高等教育、继续教育协同创新，推进职普融通、产教融合、科教融汇，优化职业教育类型定位。"这一战略部署从实施科教兴国战略、强化现代化建设人才支撑的高度，明确了在全面建成社会主义现代化强国、实现第二个百年奋斗目标新的历史阶段，加快推进中国特色现代职业教育高质量发展的新目标、新领域、新赛道，是习近平新时代中国特色社会主义思想的重要组成部分。企业内部控制实务就是紧扣产教融合、科教融汇，培养现代化建设人才这个主题设置的一门重要课程。

企业内部控制是目前我国政府界、管理理论界和实务界的热点课题。热的原因不仅在于财政部等五部委联合发布了《企业内部控制基本规范》和《企业内部控制配套指引》，也不仅在于许多国家通过立法强化企业内部控制，使企业内部控制日益成为我国企业进入国际资本市场的"入门卡"和"通行证"，而且在于企业自身对内部控制体系建设的现实需要。建立和完善企业内部控制体系，对于企业科学分析、及时识别和正确评价影响企业生存、发展的各种不确定因素，有效构筑企业经营风险的"防火墙"，全面提高企业经营管理水平和风险防范能力，促进企业可持续发展，具有十分重要的意义。

企业建立科学、规范的内部控制体系需要大批精通企业内部控制理论和方法的人才。为此，全国中级会计专业技术资格考试、高级会计师资格考试以及注册会计师统一考试也将企业内部控制定位为中高级会计人员必须掌握的知识与技能，促使企业中高层管理人员学习和掌握企业内部控制技能；众多高等院校也纷纷开设了企业内部控制课程，让管理类、财经类专业学生了解和掌握企业内部控制理论和方法；社会上的企业内部控制培训活动更是如火如荼。

在上述背景下，编写一部以《企业内部控制基本规范》和《企业内部控制配套指引》为基本依据，采用理论联系实际的方法，系统讲解企业内部控制理论、方法及操作实务的教材，以满足高等院校管理类、财经类专业学生学习企业内部控制课程的需要，显得尤为必要。为此，我们编写了本书。本书主编张长胜是我国为数不多的横跨企业、咨询和高校三界任职的预算与内部控制专家。

本书在编写上力求突出四个特色：

一是内容规范性。本书以《企业内部控制基本规范》和《企业内部控制配套指引》及财政部会计司解读企业内部控制配套指引为基本依据，力求内容与政府法规相辅相成。

二是体系完整性。本书以内部控制五大要素为主线，以内部控制关键环节为重点，系统阐述了企业内部控制的理论与实务。

三是讲解通俗性。本书理论阐述与案例分析密切结合，重点讲解企业内部控制的基本方法和操作要点，讲解深入浅出、通俗易懂。

四是应用实务性。本书列举的内部控制案例和内控制度设计方法与企业内部控制实务无缝对接，是企业内部控制体系建设实践经验的归纳与总结，具有很强的实务性。

本书第二版于 2020 年 5 月荣获潍坊市第二十八次社会科学优秀成果三等奖。

企业内部控制是一门与时俱进的学科，其理论探索与实务操作具有很大的发展空间。为此，作者结合近年来的理论研究与企业实践成果对本书进行了完善和修订，力图反映近年来内部控制体系建设理论与实务的最新进展。特别是为了宣贯财政部、证监会《关于进一步提升上市公司财务报告内部控制有效性的通知》（财会〔2022〕8 号），本书增加了“财务报告控制”这一项目，同时删减了“全面预算控制”这一项目（全面预算控制在张长胜所著《企业全面预算管理》一书中有详细论述）。

本书由山东经贸职业学院产业教授、预算与内部控制研究院院长张长胜担任主编，新剑集团行政总裁（国青创新教育管理集团副理事长、中国农业大学国家大学科技园创业导师、讲座教授）曾辉、潍坊市财政局经济建设科高级会计师孙娟、潍坊新纪元企业管理咨询有限公司总经理张婷担任副主编。在本书的编写过程中，我们参阅了大量专家、学者的文献资料，谨向他们致以最诚挚的感谢！热切希望广大读者和致力于企业内部控制研究的专家、学者多提宝贵意见，以期不断改进和完善本书。

本书既可以作为高等院校管理类、财经类专业的教材，也可以作为企业进行内部控制培训与实施的参考书。

由于编者水平有限，书中不妥之处在所难免，敬请读者批评指正。

编者

2023 年 3 月

目　录

项目一

内部控制基础知识

教学目标

知识目标

理解内部控制的含义、作用

掌握内部控制的目标、原则与要素

能力目标

能表述我国企业内部控制规范体系的组成内容

能表述内部控制制度设计的程序、方法和内容

素养目标

培养日常风险管控意识

具有识别一般经营与财务风险的职业素养

学习指南

学习任务	知识概要
任务一 内部控制认知	内部控制的含义
	内部控制的目标
	内部控制的局限
	内部控制的原则
	内部控制的要素
	内部控制的作用
任务二 内部控制规范体系	内部控制规范体系概述
	企业内部控制基本规范
	企业内部控制应用指引
	企业内部控制评价指引
	企业内部控制审计指引
任务三 内部控制制度设计	内部控制制度设计概述
	内部控制制度的设计方式
	内部控制制度的设计思路
	内部控制制度的设计内容
	内部控制制度的设计程序和方法

教学引导

内部控制真的很重要！

临近大学毕业，李立同学到圣源机械应聘会计职位。财务部王经理让李立回答了诸如会计要素、会计对象、会计等式、记账规则等会计基本知识，还让李立做了几个业务活动的会计分录，这些都没有难倒已经取得初级会计资格证书的李立。

课程简介

正当李立暗自高兴时，王经理突然问道："你在学校学过内部控制这门课程吗？"李立不知所措地回答："内部控制是选修课，我感觉与会计工作没啥关系，所以就没学……"

"没学？与会计工作没关系？"王经理没等李立说完就抢过了话题，"内部控制不仅与会计工作关系密切，而且是会计人员的必备技能之一。”

“什么？有这么重要吗?”看到李立满脸疑惑的样子，王经理索性给李立讲述了会计人员必须学习和掌握内部控制技能的四大原因：

第一，财政部等五部委自2008年以来就陆续颁布了《企业内部控制基本规范》和《企业内部控制配套指引》，要求企业搞好内部控制体系建设。

第二，世界上许多国家通过立法强化企业内部控制，使企业内部控制日益成为我国企业进入国际资本市场的“入门卡”和“通行证”。也就是说，我国企业如果不建立规范的内部控制体系，就难以跨出国门，走向世界。

第三，实践证明，企业的经营活动，得控则强、失控则弱、无控则乱。建立和完善企业内部控制体系，对于提高企业经营管理水平和风险防范能力，促进企业可持续发展具有十分重要的意义。

第四，当前，企业建立规范的内部控制体系需要大批精通内部控制理论和方法的人才。为此，全国中级会计专业技术资格考试、高级会计师资格考试以及注册会计师统一考试也将企业内部控制定位为中高级会计人员必须掌握的一种知识与技能，促使会计人员学习和掌握内部控制技能。

听完王经理的一席话，李立再也坐不住了。“王经理，感谢您让我明白了学习内部控制的重要性，我们学校正在开设内部控制课程，我决定先不参加工作，回学校学习内部控制课程去!”

“好啊，学好内部控制，公司欢迎您再来应聘!”王经理赞许道。

【问题思考】我们为什么要学习企业内部控制实务这门课程?

任务一
内部控制认知

一、内部控制的含义

内控基础知识概述

2008年6月28日，财政部、证监会、审计署、银监会、保监会联合发布的《企业内部控制基本规范》，对内部控制的概念进行了权威性的解释，即“内部控制是由企业董事会、监事会、经理层和全体员工实施的、旨在实现控制目标的过程”。

内部控制的定义有着极为丰富的内涵，需要从以下五个方面理解其深刻含义：

（一）内部控制的主体具有全员性

“全员控制”“人人都是控制者”是内部控制的显著特征。它既包括企业董事会、监事会和经理层，也包括除董事会、监事会和经理层以外的全体员工。

（1）董事会是企业最高决策机构，对企业的所有重大事项都有最高决策权。因此，董事会理应是企业内部控制的第一责任人，负责建立和完善企业内部控制的政策和方案，监督企业内部控制的运转和执行。

（2）监事会是企业最高监督机构，拥有对董事、经理执行公司职务时违反法律法规或者公司章程的行为进行监督的权利和职责，并对公司财务状况进行检查、监督。因此，监事会也是企业内部控制的责任人。

（3）经理层是企业的执行机构，直接负责企业的日常经营管理工作。因此，经理层是企业内部控制的直接责任人，对企业内部控制制度的制定和有效执行承担责任。

（4）全体员工都在实现企业内部控制目标的过程中承担相应职责并发挥积极作用。因此，全体员工也是企业内部控制的责任人。全体员工要强化风险意识，以主人翁的姿态积极参与企业内部控制的建立与实施，并主动承担相应的责任，而不是被动地遵守企业内部控制的相关规定。

（二）内部控制的客体具有全面性

内部控制覆盖企业及其所属单位的各种业务和事项，既包括企业人、财、物各方面，又包括产、供、销各环节。也就是说，企业的方方面面都是内部控制的对象。

（三）内部控制的目标具有多元性

从本质上讲，内部控制是企业的一项管理活动，而任何管理活动都是有目标的，企业实施内部控制的目标是《企业内部控制基本规范》中既定的合规目标、资产目标、报告目标、经营目标和战略目标。

（四）内部控制的方法具有多样性

内部控制的方法包括经济的、教育的、制度的、法律的、行政的等控制方法。

（五）内部控制的过程具有全程性

做任何事情都需要一个过程，内部控制也不例外。内部控制的过程是一个“全过程”，既包括内部控制体系的设置和建设过程，又包括内部控制的实施、执行和监督过程，还包括对内部控制结果的考核、分析过程，以及对内部控制体系诸方面的不断改进、完善过程。同时，内部控制还是一个动态的过程，一个防患于未然的过程，一个发现问题→解决问题→发现新问题→解决新问题的循环往复的过程。企业的经营活动不停止，企业的内部控制过程也不会停止。

总之，内部控制是由企业董事会、监事会、经理层和全体员工在本企业实施的、旨在实现控制目标的过程，是一个全面、全员、全方位、全过程的过程。

二、内部控制的目标

《企业内部控制基本规范》指出："内部控制的目标是合理保证企业经营管理合法合规、资产安全、财务报告及相关信息真实完整，提高经营效率和效果，促进企业实现发展战略。"

上述五个目标是企业的总体控制目标。其中，战略目标是企业最高层次的目标，经营目标、资产目标、报告目标和合规目标是建立在战略目标基础上的业务层面目标。尽管企业董事会、监事会、经理层和一般员工的管理层次不同，在控制的具体对象上、方法上和目标上也不完全相同，但其总体控制目标是一致的。否则，企业就无法统一全体员工的思想和行动，更谈不上实现内部控制目标。

（一）合规目标——遵循国家法律法规

内部控制要合理保证企业经营管理合法合规。依法经营、诚实守信是政府、法律和社会对企业的基本要求，是企业从事经营活动的底线，也是企业健康发展、经久不衰的基石。逾越法律、投机取巧可能取得一时发展，但终将付出沉重代价。内部控制要求企业将发展置于国家法律法规允许的基本框架之下，在诚信守法的基础上实现自身的持续发展。

（二）资产目标——维护资产安全

内部控制要合理保证企业的资产安全。保护企业资产的安全完整，是投资者、债权人和其他利益相关者对企业经营管理者的基本要求，是企业可持续发展的物质基础，也是企业经营管理者的基本职责。内部控制系统应当为企业资产的安全完整提供坚实的保障。

（三）报告目标——提高财务信息质量

内部控制要合理保证企业的财务报告及相关信息真实完整。真实可靠的信息资料能够为企业的决策、执行、监督提供依据，支持企业经营活动的顺利进行；同时，对外披露信息报告的真实完整，有利于提升企业的诚信度和公信力，维护企业良好的声誉和形象。因此，财务报告及相关信息的真实、可靠与完整，不仅是企业经营管理活动的需要，也是政府、法律法规、投资者、债权人、其他利益相关者、行业及专业管理机构对企业经营管理者的基本要求，是企业诚信经营、长久经营之道。

（四）经营目标——提升经营效率和效果

内部控制要合理保证提升企业的经营效率和效果。提升经营效率和效果，不仅是企业发起成立的宗旨、投资者的目的和经营管理者的职责，而且是企业生存、发展的物质源泉。因此，企业应当结合自身所处的经营环境、行业环境和经济环境，通过建立健全有效的内部控制体系，不断提高企业的经营效率和效果。

（五）战略目标——促进企业实现发展战略

内部控制要合理保证促进企业实现发展战略。发展战略是企业现在及未来的发展思路和具体安排，是企业发展中带有全局性、长远性、根本性的总构想，也是内部控制的终极目标。“人无远虑，必有近忧”，促进发展战略的实现，不仅是投资者对企业决策者、经营管理者的要求，而且是企业成为百年老店的必由之路。因此，企业应当将短期利益与长远利益结合起来，在企业经营管理中努力做出符合战略要求的策略选择。通过内部控制规范体系的建立与实施，有效提升企业可持续发展能力和创造长久价值的能力。

三、内部控制的局限

受内部控制体系固有局限和内部控制自身特性的影响，内部控制只能为实现控制目标提供合理保证。合理是指合乎内部控制的规律、道理和事理；合理保证是指内部控制的目标是将企业风险降至在正常情况下可以接受的水平。

无论企业内部控制体系设计得多么完美、运行得多么顺畅，都只能对控制目标的实现提供合理保证，而不是绝对保证。其原因主要有以下两个方面：

（一）受内部控制体系固有局限的影响

内部控制体系的固有局限性产生于内部控制设计和内部控制运行两个环节。在内部控制设计环节，由于受成本效益原则的制约，以及内部控制制度不可能做到面面俱到、包罗万象，因此内部控制体系的设计往往存在预留的风险敞口①；在内部控制运行环节，决策过程中可能出现错误判断，执行过程中可能出现错误或过失，以及因勾结串通或管理层越权而导致内部控制措施失去应有的效能等，都有可能导致错弊发生或错弊发生后未被发现。因此，内部控制在设计和运行环节只能为控制目标的实现提供合理保证。

（二）受内部控制自身特性的影响

内部控制属于管理科学，与其他管理科学一样，内部控制的主体、客体具有复杂性、多变性和不确定性，许多因素难以量化，无法完全预知。由于内部控制主要是与人发生关系，对人的行为进行控制，因此人的心理因素也是一项不可忽略的因素。在这样复杂的情况下，人们还没有找出更有效的定量方法使内部控制本身精确化，只能借助定性的方法或者利用统计学的原理来研究内部控制。可以说，内部控制是一门不很精确的科学。

---

① 风险敞口是指未采取保护措施的风险。

因此，理想化的、没有任何瑕疵的内部控制是不存在的，评价内部控制是否合格的标准主要不是看其控制系统是否存在缺点或不足，而是看这种缺点或不足是否阻碍其为控制目标的实现提供合理保证。

从上述意义上讲，企业内部控制体系的设计与运行没有最好，只有更好！

案例分析

某公司高层召开建立内部控制规范体系座谈会。

A领导首先发言："加强内部控制建设十分重要，可以杜绝串通舞弊、贪污浪费等违法违纪现象的发生。"

B领导接着发言："内部控制主要涉及财务管理，建议由总会计师牵头抓好这项工作。"

C领导随后发言："公司追求的是利润最大化，一切制度安排都要将利润最大化作为唯一目标，内部控制建设也不例外。"

分析要求：

根据内部控制的定义与理论，分析A、B、C三位领导发言存在的缺陷或不恰当的地方。

分析提示：

A领导发言存在的缺陷是：

（1）内部控制由于其固有的局限性以及出于成本效益的考虑，只能合理保证有关目标的实现，不能完全杜绝违法违纪现象的发生。

（2）内部控制涉及五个方面的目标，这五个目标是一个完整的系统，不能仅仅局限在某一方面或某几个方面。

B领导发言存在的缺陷是：

（1）内部控制的客体覆盖了企业的各种业务和事项，既包括人、财、物各方面，又包括产、供、销各环节。因此，内部控制主要涉及财务管理的说法是不恰当的。

（2）内部控制的实施主体是董事会、监事会、经理层和全体员工，董事会是企业内部控制的第一责任人。因此，应由董事长牵头抓好企业的内部控制建设。

C领导发言存在的缺陷是：

（1）以利润最大化作为内部控制的唯一目标的观点不恰当。内部控制的目标不仅包括经营目标，而且包括战略目标、报告目标、资产目标和合规目标。

（2）内部控制建设与实现利润最大化并不矛盾，C领导的发言有将两者对立起来的倾向。

四、内部控制的原则

内部控制原则是指企业建立与实施内部控制所应遵循的基本标准或法则。我国的

《企业内部控制基本规范》为企业建立与实施内部控制规定了应当遵循的五项原则，即全面性原则、重要性原则、制衡性原则、适应性原则和成本效益原则。

（一）全面性原则

全面性原则是指内部控制应当贯穿决策、执行和监督全过程，覆盖企业及其所属单位的各种业务和事项。内部控制是全面控制，全面性原则是针对内部控制主体和客体做出的规定。

（1）内部控制的主体是“全面的”。董事会、监事会、经理层和其他全体员工都是内部控制的实施者，没有一个员工是局外人。

（2）内部控制的客体是“全面的”。从控制范围上看，它覆盖了企业及其所属单位的各种业务和事项；从控制层次上看，它不仅要在企业总部层面执行，还要贯穿二级公司、三级公司；从控制过程上看，它贯穿了企业决策、执行、监督和反馈的全过程，要求决策科学、执行有效，监督有力、反馈及时。

（二）重要性原则

重要性原则是指内部控制应当在全面控制的基础上，关注重要业务、事项和高风险领域。全面性原则有助于从企业生产经营活动的全过程来构建内部控制体系。但是，任何组织都不可能对每一个部门、每一个环节的每一个人在每一个时刻的行为进行全面控制，绝对的全面控制既不可能也没有必要。内部控制应当在全面控制的基础上，选择关键控制点，关注重要业务、事项和高风险领域，并采取更为严格的控制措施，确保不存在重大缺陷。重要性原则的应用需要一定的职业判断，企业应当根据所处行业环境和经营特点，从业务、事项的性质和涉及金额两方面来考虑是否实行及如何实行重点控制。

（三）制衡性原则

制衡性原则是指内部控制应当在治理结构、机构设置及权责分配、业务流程等方面相互制约、相互监督，同时兼顾运营效率。绝对权力导致绝对腐败。因此，所谓制衡，一般是指权力制衡，要求权力不是集中在企业的某一部门或某一部分人手中，更不是个人独揽，而是将权力分割成若干部分，为不同机构、部门、个人所分掌，从而在不同权力主体之间形成相互牵制、互为监督的制衡关系。

（四）适应性原则

适应性原则是指内部控制应当与企业经营规模、业务范围、竞争状况和风险水平等相适应，并随着情况的变化及时加以调整。

企业的内部控制并不是一个固定不变的模式，而是必须与企业的具体情况相适应。由于各企业的性质、业务范围、经营规模、企业文化、员工素质等方面各不相同，所处的内外环境、竞争状况、风险水平等因素也存在差异，因此内部控制的设计必须因企制宜，从本企业的实际情况出发。如果生搬硬套其他企业的内部控制体系，必然南辕北辙，流于形式。

另外，内部控制要随着企业内外环境变化、经营业务调整、管理要求提高等因素不断改进和完善。企业在发展，市场在变化，国家的法律法规也在不断完善，如果制定一个内部控制体系后永不改进，就会像紧箍咒一样捆住企业的手脚，束缚企业的发展。因此，内部控制要在保持相对稳定的前提下，随着企业实际情况和外部环境的变化及时调整和改进。

（五）成本效益原则

成本效益原则是指内部控制应当权衡实施成本与预期效益，以适当的成本实现有效控制。企业内部控制的建立与实施必须统筹考虑投入成本和产出效益之比，实现以合理的成本控制达到最佳的控制效益。企业因实行内部控制所花费的代价不能超过由此而获得的效益，否则就会得不偿失、舍本逐末。

同时，对成本效益原则的判断需要从企业整体利益和长远利益出发，尽管某些控制可能会影响眼前利益和运营效率，但是可以使整个企业避免面临可能的巨大风险和损失，此种情况就应建立和实施相应的内部控制。

案例分析

真谛公司仓储部每天物资的出入库数量非常大，月末盘点时总会出现盘盈或盘亏现象，全年累计盘盈或盘亏在 20 万元左右。在完善仓储物资内部控制措施时，仓储部经理提出了两个方案：

方案一：增加 1 名仓储监管员，细化物资出入库管理和盘点工作，这样可以将全年累计盘盈或盘亏控制在 2 万元左右。仓储监管员的薪金支出为每年 10 万元。

方案二：从银行借款 500 万元，引入仓储标准化管理系统，在不增加保管员的情况下，可以确保不出现盘盈或盘亏现象。银行借款的利息支出为每年 30 万元。

分析要求：

（1）从控制的角度分析，哪个方案更严密？

（2）真谛公司应选择哪个方案？为什么？

分析提示：

（1）从控制的角度分析，方案二比方案一严密，可以“确保不出现盘盈或盘亏现象”。

（2）真谛公司应选择防控措施不太严密的方案一。原因是：方案二尽管可以做到确保不出现盘盈或盘亏现象，但是每年利息支出高达 30 万元，付出的成本远高于每年的盘盈或盘亏 20 万元左右，属于得不偿失，不符合内部控制的成本效益原则。方案一尽管做不到万无一失，但是每年只增加 10 万元的成本支出就可将全年盘盈或盘亏金额由 20 万元左右降为 2 万元左右，符合内部控制的成本效益原则。

五、内部控制的要素

内部控制要素是指构成内部控制必不可少的因素，是内部控制的基本框架。我国的《企业内部控制基本规范》将内部控制要素定义为内部环境、风险评估、控制活动、信息与沟通、内部监督五大组成部分。

（一）内部控制要素的组成

1. 内部环境

内部环境是企业建立与实施内部控制的基础，一般包括治理结构、机构设置及权责分配、发展战略、人力资源、企业文化和社会责任等内容。

内部环境是试金石，它反映了企业董事会、监事会和经理层对内部控制重要性的认识和态度；内部环境是内部控制赖以生存的土壤，是内部控制其他要素的基础，为其他要素提供约束和保障，决定着内部控制的存在与发展空间；内部环境是一种氛围，它塑造着企业文化，影响着企业战略和目标的制定以及风险的识别、评估和应对，影响着企业员工的控制意识，影响着企业员工实施控制活动和履行控制责任的态度、认识和行为。因为内部环境往往是因企而异的，所以内部环境的差异是造成各企业内部控制实施差异和效果差异的根本原因。

2. 风险评估

风险评估是企业及时识别、系统分析经营活动中与实现内部控制目标相关的风险，合理确定风险应对策略的行为与过程。风险是指可能对企业实现控制目标产生负面影响的不确定因素和事项。

风险评估是企业实施内部控制的重要环节和重要依据，主要包括目标设定、风险识别、风险分析和风险应对等环节。

目标设定是指企业针对各项业务活动或事项制定的控制目标，是进行风险评估的前提和基础。风险识别是指对企业实现控制目标可能遇到或发生的各种风险进行判断、分析和确认的过程。风险分析是在风险识别的基础上，采用定性与定量相结合的方法，对风险发生的可能性、影响程度等事项进行分析和排序，确定重点关注的风险和优先控制的风险，以便为风险应对提供依据的过程。风险应对是指企业在风险分析的基础上，结合风险承受度，权衡风险与收益，确定风险应对策略，实现对风险有效控制的过程。

风险应对策略是指有效控制相关风险的方法和措施。其中，风险规避是企业对超出风险可承受度的风险，通过放弃或者停止与该风险相关的业务活动以避免和减少损失的策略；风险降低是企业在权衡成本效益之后，准备采取适当的控制措施降低风险或减少损失，将风险控制在可承受度之内的策略；风险分担是企业准备借助他人力量，采取业务分包、购买保险等方式和适当的控制措施，将风险控制在可承受度之内的策略；风险承受是企业对风险可承受度之内的风险，在权衡成本效益之后，不准备采取控制措施降低风险或减少损失的策略。

企业应当根据设定的控制目标，全面、系统、持续地收集相关信息，结合实际情况，及时进行风险识别。要根据风险分析的结果，结合风险承受度，权衡风险与收益，确定风险应对策略，有效避免或降低内外风险对企业产生的不利影响。

3. 控制活动

控制活动是企业针对具体业务和事项，根据风险评估结果，采用相应的控制措施，将风险控制在可承受度之内的过程。

风险评估知识拓展

控制活动是企业实施内部控制的具体方式。常用的控制措施一般包括：不相容职务分离控制、授权审批控制、会计系统控制、财产保护控制、全面预算控制、运营分析控制和绩效考评控制等。

企业应当根据内部控制目标，结合风险评估结果，通过手工控制与自动控制、预防性控制与检查性控制相结合的方法，综合运用控制措施，对各种业务和事项实施有效控制，将风险控制在可承受度之内。

4. 信息与沟通

信息与沟通是企业及时、准确地收集、传递与内部控制相关的信息，确保信息在企业内部、企业与外部之间进行有效沟通。

信息与沟通是企业实施内部控制的重要条件。其构成要素一般包括建立信息与沟通制度、提高信息质量和有用性、及时沟通与反馈信息、利用信息技术建立信息系统、建立反舞弊机制等。信息与沟通的方式虽是灵活多样的，但无论哪种方式，都应当保证信息的真实性、及时性和有用性。

企业应当建立信息与沟通制度，明确内部控制相关信息的收集、处理和传递程序，确保信息及时沟通，促进内部控制有效运行。

5. 内部监督

内部监督是指企业对内部控制建立与实施情况进行监督检查，评价内部控制的有效性，发现内部控制缺陷，及时加以改进。

内部监督是实施内部控制的重要保证，是对内部控制的自我控制，一般包括对内部控制建立与实施情况的监督检查、评价内部控制的有效性、对发现的内部控制缺陷及时加以改进等。

企业应当根据有关法规制定内部监督制度，明确内部审计机构和其他内部机构在内部监督中的职责权限，规范内部监督的程序、方法和要求。

（二）内部控制五要素的关系

内部控制五要素既相对独立又相互联系，形成一个有机整体。其构成框架如图 1-1 所示。

内部控制五要素之间的关系是：

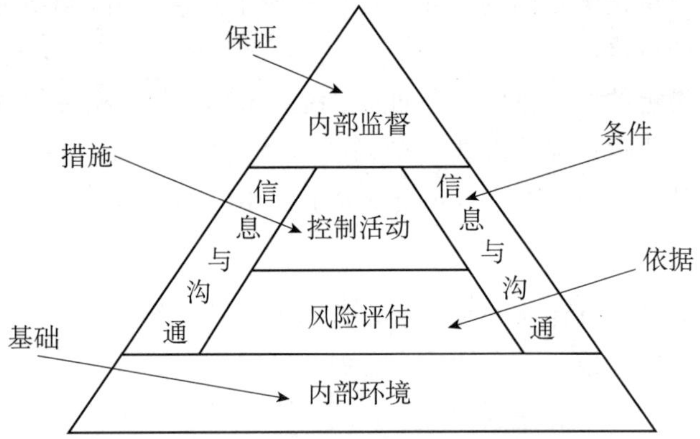

图 1-1　内部控制五要素构成框架图

（1）内部环境是实施内部控制的重要基础。内部环境决定着内部控制的存在与发展空间，影响着内部控制其他要素的有效运行和作用发挥。

（2）风险评估是实施内部控制的重要依据。通过风险评估，企业可以及时识别、科学分析与实现控制目标相关的风险，合理确定风险应对策略，为控制活动提供基础和依据。

（3）控制活动是实施内部控制的重要措施。控制活动根据风险应对策略，采用相应的控制措施，将风险控制在可承受度之内。控制活动的过程也是采取控制措施落实风险应对策略的过程。

（4）信息与沟通是实施内部控制的重要条件。信息与沟通在五项要素之间发挥着纽带和桥梁作用：内部环境与其他要素之间的联系需要通过信息与沟通完成，风险评估、控制活动和内部监督的实施需要以信息与沟通为媒介，各项要素的实施结果也需要通过信息与沟通进行反馈和交流。

（5）内部监督是实施内部控制的重要保证。内部监督是对内部控制建立与实施情况的监督检查，通过内部监督可以发现内部控制缺陷，改善内部控制体系，提高内部控制的有效性。因此，内部控制所有要素都要接受内部监督的制约，实现内部控制的自我控制。

六、内部控制的作用

内部控制作为企业管理的重要组成部分，在防范企业风险、保证财务信息质量、保护资产安全、促进企业有效经营、夯实审计基础等方面发挥着越来越大的作用。

（一）防范企业风险，促进持续发展

企业运营，控制风险是第一要务。企业从诞生那天起，就无时无刻不处在倒闭的风险之中。因此，企业要想达到持续发展的目标，就必须对来自企业外部和内部的各类风险进行有效的防范和控制。我国企业内部控制建设的基本目标是“建立一套以防范风险

和控制舞弊为中心、以控制标准和评价标准为主体的内部控制制度体系”，企业通过建立与实施全面、全员、全方位、全过程的内部控制规范体系，可以有效防范企业风险的发生，将企业的各种风险消灭在萌芽阶段，从而促进企业健康、持续发展。

（二）保证财务信息质量，维护企业信誉

保证财务报告及相关信息真实完整，不仅是政府、法规、投资者及其他利益相关者的要求，也是企业管理者了解过去、控制目前、预测未来、做出决策的必要条件，是维护企业信誉、提升企业公信力的百年大计。通过建立和实施企业内部控制规范体系，可以有效规范会计信息的采集、归类、记录、核算和报告过程，真实反映企业生产经营活动过程与经营成果、现金流量及资产、负债、所有者权益的实际状况，及时发现和纠正各种错弊，从而有效保证财务报告及相关信息的真实性和完整性。

（三）保护资产安全，维护长治久安

资产是企业从事生产经营活动的物质基础，企业要想在激烈的市场竞争中求得生存和发展，就必须保证各项资产安全完整、有效运行。企业一旦失去资产，就失去了从事生产经营活动的基本条件，就会陷入混乱。通过建立和实施内部控制规范体系，采取各种控制手段，企业可以科学、有效地监督、控制财产物资的采购、计量、验收、使用、保管、销售等各个环节，防止贪污、盗窃、滥用、毁坏、浪费等不法行为的发生，保护企业资产安全完整，维护企业长治久安。

（四）促进企业有效经营，提高经营效率

提高盈利能力是企业生产经营活动的行为目标。没有盈利能力，企业就无法生存；没有足够的利润空间，企业就无法发展壮大。而只有提高企业的经营效率和效果，企业盈利才能变为现实。通过建立和实施内部控制规范体系，企业可以科学理顺人、财、物各个方面和产、供、销各个环节，充分发挥整体的效能，增加收入，节约开支，杜绝浪费，规避风险，有效提高经营管理水平，从而促进有效经营，提高经营效率和效果。

（五）夯实审计基础，规避审计风险

审计风险是指审计人员对存有重大错报和漏报的财务报表审计后却认为该重大错报和漏报并不存在，从而发表的审计意见与事实不符的风险。随着市场经济的发展，社会审计的范围逐渐拓宽，审计的要求越来越高，审计风险日益增大。通过建立和实施内部控制规范体系，可以有效保证财务报告及相关信息的准确性、完整性，为社会审计提供良好的工作基础，有效规避审计风险，并大大降低审计成本，提高审计效率，最终提高企业的经济效益。

任务二

内部控制规范体系

一、内部控制规范体系概述

我国企业内部控制规范体系由《企业内部控制基本规范》《企业内部控制应用指引》《企业内部控制评价指引》和《企业内部控制审计指引》四部分共同组成。

《企业内部控制基本规范》在企业内部控制规范体系框架中处于最高层次，起着统驭作用，是制定《企业内部控制应用指引》《企业内部控制评价指引》和《企业内部控制审计指引》的基本依据；《企业内部控制应用指引》在企业内部控制规范体系框架中居于主体地位，是依据基本规范和有关法律法规制定的，是企业建立健全内部控制规范体系的指引；《企业内部控制评价指引》和《企业内部控制审计指引》在企业内部控制规范体系框架中处于基础地位，是依据有关法律法规、基本规范和应用指引制定的。《企业内部控制评价指引》是为企业管理层对本企业内部控制进行自我评价提供的指引和要求，《企业内部控制审计指引》是注册会计师和会计师事务所执行内部控制审计业务的执业准则。

《企业内部控制基本规范》《企业内部控制应用指引》《企业内部控制评价指引》和《企业内部控制审计指引》之间既相互独立又相互联系，形成一个有机整体。我国企业内部控制规范体系如图 1－2 所示。

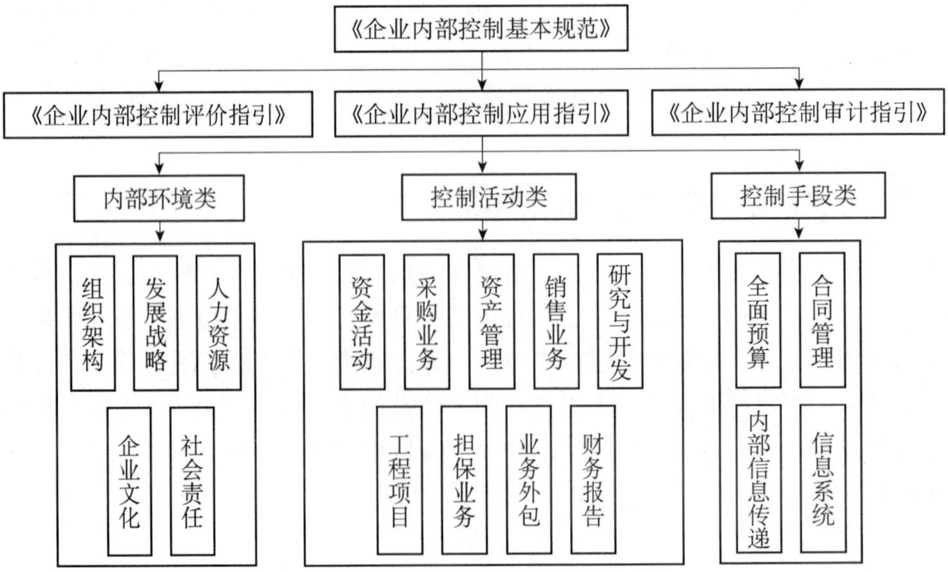

图 1－2　企业内部控制规范体系示意图

二、企业内部控制基本规范

《企业内部控制基本规范》是财政部会同证监会、审计署、银监会、保监会制定的，是我国企业建立与实施内部控制的统一标准和基本要求，也是制定《企业内部控制应用指引》《企业内部控制评价指引》《企业内部控制审计指引》的基本依据。它阐述了企业建立与实施内部控制规范体系必须构建的框架结构，规定了内部控制的定义、目标、原则、要素等基本内容。

（一）制定目的及依据

为了加强和规范企业内部控制，提高企业经营管理水平和风险防范能力，促进企业可持续发展，维护社会主义市场经济秩序和社会公众利益，根据《中华人民共和国公司法》《中华人民共和国证券法》《中华人民共和国会计法》和其他有关法律法规，制定《企业内部控制基本规范》。

（二）制定、实施时间及适用范围

《企业内部控制基本规范》于 2008 年 5 月 22 日制定，于 2008 年 6 月 28 日发布，适用于中华人民共和国境内设立的大中型企业；自 2009 年 7 月 1 日[①]起在上市公司范围内施行，鼓励非上市的大中型企业执行，小企业和其他单位可以参照《企业内部控制基本规范》建立和实施内部控制。

（三）总体结构

《企业内部控制基本规范》共七章五十条，总体结构如表 1－1 所示。

表 1－1 《企业内部控制基本规范》的总体结构

章序	标题	条数	内容
第一章	总则	十条	说明制定《企业内部控制基本规范》的目的、依据及适用范围，内部控制的定义和目的，建立和实施内部控制的原则、要素、基本要求等
第二章	内部环境	九条	主要说明治理结构、机构设置及权责分配、内部审计、人力资源政策、企业文化等内部环境的要素和基本要求
第三章	风险评估	八条	主要说明风险识别、风险分析、风险应对策略等的主要内容和基本要求
第四章	控制活动	十条	主要说明控制方法、控制措施等控制活动要素的主要内容和基本要求
第五章	信息与沟通	六条	主要说明信息与沟通的地位、作用及基本要求

① 由于受宏观经济等因素的影响，《企业内部控制基本规范》的实际实施时间延后至 2010 年 1 月 1 日。

续表

章序	标题	条数	内容
第六章	内部监督	四条	主要说明内部监督主体、监督的分类、缺陷认定标准、缺陷分类、内部自我评价报告等内容
第七章	附则	三条	说明解释权限、配套制度制定权限、实施日期

三、企业内部控制应用指引

《企业内部控制应用指引》是企业建立健全内部控制规范体系的指引，在整个内部控制规范体系中占据主体地位。目前，我国已出台的《企业内部控制应用指引》共18项，由三类指引（内部环境类指引、控制活动类指引和控制手段类指引）组成，基本涵盖企业资金流、实物流、人力流、业务流和信息流等各项业务和事项。

（一）内部环境类指引

内部环境类指引共有五项，包括组织架构、发展战略、人力资源、企业文化和社会责任。

内部环境是影响、制约企业内部控制建立与实施的各种内部因素的总称，是企业实施内部控制的基础，它支配着企业全体员工的内控意识，影响着全体员工实施控制活动和履行控制责任的态度、认识和行为。内部环境在企业内部控制规范体系中处于基础地位，支撑着企业整个内部控制框架，反映企业各层级对内部控制的要求。一个企业的内部环境如果不好，内部控制就不可能好。

（二）控制活动类指引

控制活动类指引共有九项，包括资金活动、采购业务、资产管理、销售业务、研究与开发、工程项目、担保业务、业务外包和财务报告。

控制活动是指对企业各项具体业务活动实施的控制。企业是依法设立的以盈利为目的、从事商品的生产经营和服务活动的经济组织。从事商品的生产经营和服务活动是企业各项业务活动的核心内容，也是企业内部控制的主要对象。

（三）控制手段类指引

控制手段类指引共有四项，包括全面预算、合同管理、内部信息传递和信息系统。

控制手段是指实施内部控制活动的方法和工具。内部控制的手段有很多，控制手段类指引偏重于“工具”性质，其列举的控制手段往往涉及企业整体业务或管理。

四、企业内部控制评价指引

内部控制评价是指企业董事会或类似权力机构对内部控制的有效性进行全面评价，

形成评价结论，出具评价报告的过程。在企业内部控制实务中，内部控制评价是极为重要的一环，它与企业的内部监督一起，共同构成了对企业内部控制建立与实施的自我监督、检查、诊断与评价。

《企业内部控制评价指引》的制定和发布，为企业开展内部控制自我评价提供了一个共同遵循的标准，为参与国际竞争的中国企业在内部控制建设方面提供了自律性要求，有利于提高投资者、社会公众乃至国际资本市场对中国企业素质的信任度。

《企业内部控制评价指引》的主要内容包括企业实施内部控制评价应当遵循的原则、内部控制评价的内容、内部控制评价的程序、内部控制缺陷的认定和内部控制评价报告等。

五、企业内部控制审计指引

内部控制审计是指会计师事务所接受委托，对企业特定基准日内部控制设计与运行的有效性进行审计。它是企业内部控制规范体系实施中引入的强制性要求，既有利于促进企业健全内部控制体系，又能增强企业财务报告的可靠性。

《企业内部控制审计指引》的制定和发布，为规范会计师事务所的内部控制审计行为和注册会计师衡量企业内部控制是否有效提供了基础标准。

《企业内部控制审计指引》的主要内容包括：内部控制审计责任的划分、审计范围、审计要求、计划审计工作、实施审计工作、评价控制缺陷、完成审计工作、出具审计报告、记录审计工作等。

总之，《企业内部控制基本规范》和《企业内部控制配套指引》的制定和发布，标志着“以防范风险和控制舞弊为中心、以控制标准和评价标准为主体，结构合理、层次分明、衔接有序、方法科学、体系完备”的企业内部控制规范体系建设目标在法规层面上基本建成，这是继中国企业会计准则、审计准则体系建成并有效实施之后的又一项重大系统工程。

任务三

内部控制制度设计

一、内部控制制度设计概述

内部控制制度设计是以国家有关财经法规、内部控制规范及其配套指引为依据，结合企业具体情况和管理需要，运用内部控制理论和方法，采用文字、图示、表格等形式，对企业内部控制制度进行系统规划、明确规定并使之规范化、文本化的管理活动。

企业内部控制制度设计是一项系统工程，涉及企业经营管理的各个方面和各个环节。企业内部控制制度能否发挥预期的作用，很大程度上取决于制度的设计是否科学、合理和完善。

二、内部控制制度的设计方式

企业内部控制制度设计是一项复杂的系统工程。从本质上讲，一个科学、合理、有效、实用的企业内部控制制度是理论与实践活动相结合的产物，是管理方法与操作经验的结晶。企业内部控制制度设计者除了要熟谙企业内部控制的一般规律、程序和方法，熟悉和理解企业的生产经营特点和管理要求外，还应掌握哲学、政治经济学以及系统论、信息论和控制论等现代理论和技术，它们能够为内部控制制度设计提供理论和一般方法指导，确保制度设计的科学、有效。

在企业内部控制制度设计实务中，企业需要根据内部控制制度设计的范围、内容、难易程度等具体情况决定内部控制制度的设计方式。一般而言，企业内部控制制度的设计方式主要有自行设计、委托设计和联合设计三种。

（一）自行设计

自行设计是指由企业自己的人员组织和独立进行的制度设计。这种方式的优点是：设计人员了解企业的基本情况和业务流程，掌握企业的管理需要，便于不同相关部门和人员的沟通，节省设计费用。缺点是：内部设计人员往往囿于成说、创新不足、保守有余，难以在制度设计创新上取得突破；如果同时设计全部内部控制制度，则时间上不能保证；假若设计人员的学识水平达不到要求，则很难保证内部控制制度的设计质量，最终导致成本提高。自行设计方式适用于企业单项内部控制制度的设计或本企业拥有高水平制度设计团队的情况。

（二）委托设计

委托设计是指企业委托、聘请社会上的管理咨询服务机构、会计师事务所或其他内部控制专家为企业设计内部控制制度。这种方式的优点是：设计人员一般为理论水平、技术水平较高的专家，知识面宽、创新意识强、无后顾之忧，且了解国内外行业情况，可以设计出水平较高的内部控制制度，有利于企业内部控制水平的提高。缺点是：外部设计人员需要花费较长的时间调研和了解企业的基本情况、业务流程和管理需要，设计成本较高；如果设计人员实践经验不足，就会造成重形式、轻内容的设计风格，使设计的内部控制制度缺乏实用价值。委托设计方式适用于企业全部内部控制制度的设计或本企业缺乏高水平制度设计团队的情况，特别是新建企业、改制企业和发展较快的企业更适合委托设计方式。

（三）联合设计

联合设计是指以企业自己的人员为基础，同时聘请管理咨询服务机构、会计师事务所或其他内部控制专家进行指导，共同设计企业内部控制制度。这种方式综合了自行设计和委托设计的优点，有效规避了两者的缺点，使内部设计人员和外部设计人员相互配合、取长补短、相得益彰，设计的内部控制制度往往比较科学和实用。特别是企业人员通过和制度设计专家一起工作，可以有效提升自身业务技术素质，提高企业的内部控制水平。联合设计方式适用于各类企业、各种情况下的企业内部控制制度设计。

三、内部控制制度的设计思路

（一）从分析内部控制现状入手

除新建企业外，大多数企业或多或少都建有内部控制制度，只是在制度的健全程度、规范程度、执行情况上存在较大的差异。因此，内部控制制度设计应当从分析、评价企业内部控制现状入手。通过对企业内部控制现状的分析，掌握企业内部控制制度的优缺点和健全情况，发现企业内部控制制度存在的缺陷，然后通过企业内部控制制度设计，规范和完善企业内部控制体系。

（二）以实现控制目标为目标

内部控制的主体不同、控制对象不同，其具体控制目标也不相同。因此，进行企业内部控制制度设计首先要明确控制目标，然后以实现控制目标为目标设计、制定内部控制的控制流程、关键控制点和控制措施。

（三）以业务流程为主线

业务流程是为达成业务目标而设定的一系列标准化的工作步骤，可以体现出一项业务活动“先做什么，后做什么，由谁来做”的关系。企业各项业务活动是由一系列业务流程构成的，内部控制制度设计实际上就是按照内部控制的要求对企业现有业务流程进行梳理、优化的过程。因此，内部控制制度设计应当以业务流程为主线，通过梳理企业现有业务流程，发现内部控制缺陷，然后进行业务流程的优化和重组。

（四）以风险控制为导向

企业在实现内部控制目标的过程中，可能会遇到许多风险。这些风险具有客观性、普遍性、损失性和不确定性的特征，人们可以在一定的时间和空间内改变风险存在和发生的条件、降低风险发生的频率和损失程度。因此，企业内部控制制度设计应当以风险控制为导向，以有效防范和控制各种风险作为内部控制制度设计的出发点和落脚点，将控制措施融合、镶嵌到业务管理流程之中，设计出可以有效控制风险、保证控制目标实现的内部控制制度。

（五）以企业内部控制手册为形式

企业内部控制手册是企业内部控制体系建设的系统性文件，内容涵盖企业有关内部控制制度建设的所有制度、规定和控制流程。通过编制企业内部控制手册，建立一套科学、系统的内部控制体系建设的方法和规范，为公司内部控制体系建设、运行和维护提供指引和操作工具，并作为建立、运行及评价内部控制体系的依据，从而确保企业上下从思想认识到经营管理行为的协调与统一。

（六）以内部控制制度有效执行为重点

设计企业内部控制制度不是内部控制体系建设的目的，通过内部控制制度统一企业各个部门、各个环节、各项活动、各项事件的行为，有效规避各种风险，实现企业的健康可持续发展才是企业内部控制制度设计的终极目标。因此，设计的内部控制制度应当得到有效执行。要保证内部控制制度得到有效执行，就必须在制度设计上保证其可行性和有效性，同时要设计内部控制制度执行监控制度，建立完善的内部控制监督约束机制。

四、内部控制制度的设计内容

企业内部控制制度的设计内容包括公司层面内部控制制度设计和业务层面内部控制制度设计。

（一）公司层面内部控制制度设计

公司层面内部控制是指全局性、整体性的内部控制，它对企业整体控制目标的实现具有重大影响，是确保企业决策层、管理层在企业内部各个领域获得有效控制的管控机制。公司层面内部控制制度设计主要包括以下内容：

（1）组织架构控制。主要包括公司治理结构和内部机构设置、职责权限、人员编制、工作程序和相关要求的制度安排。

（2）发展战略控制。主要包括企业制定并实施长远发展目标与战略规划方面的制度安排。

（3）人力资源控制。主要包括企业人力资源的引进、开发、使用、培养、考核、激励、退出等方面的制度安排。

（4）社会责任控制。主要包括企业在安全生产、产品质量、环境保护、资源节约、促进就业、员工权益保护等方面应履行的社会职责和义务的制度安排。

（5）企业文化控制。主要包括企业价值观、经营理念、企业精神和行为规范方面的制度安排。

（二）业务层面内部控制制度设计

业务层面内部控制是指直接作用于企业业务活动的内部控制，它与具体业务活动或事项相关，是确保企业各项业务活动规范、可控、有效进行并达成业务活动目标的管控机制。业务层面内部控制制度设计主要包括以下内容：

（1）资金活动控制。主要包括企业筹资活动、投资活动和资金营运活动的制度安排。

（2）销售业务控制。主要包括企业销售计划、客户开发、销售合同、组织发货、回收货款、售后服务、评价销售业绩等销售活动的制度安排。

（3）采购业务控制。主要包括企业采购计划，以及请购、审批、购买、验收、付款、采购后评估等采购活动的制度安排。

（4）成本费用控制。主要包括企业物料消耗支出、职工薪酬支出、制造费用支出和期间费用支出的制度安排。

（5）资产管理控制。主要包括企业拥有或控制的各类存货、固定资产和无形资产管理的制度安排。

（6）研究与开发控制。主要包括企业为获取新产品、新技术、新工艺等所开展的各种研发活动的制度安排。

（7）工程项目控制。主要包括企业工程立项、招标、预算、建设、价款支付、竣工验收等工程项目建设活动的制度安排。

（8）担保业务控制。主要包括企业担保业务政策、担保对象、担保范围、担保方式、担保条件、担保程序、担保限额和禁止担保等担保业务的制度安排。

（9）业务外包控制。主要包括企业业务外包的范围、方式、条件、程序、实施和相关部门、岗位的职责权限的制度安排。

（10）财务报告控制。主要包括企业财务报告编制、对外提供、分析利用和相关工作流程、责任等财务信息披露方面的制度安排。

五、内部控制制度的设计程序和方法

内部控制制度的设计程序一般包括现状调研、风险评估、内部控制测试、内部控制制度设计、制度讲解与完善、评审验收与不断完善六个步骤。具体程序和方法如下：

（一）现状调研

1. 了解内部控制现状

重点关注有无相关控制制度，设计的控制制度是否完善，制度是否得到了有效执行，有无具体的操作手册、表单及档案记录等。要通过对有关部门操作人员的访谈，了解实际执行情况与现有制度是否相符，并对相关业务进行穿行测试，初步掌握公司层面和业务层面的内部控制现状。

2. 梳理描述业务流程

分析公司层面和业务层面各项业务活动或事项的业务流程包括哪些环节，关键控制点有哪些，是否能够有效控制相关业务风险，并将业务流程用图表的形式描绘出来。要清晰描述业务流程四要素：活动、活动间的逻辑关系、活动的承担者和活动的实现方式，表明业务流程的作业顺序和信息流向，展示各项业务流程中责任部门、岗位之间的业务关系。

（二）风险评估

风险评估是进行内部控制制度设计的重要环节和重要依据，主要包括目标设定、风险识别、风险分析和风险应对四个环节。

1. 目标设定

目标设定是风险评估的起点，是风险识别、风险分析和风险应对的前提和基础。只有首先设定各项业务活动的控制目标，才能有的放矢地收集相关信息，准确、全面地进行风险评估。设定的目标既要体现业务活动的目标和要求，又要与业务活动责任主体的权责相对应。

2. 风险识别

风险识别主要解决如下问题：各业务活动存在哪些风险；哪些风险应予以考虑；引起风险的主要因素是什么；风险引起的后果及其严重程度如何等。

3. 风险分析

风险评估人员要根据企业能够承受的风险限度，包括整体风险承受能力和业务层面的可接受风险水平，制定风险评估标准，并以风险评估标准为依据，进行风险评估并编制业务活动风险评价表。以蓝天公司为例，风险评估的定性、定量标准，风险评价表的基本格式如表1－2、表1－3和表1－4所示：

表1－2　蓝天公司风险评估定性标准

风险发生的可能性		对控制目标的影响程度	
等级	可能性描述	等级	影响程度描述
很高	意味着在一般情况下会发生风险	严重	会导致无法实现控制目标，企业将遭受极大损失
较高	意味着在一般情况下很可能发生风险	较大	会严重影响控制目标实现，企业将遭受较大损失
中等	意味着在某些情况下可能发生风险	中等	会影响控制目标实现，企业将遭受一定损失
较低	意味着在一般情况下不太可能发生风险	较小	会略微影响控制目标实现，企业将遭受轻微损失
很低	意味着在例外情况下可能发生风险	很小	不会影响控制目标实现，企业将遭受较小损失

表1－3　蓝天公司风险评估定量标准

风险发生的可能性		对控制目标的影响程度		
等级	风险发生的概率	等级	利润损失（%）	利润损失金额（万元）
很高	90%～100%	严重	20%以上	1 000以上
较高	70%～90%	较大	10%～20%	500～1 000

续表

风险发生的可能性		对控制目标的影响程度		
等级	风险发生的概率	等级	利润损失（%）	利润损失金额（万元）
中等	30%～70%	中等	5%～10%	250～500
较低	10%～30%	较小	1%～5%	50～250
很低	0～10%	很小	1%以下	50 以下

表 1－4　蓝天公司组织架构内部控制风险评价表

风险编号	风险描述	风险发生的可能性分析					风险发生的影响程度				
		很高	较高	中等	较低	很低	严重	较大	中等	较小	很小
R01	法人治理结构不完善风险	√					√				
R02	独立董事制度缺失风险			√				√			
R03	法人治理结构形同虚设风险	√					√				
R04	公司与控股股东不独立风险		√					√			
R05	中小股东无法实现自身权益风险		√						√		
R06	高管团队不尽责风险			√			√				
R07	“三重一大”决策不规范风险		√					√			
R08	“三会一层”运行效果不佳风险				√		√				
R09	内部机构设置不合理风险			√					√		
R10	机构职责权限、岗位职责不清风险	√						√			
R11	对子公司管控制度缺失风险					√				√	
R12	内部机构运行低效风险				√			√			

备注：“三重一大”是指国有企业的重大决策、重要人事任免、重大项目安排和大额度资金运作事项必须由领导班子集体做出决定的规定。

风险分析是风险应对的基础，并为制定合理的风险应对策略提供依据。没有科学、客观、合理的风险分析，风险应对将会无的放矢，甚至南辕北辙。

4. 风险应对

在分析相关风险后，要根据风险发生的可能性和影响程度，根据企业自身条件和外部环境，充分考虑企业能够承担的风险限度，权衡风险大小与收益高低，编制公司层面和业务层面各项业务活动的风险应对表，选择并确定恰当的风险应对策略，将风险控制在企业可以接受的范围之内。蓝天公司组织架构风险应对表如表 1－5 所示：

表 1-5　蓝天公司组织架构风险应对表

风险编号	业务风险描述	措施编号	风险应对	
			控制措施	控制证据
R01	法人治理结构不完善风险	C01	实施公司治理结构管理制度	公司治理结构管理制度
R02	独立董事制度缺失风险	C02	实施独立董事管理制度	独立董事工作细则
R03	法人治理结构形同虚设风险	C03	建立“三会一层”会议记录制度	“三会一层”会议记录
R04	公司与控股股东不独立风险	C04	实施公司组织架构评价制度	公司组织架构内部控制评价报告
R05	中小股东无法实现自身权益风险	C05	充分发挥独立董事作用	独立董事履职报告
R06	高管团队不尽责风险	C06	建立经营责任追究制度	高管团队履职报告/绩效考评报告
R07	“三重一大”决策不规范风险	C07	实施“三重一大”事项决策审批制度	“三重一大”事项决策记录与档案
R08	“三会一层”运行效果不佳风险	C08	定期评估治理结构运行效果	公司治理结构运行评估报告
R09	内部机构设置不合理风险	C09	加强组织体系建设	公司组织架构图
R10	机构职责权限、岗位职责不清风险	C10	明确部门职能与岗位职责	部门职能说明书/岗位职责说明书
R11	对子公司管控制度缺失风险	C11	制定并实施子公司管理制度	子公司内部控制制度
R12	内部机构运行低效风险	C12	理顺业务及工作流程	公司业务及工作流程说明书
		C13	建立并实施组织绩效考核制度	绩效考核制度/关键岗位绩效合约

（三）内部控制测试

内部控制测试在内部控制现状调研和风险评估的基础上进行，主要包括制定内部控制缺陷评价标准、内部控制缺陷测试和编制内部控制缺陷评价表三项工作。

1. 制定内部控制缺陷评价标准

内部控制缺陷是指如果企业内部控制的设计或运行无法合理保证内部控制目标的实现，则意味着存在内部控制缺陷。内部控制缺陷按其成因分为设计缺陷和运行缺陷；按是否影响财务报告的真实性和完整性分为财务报告内部控制缺陷与非财务报告内部控制缺陷；按内部控制缺陷的影响程度分为重大缺陷、重要缺陷与一般缺陷。

内控缺陷认定标准文本

进行内部控制测试之前，首先要根据《企业内部控制评价指引》的有关规定，结合公司的规模、行业特征、风险偏好和风险承受度等因素制定企业内部控制缺陷评价标准。蓝天公司财务报告内部控制缺陷定量评价标准如表1－6所示：

表1－6　蓝天公司财务报告内部控制缺陷定量评价标准

项目	一般缺陷	重要缺陷	重大缺陷
利润总额潜在错报	错报＜利润总额的1％	利润总额的1％≤错报＜利润总额的10％	错报≥利润总额的10％
资产总额潜在错报	错报＜资产总额的0.1％	资产总额的0.1％≤错报＜资产总额的1％	错报≥资产总额的1％
经营收入潜在错报	错报＜经营收入的1％	经营收入的1％≤错报＜经营收入的5％	错报≥经营收入的5％
所有者权益潜在错报	错报＜所有者权益的1％	所有者权益的1％≤错报＜所有者权益的5％	错报≥所有者权益的5％。

蓝天公司非财务报告内部控制缺陷定量评价标准如表1－7所示：

表1－7　蓝天公司非财务报告内部控制缺陷定量评价标准

重要程度项目	一般缺陷	重要缺陷	重大缺陷
直接财产损失	损失＜50万元	50万元≤损失＜500万元	损失≥500万元
潜在负面影响	受到省级（含省级）以下政府部门处罚但未对公司定期报告披露造成负面影响	受到国家政府部门处罚，但未对公司定期报告披露造成负面影响	已经对外正式披露并对公司定期报告披露造成负面影响

2. 内部控制缺陷测试

对照内部控制缺陷评价标准，综合运用各种评价方法对内部控制设计与运行的有效性进行现场检查测试，按要求填写工作底稿、记录相关测试结果，对发现的内部控制设计缺陷和运行缺陷进行认定。

3. 编制内部控制缺陷评价表

一是汇总内部控制缺陷测试结果；二是对内部控制缺陷的影响程度进行综合分析，按其对控制目标的影响程度分别认定为重大缺陷、重要缺陷和一般缺陷；三是提出整改建议，编制内部控制缺陷评价表。蓝天公司全面预算内部控制缺陷评价表如表1－8所示：

表1－8　蓝天公司全面预算内部控制缺陷评价表

序号	风险提示	缺陷分析			控制要求	缺陷描述	责任人	整改建议
		缺陷程度	缺陷类别	影响领域				
1	制度缺失	重要	设计	非财务	建立健全预算管理制度体系	预算管理无章可循或有章不循，流于形式	财务部	健全预算管理制度体系

续表

序号	风险提示	缺陷分析			控制要求	缺陷描述	责任人	整改建议
		缺陷程度	缺陷类别	影响领域				
2	预算组织不健全	重大	运行	非财务	明确机构职责，有效发挥作用	预算机构职责不明晰，预算责任不落实	总经理	明确组织机构设置，落实职责权限
3	预算编制不规范	重要	设计	非财务	预算编制按程序、按步骤进行	预算编制没有以战略为引领，预算目标与战略相脱节	各部门	设计预算编制手册，严格预算编制流程
4	预算审批不规范	重要	运行	非财务	股东会/董事会/总经理按职权行使预算审批权	没有按法定权限审批预算，预算随意性强	总经理	严格按法定职权严格审批预算
5	预算方案不可行	重大	运行	非财务	预算方案积极可靠，切实可行	预算方案缺乏积极性、可靠性和可行性	各部门	多管齐下，确保预算编制质量
6	预算执行不严格	重大	运行	非财务	预算一经下达，必须严格执行	预算方案仅供参考，预算与实际形成两张皮	各部门	各部门要严格按照预算安排从事业务活动
7	预算控制不严格	重大	设计	非财务	管控部门及分管领导有效控制预算过程	预算执行过程和执行结果失控	各部门	领导、部门要严格控制业务活动
8	预算调整缺失	重要	运行	非财务	恰当调整预算，为达成预算保驾护航	没有建立实施预算调整制度	财务部	制定实施预算调整制度
9	预算反馈不完善	重要	设计	财务	拥有健全有效的预算反馈体系和报告体系	预算反馈、报告、预警机制缺失	财务部	建立实施预算反馈报告和预警机制
10	预算分析形式化	重要	运行	财务	预算分析准确及时，预算措施全面落实	预算分析活动缺乏深度和措施落实督查机制	各部门	建立实施预算分析制度，预算分析全员参与
11	预算考核缺失	重要	设计	非财务	预算考核准确及时，并作为奖惩依据之一	缺乏预算考核制度，缺乏预算未达成追责制度	人力资源部	建立实施预算考核制度
12	预算奖惩缺失	重要	设计	非财务	奖惩方案公平合理，奖惩兑现客观公正	预算奖惩方案缺失，预算结果没与奖惩直接挂钩	人力资源部	预算指标纳入绩效考核体系

（四）内部控制制度设计

内部控制制度设计是在风险评估和内部控制测试的基础上，对各项业务活动或事项所涉及的控制制度和控制流程进行设计完善的过程。基本程序包括确定关键控制点、编制风险控制矩阵、完善内部控制制度、绘制控制流程图、编制内部控制手册五个环节。

1. 确定关键控制点

关键控制点的全称是关键风险控制点，是指能够预防和消除一个或多个内控风险或将其减少到可接受风险水平的业务流程操作环节、步骤、活动或过程。关键控制点与一般风险控制点的区别是：一般风险控制点与完成一项工作的流程时间、成本或者质量有关，而与影响控制目标实现的风险无关；而关键控制点只是控制与影响控制目标实现有关的重大风险。

关键控制点应根据风险评估和内部控制测试结果，结合公司层面和业务层面内部控制的实际情况进行确定。提醒注意的是：不要在每项业务活动或事项中设置太多的关键控制点，否则对重大风险的控制就失去了重点。

2. 编制风险控制矩阵

风险控制矩阵是将业务流程中所涉及的控制目标、各种风险、关键控制点和应对措施等事项进行汇总说明与描述的矩阵表格。

风险控制矩阵既是各项业务活动或事项的简要说明与描述，也是各项控制制度设计要素的集中体现和纲领性文件，是企业内部控制制度体系的重要组成部分。

风险控制矩阵的基本格式如表 1-9 所示：

表 1-9　蓝天公司预算执行风险控制矩阵

业务流程	控制目标	业务风险	风险分析		关键控制点	主体责任	风险应对策略
			重要	一般			
预算分解与落实	预算指标分解落实到位	预算责任与执行力不匹配	√		明确预算执行权责	预算办	明确各部门及岗位的预算执行责任与执行权力
		预算指标分解不细		√	预算分解方案审批	预算办	细化预算分解落实，审批预算分解方案
	预算责任与预算执行力相匹配	预算责任体系缺失	√		签订预算目标责任书	人力资源部	实行预算执行责任契约化
预算执行与控制	严格执行预算方案	不编制月度预算		√	实施月度预算	预算办	实施月度预算管理制度
		预算执行不力	√		业务活动安排	各部门	实施预算执行与控制制度
	有效控制预算过程	预算控制不力	√		预算执行审批	财务部	实施预算授权审批制度
	确保达成预算目标	预算目标未达成	√		预算反馈与报告	责任部门	建立健全预算执行反馈和报告制度

续表

业务流程	控制目标	业务风险	风险分析		关键控制点	主体责任	风险应对策略
			重要	一般			
预算分析	预算分析准确及时	预算分析不力		√	预算分析报告	财务部	建立实施预算分析制度
	预算措施全面落实	预算措施不落实		√	预算措施落实	责任部门	实施措施落实督导制度
预算调整	适时、恰当调整预算	预算调整缺失		√	预算调整申请	预算办	实施预算调整制度
		预算调整随意		√	预算调整审批	总经理	规范预算调整审批

3. 完善内部控制制度

根据相关业务活动或事项的内部控制要求和现行控制制度的设计运行情况，制定相关部门及岗位的内部控制职责和授权审批体系，修订、完善、补充或重新制定相关业务活动或事项的内部控制制度。

4. 绘制控制流程图

根据公司层面和业务层面各项业务活动或事项的风险控制矩阵，按照相关内部控制制度，结合业务活动或事项的实际情况绘制控制流程图，并编写控制流程说明。

5. 编制内部控制手册

公司层面和业务层面的各项内部控制制度、控制流程图设计完成后，设计团队要整理工作成果，汇总编制公司内部控制手册，并编制公司内部控制评价手册。

（五）制度讲解与完善

主要包括以下三项内容：

1. 制度讲解

召集与制度运行有关的人员参加专题制度讲解会，由制度设计人员用演示文稿的方式详细讲解制度的设计思想和具体规定，并现场解答参会人员的质询和疑问。

2. 征求意见

将制度初稿复制若干份，分别交给企业有关领导和部门负责人，请他们审阅并提出书面修改意见，并召开专门会议，征求有关部门和人员对制度设计初稿的修改意见。

3. 修改完善

设计人员根据收集到的修改意见，对制度设计初稿进行系统修改。

（六）评审验收与不断完善

主要包括以下两项内容：

1. 评审验收

企业内部控制手册编制完成后，要组织专家及公司管理团队进行评审验收，通过评审的制度经过履行批准手续后发布实施。

2. 不断完善

内部控制制度建设不可能一劳永逸，在制度施行中，企业要围绕制度设计目标，寻找问题，及时修正，力求制度的尽善尽美。一般而言，企业每年都要对内部控制制度修改、完善一次，使企业内部控制制度日臻完善，与时俱进。

案例分析

浅谈如何加强企业内部控制管理

绍兴震元健康产业集团有限公司党委书记、董事长 吕军

通过各种公开、非公开渠道可以发现，上市公司内部控制管理存在或大或小的缺陷，而这些缺陷在非上市公司同样存在甚至更甚。笔者结合自身企业管理经验和“舞弊三角理论”应对措施，谈谈如何加强企业内部控制管理。

一、企业内部控制建设存在的普遍性问题

（一）压力导致企业无法合理保证内部控制目标

企业承受的压力常见有以下几种：一是财务稳定性或盈利能力受到不利经济环境、行业状况或企业运营状况的威胁，市场需求大幅下降，所处行业的经营失败增多；二是管理层为满足外部预期或要求而承受过度的压力；三是管理层或治理层的个人经济利益受到单位财务业绩或状况的影响；四是管理层或业务人员受到更高职级管理层或治理层对财务或经营指标过高要求的压力。

较大的财务压力和经营压力，致使企业无法合理保证内部控制目标的实现。

（二）具体业务层面风险防范、控制措施未落实到位

由于我国企业管理人员对内控法规的熟悉程度不高、风险管理理念掌握不够，企业业务层面的内部控制存在一些共性问题：一是未按现代风险管理理念对企业业务层面的风险进行有效的摸排、评估，未建立详尽的风险防控清单和风险应对措施；二是未将规范有效的内部控制措施全面嵌入企业的资金活动、采购业务、销售业务、资产管理、工程项目等具体业务活动中；三是未按企业建立的内部控制制度规定执行或未执行到位；四是未建立高效的内部控制自我评价机制，无法为企业改进、完善内部控制管理提供有效建议。

（三）企业内部监督的局限性

内部监督是对企业内部控制建立与实施情况进行监督检查，评价内部控制有效性，发现内部控制缺陷并及时加以改进，是实施内部控制的重要保证，其中内部审计是企业内部监督机制中的一个重要环节。但由于内部监督的组织、机构和人事均隶属于企业，

更由于企业成本效益原则的限制、例外业务的影响、内部监督人员的素质和高管层存在滥用职权的可能，企业内部监督普遍存在一定的局限性，如内部审计的独立性、客观性、公正性难以保证，制约了内部监督作用的发挥。

二、加强内部控制的途径和方法

（一）制定科学的发展战略和目标，全面培育内部控制文化

第一，公司治理层要对经营目标或战略目标进行“适度减压”，使其更加契合企业发展实际。

第二，公司治理层和管理层要深刻领会实施内部控制规范的内涵，全面深化内部控制管理目标，加强内部控制顶层设计，坚持风险导向，注重内部控制的系统性、协调性。一要对构成企业的组织资源（规章制度、组织结构、人力资源、财务资源、业务流程等）进行合理整合，并高度关注企业经营管理行为的经济性和效率性。二要依据国家政策、法律法规和外部市场环境，制定企业内部政策、计划和程序并适时做出调整。三要建立信息控制系统监督企业组织行为，并为企业的经营决策提供科学、合理的依据。

第三，要培育企业的内部控制文化。培育积极向上的企业文化，激发企业员工的积极性，树立现代管理理念，强化风险意识和法制观念，凝聚内部控制是由企业董事会、监事会、经理层和全体员工共同实施的共识：企业董事会是内部控制建设的决策者，经理层是内部控制建设的执行者，监事会是内部控制建设的监督者，员工是内部控制建设的参与者。

（二）以风险为导向，落实具体业务层面的内部控制措施

企业根据风险应对策略，采取对应控制措施，将风险控制在可承受的范围之内，就是实施内部控制的具体方式，也即防范、化解风险。

第一，要树立统一的风险管理理念——如何识别风险、承担哪些风险，以及如何应对这些风险；使企业内部的个人、团队价值观、行为态度及处事方式在风险管理的价值观上趋同。

第二，要摸排企业层面和各业务层面的风险，根据风险强度和频率建立风险清单，把内部控制措施（不相容职务分离、授权审批控制、财产保护控制、会计系统控制、预算控制、运营分析控制、绩效评价控制等）嵌入具体业务和经营管理过程中。

第三，要实施内部控制制度执行奖惩制度，奖惩信息公开化，以考核引导企业员工加强内部控制执行力。

第四，要开展内部控制自我评价——从内部环境、风险评估、控制活动、信息与沟通、内部监督等内控要素入手，结合企业实际情况和管理要求，在全面评价的基础上，重点分析评价重要业务单位、重大业务事项和高风险领域。让各级管理层了解、熟悉、掌握公司内部控制设计和运行的缺陷，为管理层改进、优化、完善实施企业内部控制提供正确的方向。

（三）利用倒逼机制，充分发挥内部审计的积极作用

当前，企业有来自各级政府有关监管部门强有力的监管和会计师事务所的审计，外部环境对企业的经营管理，进而对企业的内部控制提出了更高、更严格的要求。作为企业内部监督主要职能部门的内部审计机构要充分利用外部监管的倒逼机制，克服内部监督的局限性，切实履行职责，为健全、规范企业内部控制贡献力量。

第一，要从组织上保障内部审计工作的开展；第二，要从内部制度上保障内部审计工作的高质量开展；第三，要落实内部审计整改、巩固内部审计工作成果。

分析要求：

根据企业内部控制的有关理论和要求，分析评价《浅谈如何加强企业内部控制管理》一文的观点有哪些不当之处。

分析提示：

文章至少有两点不当之处：

（1）“较大的财务压力和经营压力，致使企业无法合理保证内部控制目标的实现”的观点是不正确的。因为，企业经营不可能没有较大的财务压力和经营压力。如果按文章作者的观点，任何企业都不可能合理保证内部控制目标的实现，这显然是不正确的。

（2）“企业董事会是内部控制建设的决策者，经理层是内部控制建设的执行者，监事会是内部控制建设的监督者，员工是内部控制建设的参与者”的观点是不正确的。它混淆了公司治理结构与内部控制体系建设的概念，内部控制是由企业董事会、监事会、经理层和全体员工实施的、旨在实现控制目标的过程。“全员控制”“人人都是控制者”是内部控制的显著特征。企业董事会、监事会、经理层和全体员工都是企业内部控制建设的主体，董事会不仅起决策作用，在内部控制建设的执行也必须起表率作用；经理层不仅是内部控制建设的执行者，更是领导者、组织者。

项目小结

本项目包括内部控制认知、内部控制规范体系和内部控制制度设计三方面的内容。内部控制认知讲解了内部控制的含义、目标、原则、要素、作用和局限；内部控制规范体系讲解了我国企业内部控制规范体系的构成；内部控制制度设计讲解了企业内部控制制度的设计方式、思路、内容、程序和方法。本项目是学习这门课程应该掌握和理解的内部控制基础知识，是本书其他项目的理论基础和方法论，其重要性不言而喻。

项目练习

一、单选题

1. 内部控制是由企业董事会、监事会、经理层和全体员工实施的、旨在实现控制目

标的（　　）。

A. 过程　　B. 活动　　C. 工作　　D. 任务

2. 我国的《企业内部控制基本规范》是财政部会同（　　）五部委制定的。

A. 证监会、审计署、银监会和国资委

B. 证监会、审计署、银监会和保监会

C. 证监会、审计署、工商总局和国家税务总局

D. 证监会、审计署、司法部和监察部

3. 内部控制的要素包括内部环境、（　　）、控制活动、信息与沟通、内部监督五大组成部分。

A. 内部审计　　B. 会计监督　　C. 控制方法　　D. 风险评估

4. 企业内部控制评价是指企业（　　）或类似权力机构对内部控制的有效性进行全面评价，形成评价结论，出具评价报告的过程。

A. 监事会　　B. 经理层　　C. 董事会　　D. 审计部

二、判断题

1. 只要方法得当，内部控制就可以为企业实现控制目标提供绝对保证。（　　）

2. 成本效益原则是指内部控制应当以经济效益为中心，不应考虑成本费用。（　　）

3. 企业内部控制制度的设计内容包括公司层面内部控制制度设计和业务层面内部控制制度设计。（　　）

三、简答题

1. 简述内部控制的原则与作用。

2. 简述内部控制五要素之间的关系。

3. 简述我国企业内部控制规范体系由哪几部分共同组成。

4. 企业内部控制制度设计包括哪些内容？

5. 什么是风险控制矩阵？主要包括哪些内容？

6. 简述企业内部控制制度的设计程序和方法。

项目实训

1. 高山公司为了确保仓库物资不出现盘盈、盘亏情况，决定原材料库归生产车间管理，备品备件库归机修车间管理，产成品库归销售部管理，工程物资库归工程项目部管理。

【分析要求】根据内部控制有关理论，分析高山公司在仓库物资管理上存在哪些缺陷或不恰当的地方，应该如何办理。

2. 白云公司总会计师指出："鉴于其他公司因内部控制薄弱而给企业造成重大损失的教训，白云公司要切实加强内部控制建设，各级领导不要怕程序复杂，也不要怕审批烦琐，只要能搞好内部控制、堵塞漏洞，企业花多大的代价都是值得的。"

【分析要求】根据内部控制有关理论，分析白云公司总会计师的讲话中存在哪些缺陷或不恰当的地方。

项目二

内部控制方法

教学目标

知识目标

理解有关内部控制方法的含义

掌握有关内部控制方法的要求

能力目标

能够讲解七种内部控制方法

熟悉有关内部控制方法的应用

素养目标

养成在学习、工作中应用内部控制方法的思想意识

内部控制方法概述

学习指南

学习任务 — **知识概要**

- 任务一 不相容职务分离控制
  - 不相容职务分离控制的含义
  - 不相容职务分离控制的要求
  - 不相容职务分离控制的内容
- 任务二 授权审批控制
  - 授权审批控制的含义
  - 授权审批控制的要求
  - 授权审批控制的程序与形式
  - 授权审批控制的原则
  - 授权审批控制的内容
- 任务三 会计系统控制
  - 会计系统控制的含义
  - 会计系统控制的要求
  - 会计系统控制的方式
  - 会计系统控制的内容
- 任务四 财产保护控制
  - 财产保护控制的含义
  - 财产保护控制的要求
  - 财产保护控制的内容
- 任务五 全面预算控制
  - 全面预算控制的含义
  - 全面预算控制的要求
  - 全面预算控制的内容
- 任务六 运营分析控制
  - 运营分析控制的含义
  - 运营分析控制的要求
  - 运营分析控制的方法
  - 运营分析控制的步骤和内容
- 任务七 绩效考评控制
  - 绩效考评控制的含义
  - 绩效考评控制的要求
  - 绩效考评控制的方法
  - 绩效考评控制的环节与内容

教学引导

不到三年，为什么能够挪用公款近千万元?

“我很后悔，希望后来人不要重蹈我的覆辙。”2021 年 11 月 24 日，某公司财务人员余某在法庭上忏悔道。当日，某市人民法院一审判决余某犯挪用公款罪，判处有期徒刑十年。

2007 年，余某大专毕业，为了能赚更多钱，她来到某市寻找工作机会。2011 年，余某进入某娱乐公司，负责财务工作，这段经历影响了她的人生。“到这里来玩的人都很物质，常常一掷千金，身处这样的环境，我也开始变得不切实际。”在被留置期间，余某向办案人员谈及其蜕变的心路历程，“刚开始我是租超出自己经济能力的房子、买各式各样的高档用品进行自我包装，后来竟迷上了豪车”。为了买下豪车，余某去借了高利贷，表面上光鲜亮丽的余某很快负债累累，但她仍想维持“白富美”的人设，不愿降低消费标准。

2019 年 1 月，余某入职某公司。彼时她欠下的高利贷有几十万元，为此她不得不以贷养贷，借债还钱。在催债公司的密集“逼迫”下，余某想到了自己经手管理的公款，在入职该公司后不到一个月，她就利用担任出纳兼会计的工作便利，将一笔数额不大的公款划入自己账户，解了一时催债之急。第一次挪用公款后，余某胆战心惊了一阵子，“知道自己没被发现，我的胆子也大了起来，很快就有了第二次、第三次……”此后，余某挪用公款的频率越来越高、金额越来越大，在被催债时，她便用公款还债；公司查账时，她又借债来填补窟窿。“某公司虽然有年度审计制度，但却安排余某具体对接审计，这给了她操作空间，导致公款亏空未能及时发现。”办案人员说。

2021 年 2 月 4 日晚，备受煎熬的余某孤身一人来到江边，准备以自杀来逃避问题，但寒冷的江风使她冷静下来。第二天，余某向有关部门自首，“这是我人生这么多次选择中最正确的一次”。经查，余某在某企业担任出纳期间，挪用公款共计 143 笔 901 万余元，主要用于归还个人债务、购房投资及开办公司，归案前尚有 449 万余元未能还清。

案发后，某市监委专门向涉案单位发出《监察建议书》，督促对方做实以案促改，精准排查财务审核、项目监管、人员管理等方面的廉政风险，严把进人关，健全印章管理、财务管理等制度，通过以案释纪、以案说法开展警示教育，实现查办一案、警醒一片。

【问题思考】企业采取哪些内部控制方法就可以预防或及时发现余某的犯罪行为?

任务一

不相容职务分离控制

一、不相容职务分离控制的含义

不相容职务分离控制，也称职责分工控制，是指企业将各项业务流程中所涉及的不相容职务，实施相互分离的控制措施。

不相容职务，是指那些如果由一个人担任既可能发生错误和舞弊行为，又可能掩盖其错误和舞弊行为的职务。不相容职务一般包括：授权批准与业务经办、业务经办与会计记录、会计记录与财产保管、业务经办与稽核检查、授权批准与监督检查等。

不相容职务分离的核心是“内部牵制”。对于不相容职务，如果不实行相互分离的控制措施，就容易发生错误和舞弊行为。例如：在物资采购活动中，采购业务的审批与采购业务的办理就属于不相容职务，如果这两个职务由同一名员工担任，就会出现这名员工既有权力决定采购什么、采购多少、从哪里采购、何时采购、价格如何，又可以在没有其他人参与的情况下亲自将上述采购活动付诸实施。显然，没有其他岗位人员的监督和制约，物资采购业务是很容易发生舞弊行为的。

二、不相容职务分离控制的要求

（1）企业应当全面系统地分析、梳理业务流程中所涉及的不相容职务，实施相应的分离控制措施，形成各司其职、各负其责、相互制约的工作机制。

（2）企业在设计、建立内部控制制度时，首先应确定哪些岗位和职务是不相容的，其次要明确规定各个机构和岗位的职责权限，使不相容岗位和职务之间能够相互监督、相互制约，形成有效的制衡机制。

三、不相容职务分离控制的内容

一个企业需要进行分离控制的职务有很多，企业日常业务活动中不相容职务分离控制举例如表2－1所示。

表2－1　企业日常业务活动中不相容职务分离控制举例

业务活动	不相容职务	分离原则
货币资金业务	（1）会计职务与出纳职务分离，出纳人员不得兼任稽核、会计档案保管和收入、支出、费用、债权债务账目的登记工作 （2）出纳人员职务与银行日记账核对职务分离 （3）支票保管职务与印章保管职务分离 （4）支票审核职务与支票签发职务分离，支票签发职务由出纳人员担任，其他会计人员不得兼任 （5）银行印鉴保管职务、企业财务章保管职务、人名章保管职务分离，不得由一人保管支付款项所需的全部印章	不得由同一人办理货币资金业务的全过程
签署合同业务	（1）合同签署（或委托签署）职务与条款订立职务分离 （2）条款订立职务与法律顾问职务分离 （3）合同谈判职务与合同定价职务分离 （4）合同履行职务与收付款职务分离 （5）合同审计职务与上述职务分离	不得由同一部门或同一人办理签署合同业务的全过程

续表

业务活动	不相容职务	分离原则
固定资产采购业务	(1) 批准采购职务与采购经办职务分离 (2) 询价定价职务与确定供应商职务分离 (3) 采购职务与验收职务分离 (4) 付款审批职务与付款执行职务分离 (5) 采购职务、入库登记职务、会计记录职务分离	不得由同一部门或同一人办理固定资产采购业务的全过程
投资业务	(1) 投资计划的编制职务与投资计划的审批职务分离 (2) 投资业务的操作职务与会计记录职务分离 (3) 有价证券的保管职务与会计记录职务分离 (4) 投资股利、利息的经办职务与会计核算职务分离	不得由同一部门或同一人办理投资业务的全过程
有关职务安排	(1) 企业领导人的直系亲属不得担任本企业的会计机构负责人、会计主管职务 (2) 会计机构负责人、会计主管人员的直系亲属不得在本企业会计机构中担任出纳职务 (3) 纪委委员的直系亲属不得担任本企业或下属企业的主要领导人职务	直系亲属“回避”

在物资采购、领用业务活动过程中，不相容职务分离控制如图 2-1 所示。图中的不同图形表示属于不相容职务，双箭头代表相互核对关系。

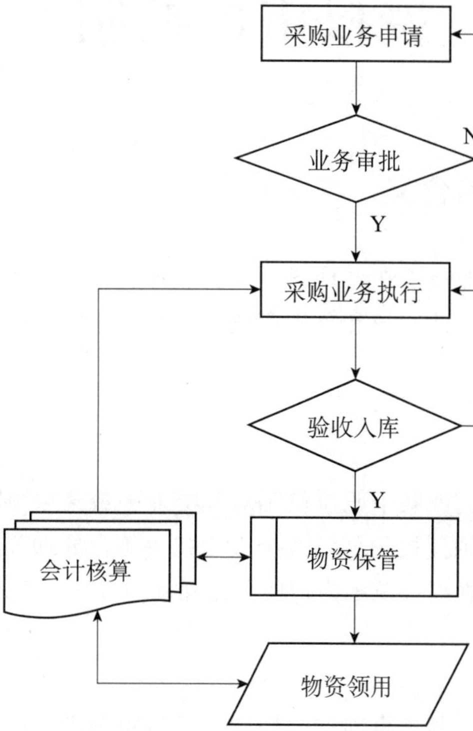

图 2-1　物资采购、领用业务不相容职务分离控制图

案例分析

白云公司出纳人员负责保管全部财务印鉴、货币资金收付、支票签发、银行日记账登记与核对、往来账登记等工作。

分析要求：根据内部控制有关要求，分析白云公司出纳人员负责的工作是否存在缺陷或不恰当的地方。

分析提示：出纳人员负责的工作有三项属于不相容职务，应实行不相容职务分离控制措施。

（1）全部财务印鉴不能由一人保管，应该由两人以上分别保管。

（2）出纳人员职务与银行日记账核对职务不相容，应安排其他会计人员负责核对银行日记账。

（3）出纳人员职务与往来账登记职务不相容，应安排其他会计人员负责登记往来账。

任务二
授权审批控制

一、授权审批控制的含义

授权审批控制是指企业员工在办理各项经济业务时，必须经过授权才能实施，业务经办人员要在授权范围内行使职权和承担责任，并履行相关审批程序。授权审批控制可细分为授权控制和审批控制。

（一）授权控制

授权是指授予某个部门或某个职位员工对某类业务或某项事项进行决策、处理的权力。授权控制要求没有得到授权的部门或个人无权决策、处理某类业务或某项事项，获得授权的部门或个人应当在授权范围内行使职权和承担责任。

（二）审批控制

审批是指对某类业务或某项事项的办理必须经过审查和批准才能付诸实施，包括审批人的规定和审批程序的规定。审批控制要求没有得到审查批准的业务活动一律不得实施。

二、授权审批控制的要求

（1）企业应当建立授权审批体系，编制常规授权的权限指引，规范特别授权的范围、权限、程序和责任，严格控制特别授权。

（2）企业各级管理人员应当在授权范围内行使职权和承担责任，业务经办人员应当在授权范围内办理业务。

（3）企业对于重大的业务和事项，应当实行集体决策审批或者联签制度，任何个人不得单独进行决策或者擅自改变集体决策。

三、授权审批控制的程序与形式

授权管理制度文本

在公司制企业中，通常的授权审批控制程序是股东大会授权予董事会，董事会授权予总经理，总经理授权予有关部门经理，部门经理授权予具体岗位的负责人和经办人员。一般情况下，企业每一层级的管理人员既是上级管理人员的授权对象，又是对下级管理人员的授权主体。

授权审批控制的形式通常有常规授权和特别授权两种。

（一）常规授权

常规授权也称一般授权，是指企业在日常经营管理活动中按照既定的职责和程序进行的授权。它是对办理常规性经济业务的权力、条件和有关责任者做出的一般性规定，其时效性一般较长。

常规授权通常是在对管理人员的职务任命时确定的，也可以采用岗位责任制、权限指引、管理制度以及下发“红头文件”等授权形式予以明确。例如，红旗公司借款管理制度规定：“工作人员到财务部门借款，必须经过总会计师的签字批准。”根据此项制度，总会计师即可行使审批员工借款的权力。

（二）特别授权

特别授权又称特定授权，是指企业在特殊情况、特定条件下进行的授权。它是对办理例外的、非常规性的经济业务的权力、条件和责任做出的应急性规定，其时效性一般较短。

特别授权一般采用书面的“一事一授”的方式进行明确。例如，红旗公司的总会计师因为出国考察一个月，所以签署授权书规定：“本总会计师出国考察期间，授权财务部经理行使总会计师在资金审批上的职权。”根据此授权书，财务部经理即可行使总会计师在资金审批上的权力。

（三）常规授权与特别授权的区分

企业要准确判断哪些事项应该采用常规授权，哪些事项应该采用特别授权，有时是比较困难的。通常的方法是，凡是经常发生的、重复发生的、涉及金额比较小的事项采用常规授权；不经常发生的、不具有重复性、涉及金额比较大的事项，则采用特别授权。

四、授权审批控制的原则

（一）授权审批要有依据

企业各级管理人员要依据法律法规、规章制度、公司治理结构、决议规定等正式文件实施授权审批，不能因人授权、随心所欲。

（二）授权审批要有界限

授权人对下级的授权必须在自己的权力范围内，不能超越自己的权限进行授权；被授权人要在授权人界定的权力范围内行使职权，不能超越授权范围，滥用职权。

（三）授权审批要有尺度

授权人既不能“疑人不用”，不愿放权；又不能“用人不疑”，过度放权。权力下放的合理尺度要以有利于生产经营活动的顺利进行和企业控制目标的实现为标准。

（四）授权审批要有责任

授权审批要遵循权责一致原则，授权人和被授权人所拥有的权力应当与其所承担的责任相互适应。既不能拥有权力却不承担责任，也不能只承担责任却不授予权力。

（五）授权审批要有监督

绝对权力导致绝对腐败。因此，企业所有拥有权力的人员和岗位都要接受有效的监督，都要实现有效的控制。

五、授权审批控制的内容

不论采用哪种授权审批控制形式，企业都必须建立严密的授权审批控制体系。通常包括以下内容：

（一）授权审批的范围

企业所有的经营管理活动都应当纳入授权审批的范围，它不仅包括人、财、物各方面的授权审批，而且包括供、产、销各环节的授权审批，还包括业务活动的计划、组织、执行、协调、报告、分析、考核、奖惩等事项的授权审批。总之，在授权审批的范围上，不能存在真空区，所有的经营管理活动应该在授权审批的制度、规定、程序、办法、文件中有明确的规定。

（二）授权审批的层次

企业应当根据业务活动的重要性和涉及金额的大小等情况，将审批权限分配给不同的管理层次。例如：对于重要的、涉及金额大的事项，审批权限应该授予董事会、总经理等高层机构或人员；对于影响不大、涉及金额较小的事项，审批权限可以授予下级管理层。这样，就会在企业内部形成一个严密的、层次清晰的授权审批控制体系，这样既有利于不同管理层之间的合理分工，又有利于调动各级管理人员的工作积极性和主动性。

（三）授权审批的责任

在授权审批控制中，授权人和被授权人都应当明确自己承担的责任。通常情况下，授权人应当承担由于授权不当、监督检查不力所导致不良后果的责任，被授权人应当承担由于用权不当、工作失误所导致不良后果的责任。

（四）授权审批的程序

授权审批的程序体现在两个方面：一是授权人要按照企业法定的授权程序办理授权审批事宜；二是企业经营管理活动中需要授权审批的事项都要规定科学、合理、相互关联的审批程序，避免越级审批、违规审批事件的发生。

任务三 会计系统控制

一、会计系统控制的含义

会计系统控制是指通过会计核算和监督系统对企业经济活动进行的控制，主要包括经济业务确认控制、会计凭证控制、复式记账控制、会计账簿控制、会计报表控制及其财务成果控制。

会计系统又称会计信息系统，是指以计算机为主要工具，利用现代信息技术，对各种会计数据进行收集、记录、处理、存储、传递和分析，完成会计核算任务，并为企业内外两方面信息使用者提供有关会计信息和财务信息的现代会计运作体系。

会计系统控制既可以为内部控制系统的有效运行提供信息上的支持，成为企业内部控制信息的主要来源；又可以间接地服务于实物资产控制、全面预算控制等。因此，会计系统控制是一个综合性的控制系统，其他很多控制系统和控制方式的实施都离不开会计系统控制。

二、会计系统控制的要求

（1）企业要严格执行国家统一的会计准则和会计制度，加强会计基础工作，明确会计凭证、会计账簿和财务会计报告的处理程序，保证会计资料真实完整。

（2）企业应当根据会计业务的需要，设置会计机构，或者在有关机构中设置会计人员并指定会计主管人员；不具备设置条件的，应当委托经批准设立从事会计代理记账业务的中介机构代理记账。

（3）国有的和国有资产占控股地位或主导地位的大中型企业必须设置总会计师岗位。总会计师的任职资格、任免程序、职责权限由国务院规定。

（4）会计人员应当具备从事会计工作所需要的专业能力。担任单位会计机构负责人（会计主管人员）的，应当具备会计师以上专业技术职务资格或者从事会计工作三年以上。

三、会计系统控制的方式

在会计系统控制中，核心的控制方式是会计记录控制。其主要内容是：

（一）凭证编号

凭证编号可以控制企业签发的凭证数量，以及相应交易涉及的其他凭单和文件，如支票、发票、订单、存货收发单的使用情况，便于查询，避免重复或遗漏；同时，凭证的连续编号在一定程度上可以减少不法分子利用抽取发票、截取银行收款凭证等手段进行营私舞弊的可能性。

（二）复式记账

复式记账能够将企业发生的经济业务按其来龙去脉、相互联系全面系统地记入有关账户，使各账户全面系统地反映各会计要素具体内容的增减变动情况及结果。复式记账有利于保证会计记录的准确、无误，从而保证会计信息的正确性和完整性。

（三）统一会计科目

企业应根据会计准则的规范要求和经营管理的实际需要，统一设定会计科目。特别是集团性公司更有必要统一各子公司、分公司的会计科目，以利于统一口径、统一核算，便于汇总、对比、分析。

（四）会计政策

会计政策是企业进行会计核算和编制会计报表时所采用的具体原则、方法和程序。对于会计准则和其他财经法规有硬性规定的、没有选择余地的会计处理方法，企业必须严格遵守；对于同一经济业务允许采用多种会计处理方法的，企业应根据发展战略、经营管理和内部控制的要求，在会计准则的框架范围内制定适合本企业的会计政策。

（五）结账与对账程序

结账是指在将本期发生的全部经济业务登记入账的基础上，计算并记录本期账目发生额和期末余额的账务处理工作。在结账的基础上，企业还需要进行总账与明细账、本单位的账与外单位的账、会计部门的账与内部其他部门的账，以及账簿记录与实物情况之间的核对。通过结账与对账程序，可以及时发现会计信息的差错，以及经营活动中的漏洞和舞弊行为。

四、会计系统控制的内容

会计系统控制的主要内容包括对货币资金、实物资产、对外投资、工程项目、采购与付款、筹资、销售与收款、成本费用、担保业务和财务报告等经济业务的控制。

（一）货币资金控制

企业应当对货币资金收支和保管业务建立严格的授权审批制度，办理货币资金业务的不相容职务应当分离，相关机构和人员应当相互制约，确保货币资金的安全。

（二）实物资产控制

企业应当建立实物资产管理的岗位责任制度，对实物资产的验收入库、领用、发出、盘点、保管及处置等关键环节进行控制，防止各种实物资产被盗、毁损和流失。

（三）对外投资控制

企业应当建立规范的对外投资决策机制和程序，通过实行重大投资决策集体审议联签等责任制度，加强投资项目立项、评估、决策、实施、投资、处置等环节的会计控制，严格控制投资风险。

（四）工程项目控制

企业应当建立规范的工程项目决策程序，明确相关机构和人员的职责权限，建立工程项目投资决策的责任制度，加强工程项目的立项、预算、招投标、合同签订、付款、质量管理、竣工验收等环节的会计控制，防范决策失误及工程发包、承包、施工、验收等过程中的舞弊行为。

（五）采购与付款控制

企业应当合理设置采购与付款业务的机构和岗位，建立和完善采购与付款的会计控制程序，加强请购、审批、合同订立、采购、验收、付款等环节的会计控制，堵塞采购环节的漏洞，减少采购风险。

（六）筹资控制

企业应当建立规范的筹资决策程序，加强对筹资活动的会计控制，合理确定筹资规模和筹资结构，选择最有利的筹资方式，降低资金成本，防范和控制财务风险，确保筹措资金的合理、有效使用。

（七）销售与收款控制

企业应当在制定商品或劳务等的定价原则、信用标准和条件、收款方式等销售政策时，充分发挥会计机构和人员的作用，加强合同订立、商品发出和账款回收的会计控制，避免或减少坏账损失。

（八）成本费用控制

企业应当建立成本费用控制系统，做好成本费用管理的各项基础工作，制定成本费用标准，分解成本费用指标，控制成本费用差异，考核成本费用指标的完成情况，落实奖罚措施，降低成本费用，提高经济效益。

（九）担保业务控制

企业应当加强对担保业务的会计控制，严格控制担保行为，建立担保决策程序和责任制度，明确担保原则、担保标准和条件、担保责任等相关内容，加强对担保合同或保证合同订立的管理，及时了解和掌握被担保人的经营和财务状况，防范潜在风险，避免或减少可能发生的损失。

（十）财务报告控制

企业应当按照会计法和国家统一的会计准则、会计制度，根据会计主体实际发生的各项经济业务事项进行会计核算，填制会计凭证，登记会计账簿，实施收入、成本及利润核算，编制财务报告。企业中的任何人都不得以任何方式授意、指使、强令会计机构、会计人员伪造、变造会计凭证、会计账簿和其他会计资料，提供虚假财务报告。

任务四

财产保护控制

一、财产保护控制的含义

财产保护控制是指采取限制接近等一系列控制方法，保护企业财产的安全完整。财产保护的对象主要是实体资产，包括现金及有价证券、存货和其他实物资产。

二、财产保护控制的要求

（1）企业应当建立财产日常管理制度和定期清查制度，采取财产记录、实物保管、定期盘点、账实核对等措施，确保财产安全。

（2）企业应当严格限制未经授权的人员接触和处置财产。

三、财产保护控制的内容

财产保护控制包含的范围比较广泛，从理论上讲，内部控制的各种方法都具有保护财产安全的作用。一般而言，财产保护控制主要包括以下内容：

（一）限制接近

限制接近是指严格限制未经授权的人员对有关资产的直接接触，即只有经过授权批准的人员才能接触有关资产。限制接近包括限制对资产本身的接触和通过文件批准方式对资产使用或分配的间接接触。一般情况下，对货币资金、有价证券、贵重物品、存货等变现能力强的资产，必须限制无关人员的直接接触。

1. 限制接近现金

现金收支及库存的管理应该局限于出纳人员。出纳人员要与登记现金收支及结存账簿的会计人员、登记应收账款的会计人员相分离；现金的收付、存取、保管要采取可靠措施，以保护现金资产的安全。

2. 限制接近存货

存货实物的保护应由专职的仓库保管员负责控制。一般企业可以通过设置分离、封闭的仓库区域，以及非库管人员不得进入仓库区域等控制方式来实现；在零售企业中，存货实物的保护可以通过在营业时间中和营业时间后控制接近库房的方式来实现。对于贵重物品使用保险容器储存，以及聘用专人日常巡视和采用某些监控设备等，也是财产保护控制的重要措施。

3. 限制接近其他易变现资产

其他易变现资产主要是指应收票据和有价证券等。对于这些资产，一般可以采用确保两个人同时接近资产的方式加以控制。例如：存放有价证券的保险柜必须要由两名以上人员各自使用不同的钥匙才能开启；在处理易变现资产时，要求由两个以上人员共同签名等。

（二）资产盘点

资产盘点是指对资产进行实物清点，并将盘点结果与会计记录进行核对，以达到保护资产安全和完整的目的。企业应当重视会计账簿与保管账簿的账账相符管理，因为只有在确保账账相符的前提下，进行资产盘点才有实际意义。资产盘点应当根据实际需要定期或不定期举行。

1. 盘点结果与会计记录核对

对实物资产进行盘点并与会计记录核对一致，可以在很大程度上保证实物资产的安全。通过实物盘点，可以发现资产管理中存在的缺陷和漏洞，并通过后续的改进措施来防范实物资产的流失。

2. 差异分析与调整

由于财产溢余、短缺或会计记录错误等，在盘点时经常会出现盘点结果与会计记录不一致的情况。实物盘点结果与有关会计记录之间的差异应由独立于保管和记录职务的人员进行调查。为防止差异再次产生，应详细分析造成差异的原因，落实相关人员的责任，并根据资产性质、现行制度以及差异大小，有针对性地采取有关控制措施。

（三）记录保护

记录保护是指应当妥善保管涉及资产的各种文件资料，避免记录毁损、遗失、被盗和破坏。

1. 限制接近

要严格限制非相关人员接近有关资产的会计记录，以保证保管、批准和记录职务相分离的有效性。

2. 妥善保存

会计记录应设置专门的档案室、档案柜等保护设施予以妥善保存，以减少会计记录受损、被盗或被毁的可能性。

3. 备份管理

对于某些重要的信息资料，应留有备份记录，以便在遭受意外损失或毁坏时重新恢复。

（四）财产保险

财产保险是指投保人根据合同约定，向保险人交付保险费，保险人按保险合同的约定对所承保的财产及其有关利益因自然灾害或意外事故造成的损失承担赔偿责任的财产保护措施。企业应通过财产保险来增加实物资产受损后补偿的程度或机会，将资产受损对企业带来的影响降到最低限度，从而确保财产安全完整、保值增值。

任务五 全面预算控制

一、全面预算控制的含义

全面预算控制是指企业通过实施全面预算管理制度，建立以预算为标准的经营活动管理控制系统，实现企业经营活动、投资活动、财务活动的全面控制和管理。

全面预算和全面预算管理是两个不同的概念。其中，全面预算是指企业对一定期间经营活动、投资活动、财务活动等做出的预算安排，包括经营预算、投资预算和财务预算；全面预算管理是指企业按照规定程序编制一定期间的经营活动、投资活动和财务活动预算，并以预算为标准，对预算执行过程和结果进行控制、核算、分析、考核等一系列管理控制活动的过程。

二、全面预算控制的要求

企业实施全面预算控制，关键要做到“五个落实”：

（一）搞好思想落实

由于全面预算管理涉及企业经济活动的方方面面，是一项全员参与、全方位管理、全过程控制的综合性、系统性管理控制活动，因此必须统一全体员工，特别是各级领导对全面预算管理重要性的认识。

（二）搞好组织落实

要建立健全全面预算管理的组织体系，包括成立预算决策机构、日常管理机构和执行机构，明确各责任单位在全面预算管理中的职责与权限。

（三）搞好方法落实

要建立健全全面预算控制的方法体系，规范全面预算管理的实施规则、方式、程序、步骤、技巧和手段，确保全面预算管理活动的顺利进行。

（四）搞好制度落实

通过制定全面预算管理制度，规范全面预算的编制、审批、下达、执行、控制、调整、报告、分析和考评等程序，强化预算约束，做到全面预算管理有法可依、有章可循。

（五）搞好实施落实

要提高全面预算管理的执行力，将全面预算的编制、审批、下达、执行、控制、调整、报告、分析和考评等预算控制活动落到实处。

三、全面预算控制的内容

全面预算控制包括战略转化、预算编制、预算执行和预算考评四个阶段。

战略转化是全面预算控制流程中的基础阶段，也是预算编制的准备阶段，其任务是将宏观的、框架性的战略规划转化为具体的、可操作的行动方案，为预算编制提供重要的、必不可少的依据。此阶段主要包括制定年度经营目标、确定关键绩效指标（KPI）和重点工作、编制年度经营计划等内容。

预算编制是全面预算控制流程中的关键阶段，其任务是以战略为导向，从时间和空间两个维度为企业战略规划、年度经营计划以及各部门的业务（工作）计划配置资源，编制具体的、可执行的预算方案。此阶段主要包括编制预算草案、预算审批、预算分解与落实等内容。

预算执行是全面预算控制流程中的核心阶段，其任务是将战略规划、经营计划、预算方案变为现实结果。此阶段主要包括预算执行、预算控制、预算调整、责任核算、预算分析、预算报告等内容。

预算考评是全面预算控制流程中一个承上启下的重要阶段，它既是促进本期预算得以实现的激励约束机制，又是下期预算顺利实施的重要基础。此阶段主要包括预算考评、预算奖惩等内容。

全面预算控制的四个阶段及各项内容之间相互关联、相互作用、相互衔接，并周而复始地循环往复，从而实现对企业所有经济活动的规范管理与有效控制。

全面预算控制流程与内容如图 2－2 所示。

全面预算控制各阶段的主要内容如下：

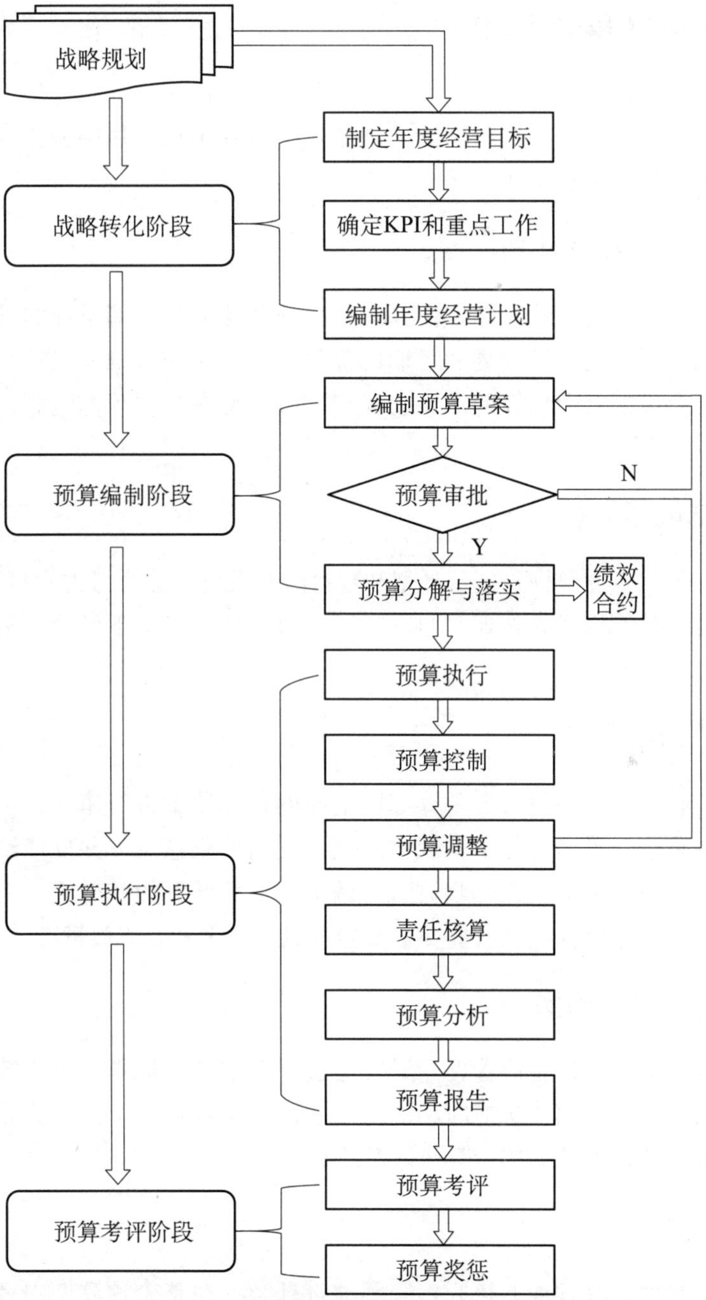

图 2-2　全面预算控制流程与内容示意图

（一）制定年度经营目标

编制预算的首要环节是从战略目标出发，在分析企业外部环境和内部条件的基础上制定预算年度的经营目标，它既决定着企业预算年度经营活动所要达到的经营成果，也决定着企业年度全面预算管理的方向和目标。

（二）确定 KPI 和重点工作

年度经营目标确定后，企业要将战略目标和经营目标转化为企业层面的 KPI，并确定年度重点工作。然后，将企业层面的关键绩效指标和重点工作细分为各个层级、各个部门的关键绩效指标和重点工作。

（三）编制年度经营计划

根据战略规划和年度经营目标，在分析企业外部环境和内部条件的基础上编制年度经营计划（包括公司年度经营计划和各职能部门业务或工作计划），进而分解编制季度、月度经营计划，是编制全面预算的重要前提和基础，是在全面预算编制之前必须完成的基础性工作。

（四）编制预算草案

各预算部门根据年度目标、经营计划和预算编制大纲，综合考虑预算期内市场环境、资源状况、自身条件等因素，按照“自上而下、自下而上、上下结合、分级编制、逐级汇总”的程序编制预算草案。

（五）预算审批

首先，企业预算管理部门对各预算部门上报的预算草案进行审查、汇总，提出综合平衡的建议，在审查、平衡过程中发现的问题要提出调整意见，并反馈给有关部门予以修正。然后，在企业有关部门进一步修订、调整、平衡预算的基础上，汇总编制企业全面预算草案，经公司总经理签批后提交董事会及股东（大）会审议批准。

（六）预算分解与落实

全面预算审批下达后，企业管理当局要通过签订预算目标责任书或绩效合约的方式将预算指标层层分解、细化，从横向和纵向两个维度将预算指标落实到企业内部各预算执行部门，形成全方位的预算执行责任体系。

（七）预算执行

预算执行是全面预算管理的核心内容和关键环节。在整个预算期内，企业的各项经济活动都要以全面预算为基本依据，协调好供产销、人财物各方面的关系，保障生产经营活动的顺利进行，确保全面预算的贯彻执行，形成以全面预算为轴心的企业运营管理机制。

（八）预算控制

预算控制是按照一定的程序和方法，确保企业及各预算部门落实全面预算、实现预算目标的过程，它是企业全面预算管理顺利实施的有力保证。企业通过预算编制为预算期的各项经济活动制定了目标和依据，通过预算执行将编制的预算付诸实施，通过预算控制确保预算执行不偏离预算的方向和目标。

（九）预算调整

预算调整是在预算执行过程中，对现行预算进行修改和完善的过程。因为预算是指导和规划未来的经济活动，编制预算的基础很多都是假设，如果在预算执行中发生预算指标或预算内容与实际情况大相径庭，就必须按照规定的程序对现行预算进行实事求是的调整。

（十）责任核算

为了对预算的执行情况和执行结果进行控制、考核和反馈，企业必须完善预算责任核算体系，建立与部门责任预算口径相一致的责任会计制度，包括原始凭证填制、账簿记录、费用归集和分配、内部产品及劳务转移结算、收入确认、成本核算，以及经营业绩确定和核算报表编制等核算内容。

（十一）预算分析

预算分析是指采用专门方法对全面预算管理活动全过程所进行的事前、事中和事后分析。其中，对预算执行结果的分析是重点，目的是确定预算执行结果与预算标准之间的差异，找出产生差异的原因，并确定其责任归属，为预算考评提供依据。

（十二）预算报告

预算报告是指采用报表、报告、通报等书面或电子文档形式对预算执行过程和结果等信息进行的统计、总结和反馈。它既包括日常预算执行情况的报告，也包括预算年度结束后对全年预算执行结果进行的决算报告。

（十三）预算考评

预算考评是对全面预算管理实施过程和实施结果进行的考核和评价，既包括对全面预算管理活动实施效果的全面考评，也包括对预算执行部门和预算责任人的业绩考核与绩效评价。

（十四）预算奖惩

预算奖惩是按照年初制定的关键绩效指标、预算责任书或绩效合约中的奖惩方案，根据预算执行部门的执行结果和关键绩效指标完成情况对各预算部门进行奖惩兑现。预算奖惩是全面预算管理的生命线，是预算激励机制和约束机制的具体体现。通过建立科学的预算奖惩制度，一方面能使预算考评落到实处，真正体现责、权、利的结合；另一方面能有效引导部门和员工的行为，使预算目标和预算行为协调一致，促进企业战略目标的实现。

案例分析

蓝天公司董事会决定在企业实施货币资金预算管理，由财务部负责拟定管理制度。要求拟定的预算管理制度既要符合全面预算管理的规范要求，又要结合本公司实际情况。财务部经过研究，拟定《蓝天公司货币资金预算管理制度》如下：

第一章 总 则

第一条 为加强货币资金管理，提高货币资金收支的科学性、有效性和计划性，保证公司生产经营、基建技改、财务融资等一系列经济活动的顺利进行，特制定本制度。

第二条 货币资金预算管理的内容

（一）各部门按时编制年度及月度《货币资金预算》草案；

（二）财务部审查、平衡各部门的《货币资金预算》草案；

（三）公司经理办公会和董事会审批年度及月度《货币资金预算》（其中月度预算由经理办公会审批）；

（四）各部门严格执行《货币资金预算》；

（五）定期编制反馈报告，对《货币资金预算》执行情况进行分析；

（六）公司对各部门的货币资金预算执行结果进行考核。

第三条 本制度适用于公司所有分厂、部室的货币资金收付活动。

第二章 货币资金预算的编制与审批程序

第四条 年度《货币资金预算》的编制

（一）编制草案：每年12月1日前，公司各部门将经过部门负责人签字的本部门下年度《货币资金预算申报表》编制完毕，报公司财务部。

（二）审查平衡：12月10日前，财务部将各部门编制的年度《货币资金预算申报表》审查、平衡完毕；并汇总编制公司下年度《货币资金预算》草案，经财务总监签字后，上报公司总经理；总经理在12月15日之前召开经理办公会议，研究审议《货币资金预算》草案。

（三）审议批准：12月20日前，公司董事会审议、批准公司下年度《货币资金预算》。

（四）下达执行：财务部于每年12月31日前，将公司下一年度的《货币资金预算》下达到各部门。

第五条 月度《货币资金预算》的编制

（一）编制草案：每月23日前，公司各部门将经过部门负责人签字的本部门下月份《货币资金预算申报表》编制完毕，报公司财务部。

（二）审查平衡：每月25日前，财务部将各部门编制的月度《货币资金预算申报表》审查、平衡完毕；并汇总编制公司下月份《货币资金预算》草案，经财务总监签字后，上报公司总经理。

（三）审议批准：每月28日前，公司总经理召集资金平衡会议，审议、批准公司下月份《货币资金预算》。

（四）下达执行：财务部于每月30日前，将公司下月份的《货币资金预算》下达到各部门。

第三章　货币资金预算的执行与控制

第六条　货币资金预算的执行

各部门到财务部办理付款时，除应办理有关领导签字、批准手续外，还须办理如下手续：

（一）申请付款部门的业务经办人到有关责任会计岗位申领《货币资金付款凭单》。

（二）各责任会计要审查各项付款业务的合法性、真实性和审批手续的完整性，并在月度《货币资金预算》指标内开具《货币资金付款凭单》。

（三）业务经办人凭《货币资金付款凭单》及其他付款凭证（如发票等）到财务部出纳员处办理付款业务。

第七条　货币资金预算的控制

公司下达的《货币资金预算》具有指令性，各部门必须严格执行：

（一）销售部要按时、按量组织产品销售货款资金的收入，确保货币资金收入预算的完成。

（二）财务部要按时、按量完成银行借款等资金筹措预算，搞好货币资金的收支平衡，控制资金支付风险。

（三）各货币资金预算支出部门要严格将货币资金的支出控制在《货币资金预算》指标以内，不得突破月度货币资金预算支出指标。

（四）财务部要严格控制货币资金支出，对于无预算、无合同、无审批手续及不合理、不合法的付款业务，一律不予支付。

第四章　货币资金预算的分析与考核

第八条　公司建立货币资金分析制度，由财务部按月召开资金分析会议，全面分析货币资金管理情况，通报公司的资金状况，研究、解决资金管理中存在的问题，提出加强和改进资金管理的政策措施，纠正预算执行中的偏差。

第九条　每月终了后，财务部要编制《货币资金预算执行情况表》，全面分析、报告货币资金预算的执行情况，并依据预算完成情况对预算执行部门进行考核。

第五章　附　则

第十条　本制度由公司董事会审议通过。

第十一条　本制度自颁布之日起施行。

分析要求：根据预算控制有关要求，分析蓝天公司制定的《蓝天公司货币资金预算管理制度》是否存在缺陷或不恰当的地方。

分析提示：该制度存在如下缺陷：

（1）缺少预算调整方面的规定。因为预算审批以后，如果外部市场发生重大变化、企业经营做出重大调整等不可预知的事件，预算就应进行适时调整。

（2）缺少预算奖惩方面的规定。预算考评是预算管理的关键环节之一，如果只对预算进行考核，而不对预算考核结果进行奖惩兑现，预算管理的约束功能和激励功能就难以发挥作用。

任务六 运营分析控制

一、运营分析控制的含义

运营分析控制是指企业借助统计系统、会计系统提供的信息资料，采用专门的方法，对企业一定期间的生产经营活动过程及结果进行分析研究，掌握企业运营效率和效果，并不断改进、完善企业经营管理的控制活动。

运营分析控制包含总结过去、指导未来的双重任务：如果不对过去进行认真的分析、总结，就很难对未来做出科学的预测；在未来的生产经营活动中，就很难避免过去的缺点和错误的再次发生。因此，运营分析控制是企业前后两个经营活动循环的联结点，每通过一次运营分析控制，企业的经营管理水平就应当有一次相应的提高；持续下去，企业的经营管理水平就会持续向上、不断提高。

二、运营分析控制的要求

（1）企业应当建立运营情况分析制度，开展定期和不定期的经营分析和财务分析活动。

（2）企业经理层应当综合运用生产、购销、投资、筹资、财务等方面的信息，通过因素分析、比较分析、趋势分析等方法，对经营活动、投资活动和财务活动进行分析。

（3）通过运营分析，及时发现企业经营活动、投资活动和财务活动中存在的问题，并查明原因、制定措施加以改进。

三、运营分析控制的方法

运营分析控制方法由定量分析方法和定性分析方法两大类组成。定量分析方法是最基本的分析方法，定性分析方法是辅助分析方法。在运营分析控制实务中，应根据具体的运营分析对象和运营分析控制要求，选择相应的定量分析方法和定性分析方法，实现二者的有机结合、灵活运用。

（一）定量分析方法

定量分析方法是借助数学模型，从数量上测算、比较和确定各项分析指标变动的数额，以及影响分析指标变动的原因和影响数额大小的一种分析方法。常用的定量分析方法主要有比较分析法、因素分析法、比率分析法、趋势分析法、因果分析法、价值分析法、量本利分析法等，下面仅介绍比较分析法、因素分析法、比率分析法、趋势分析法。

1. 比较分析法

比较分析法是通过某项经济指标与性质相同的指标评价标准进行对比，揭示企业经济状况和经营成果的一种分析方法。在运用比较分析法时，要注意各项指标的可比性，相互比较的经济指标必须是相同性质或类别的指标。一般而言，应做到指标的计算口径、计价基础和时间单位都保持一致，以保证比较结果的正确性。

2. 因素分析法

因素分析法是依据分析指标与其影响因素的关系，从数量上确定各因素对分析指标影响方向和影响程度的一种定量分析方法。因素分析法适用于多种因素构成的综合性指标分析，如成本、利润、资金周转等方面的指标。因素分析法是在比较分析法的基础上加以应用的，是比较分析法的发展和补充。因素分析法按分析特点可分为连环替代法和差额分析法两种具体方法。

（1）连环替代法是将分析指标分解为各个可以计量的因素，并根据各个因素之间的依存关系，顺次用各因素的比较值（即实际值）替代基准值（即标准值），据以测定各因素对分析指标的影响。

（2）差额分析法是连环替代法的一种简化形式，它是利用各个因素的比较值与基准值之间的差额，来计算各因素对分析指标的影响。

因素分析法既可以全面分析若干因素对某一经济指标的共同影响，又可以单独分析其中某个因素对某一经济指标的影响，在运营分析控制中的应用十分广泛。

3. 比率分析法

比率分析法是通过计算和对比各种比率指标来确定经济活动变动程度的分析方法。采用比率分析法，首先要将对比的指标数值变成相对数，然后进行对比分析。常用的比率指标有构成比率、效率比率和相关比率三类。

（1）构成比率是某项经济指标的各组成部分数值占总体数值的百分比。这类比率揭示了部分与整体的关系。利用构成比率，可以考察总体中某个部分的形成和安排是否合理，通过不同时期构成比率的比较还可以揭示其变化趋势。

（2）效率比率是某经济活动中所费与所得的比率，反映投入与产出的关系。利用效率比率指标可以进行得失比较，考察经营成果，评价经济效益。

（3）相关比率是以某个项目和与其相关但又不同的项目加以对比所得出的比率，反映有关经济活动之间的相互关系。利用相关比率指标，可以考察企业有联系的项目指标数值之间的合理性，反映企业某方面的能力水平。

4. 趋势分析法

趋势分析法又称动态分析法，它是根据财务报表中的有关数字资料，通过定基或环比方法对比三期或连续数期的相同指标或比率，确定有关指标增减变动的方向、数额和幅度，以揭示企业财务状况、经营情况和现金流量变化趋势的一种分析方法。

（二）定性分析方法

定性分析方法是指运用归纳和演绎、分析与综合、抽象与概括等方法，对企业各项经济指标变动的合法性、合理性、可行性、有效性进行思维加工、去粗取精、去伪存真、由此及彼、由表及里的科学论证和说明。它是对定量分析的结果，根据国家有关法规、政策和企业的客观实际进行相互联系的研究，考虑各种不可计量的因素加以综合论证，并对定量分析结果进行切合实际的修正，做出“质”的判断的分析方法。

定性分析方法具体包括实地观察法、经验判断法、会议分析法、类比分析法等。

四、运营分析控制的步骤和内容

运营分析控制通常包括下列基本步骤和内容：

（一）确定分析对象，明确分析目的

在进行运营分析之前，首先要确定分析对象及范围，明确分析目的，熟悉与分析有关的资料，以保证有的放矢地开展分析工作。

（二）收集资料，掌握情况

进行运营分析时，必须广泛收集内容真实、数字正确的资料。这些资料既包括来自企业内部的资料，又包括来自企业外部的资料。

（三）对比分析，确定差异

通过运营指标对比，可以得到运营结果与运营标准之间的差额，然后采用比率分析法、因素分析法等定量分析方法说明运营指标的完成程度，提示偏离标准的原因，为进一步的定性分析指明方向。

（四）分析原因，落实责任

通过定量分析，一般只能看出数量和现象上的差异，还不能说明产生差异的实质。

因此，必须通过定性分析进行深入研究，分析造成差异的原因，抓住主要矛盾，并落实至责任单位和责任人。

（五）提出措施，改进工作

确定差异、分析原因、落实责任是为了解决企业经营活动中存在的不足和问题。因此，当存在的问题找准、找出后，就应根据分析的结果提出加强内部控制的具体措施，以提高企业的经营管理水平。

（六）归纳总结，编写分析报告

归纳总结是依据对各项运营指标执行情况的分析结果进行综合概括，对企业经营活动过程及结果做出正确评价。在运营分析的最后阶段，要根据归纳总结的内容，编写书面分析报告。

任务七 绩效考评控制

一、绩效考评控制的含义

绩效考评控制是指企业为了实现控制目标，运用特定的标准和指标，采用科学的方法，对各部门和全体员工的工作业绩进行定期考核、评价的控制措施。

绩效考评控制的重点是绩效与薪酬的结合。在人力资源管理中，绩效与薪酬是两个密不可分的部分。在设定薪酬时，一般已将薪酬分解为固定工资和绩效工资，绩效工资正是通过绩效予以体现的，而对员工进行绩效考评的结果也必须表现在薪酬上，否则，绩效与薪酬就都失去了应有的激励作用。

二、绩效考评控制的要求

（1）企业应当建立和实施绩效考评制度，科学设置考核指标体系。

（2）企业应当对各责任单位和全体员工的业绩进行定期考核和客观评价。

（3）企业要将绩效考评结果作为确定员工薪酬以及职务晋升、评优、降级、调岗、辞退等的依据之一。

三、绩效考评控制的方法

绩效考评控制方法一般包括关键绩效指标法、经济增加值法、平衡计分卡等。在绩效考评控制实务中，企业可根据自身战略目标、业务特点和管理需要，结合不同方法的特征及适用范围，既可以选择一种适合的方法单独使用，也可选择两种及以上的方法综合运用。

（一）关键绩效指标法

关键绩效指标法，是指基于企业战略目标，通过建立关键绩效指标（KPI）体系，将价值创造活动与战略规划目标有效联系，并据此进行绩效管理的方法。关键绩效指标法的应用对象可为企业、所属单位（部门）和员工。关键绩效指标，是对企业绩效产生关键影响力的指标，是通过对企业战略目标、关键成果领域的绩效特征分析，识别和提炼出来的最能有效驱动企业价值创造的指标。

企业构建关键绩效指标体系，一般按照以下程序进行：

（1）制定企业级关键绩效指标。企业应根据战略目标，结合价值创造模式，综合考虑内外部环境等因素，设定企业级关键绩效指标。

（2）制定所属单位（部门）级关键绩效指标。根据企业级关键绩效指标，结合所属单位（部门）关键业务流程，按照上下结合、分级编制、逐级分解的程序，在沟通反馈的基础上，设定所属单位（部门）级关键绩效指标。

（3）制定岗位（员工）级关键绩效指标。根据所属单位（部门）级关键绩效指标，结合员工岗位职责和关键工作价值贡献，设定岗位（员工）级关键绩效指标。

（二）经济增加值法

经济增加值法，是指以经济增加值（EVA）为核心，建立绩效指标体系，引导企业注重价值创造，并据此进行绩效管理的方法。

经济增加值，是指税后净营业利润扣除全部投入资本的成本后的剩余收益。经济增加值及其改善值是全面评价经营者有效使用资本和为企业创造价值的重要指标。经济增加值为正，表明经营者在为企业创造价值；经济增加值为负，表明经营者在损毁企业价值。经济增加值的计算公式为：

$$\text{经济增加值} = \text{税后净营业利润} - \text{平均资本占用} \times \text{加权平均资本成本}$$

其中：税后净营业利润衡量的是企业的经营盈利情况，平均资本占用反映的是企业持续投入的各种债务资本和股权资本，加权平均资本成本反映的是企业各种资本的平均成本率。

企业应用经济增加值法，一般按照制定以经济增加值指标为核心的绩效计划、制定激励计划、执行绩效计划与激励计划、实施绩效评价与激励、编制绩效评价与激励管理报告等程序进行。

（三）平衡计分卡

平衡计分卡，是指基于企业战略，从财务、客户、内部业务流程、学习与成长四个维度，将战略目标逐层分解转化为具体的、相互平衡的绩效指标体系，并据此进行绩效管理的方法。

企业应用平衡计分卡工具方法，一般按照制定战略地图、制定以平衡计分卡为核心的绩效计划、制定激励计划、制定战略性行动方案、执行绩效计划与激励计划、实施绩效评价与激励、编制绩效评价与激励管理报告等程序进行。

四、绩效考评控制的环节与内容

（一）设定绩效考评目标

绩效考评目标的设定源于对企业目标的分解，即将企业一定时期的经营目标逐层分解到每个部门及全体员工。通过目标分解所得到的绩效考评目标，应当具有很强的针对性和可操作性，其内容是每个岗位、每个人最主要的且必须完成的工作。绩效考评是自上而下的，董事长、总经理要率先垂范，建立“千斤重担大家挑，人人头上有目标”的绩效考评体系。

（二）建立绩效考评指标体系

绩效考评指标体系包括定量指标和定性指标两大类。其中，定量指标是可以量化的指标，反映了绩效考评目标的数量要求和价值预期；定性指标是无法量化的指标，主要通过客观描述和分析来反映绩效考评结果。绩效考评要以定量指标为主，定性指标为辅。对不同绩效考评指标，要赋予科学、合理的权重，体现各项绩效考评指标对绩效考评结果的影响程度和重要程度。

（三）制定绩效考评标准

绩效考评标准是对员工绩效进行考核的标准和尺度。员工的绩效考评标准既要达到绩效考评的各项目的，又要被考评对象普遍接受。在制定绩效考评标准时，要满足公正性与客观性、明确性与具体性、一致性与可靠性、民主性与透明性四项要求。

（四）形成绩效考评结果

在设定的时间内，企业需要依据绩效考评指标和绩效考评标准，对全体员工一定时期的工作绩效进行定期考核和客观评价，形成绩效考评结果。考评人员要按照每项指标设置的量化指标和考评分值，逐项核实工作绩效，逐项进行评分记分，累计计算考评对象该考核周期工作绩效的实际得分。

（五）运用绩效考评结果

如何运用绩效考评结果，会直接影响绩效考评控制的激励作用。企业要结合企业管理资源的实际情况，充分考虑企业文化的负载能力，选择和确定绩效考评结果的具体运用方式。通常情况下，绩效考评结果要作为确定员工薪酬以及职务晋升、评优、降级、调岗、辞退等的依据。

案例分析

滨化集团股份有限公司高级管理人员薪酬与考核制度如下：

第一章　总则

第一条　为了更好地调动滨化集团股份有限公司（以下简称“公司”）高级管理人员的工作积极性，建立与上市公司制度相适应的激励约束机制，保持核心管理团队的稳定性，提升公司的经营管理效益，根据《中华人民共和国公司法》《上市公司治理准则》等法律、法规、规范性文件和《滨化集团股份有限公司章程》《薪酬管理规定》等的相关规定，制定本制度。

第二条　本制度适用于公司董事会聘请的高级管理人员。

第三条　公司高级管理人员薪酬的确定遵循以下原则：

（一）坚持按劳分配与责、权、利相结合的原则；

（二）绩效优先，体现与公司收益分享、风险共担的价值理念；

（三）总体薪酬水平兼顾内外部公平，并与公司发展规模相适应。

第二章　薪酬管理办法制定及实施程序

第四条　董事会薪酬与绩效考核委员在董事会的授权下，负责制定本制度，审查公司高级管理人员履行职责情况并对其进行年度考核。

第五条　人力资源部、财务部配合董事会薪酬与绩效考核委员会对本制度进行具体的组织实施。

第三章　薪酬的构成及标准

第六条　公司高级管理人员的薪酬由基本年薪、绩效奖金和专项奖励构成。

（一）基本年薪根据所任职位的价值、责任、能力、市场薪酬行情等因素按月平均发放。

（二）绩效奖金由董事会薪酬与绩效考核委员依据公司高级管理人员绩效指标的完成情况确定。

（三）专项奖励采取一事一议原则，对于经营业绩突出、专项工作中取得突出成绩或做出重大贡献的高级管理人员给予专项奖励，由董事长拟订方案后报董事会薪酬与绩效考核委员会审议，并报董事会批准。

公司高级管理人员的薪酬为税前收入，应依法缴纳个人所得税，个人所得税由公司代扣代缴。

第七条 高级管理人员基本年薪标准。

根据高级管理人员所任职位的价值、责任、能力等确定相应的职级，职级对应相应的基本年薪标准。

职务	单位	基本年薪标准
总经理	万元人民币	79～223
副总经理	万元人民币	36～119
董事会秘书、财务总监	万元人民币	31～87

第八条 本制度规定的公司高级管理人员薪酬不包括股权激励计划、员工持股计划以及其他根据公司实际情况发放的奖金或奖励等。

第九条 考核周期结束后，董事会薪酬与绩效考核委员对公司高级管理人员绩效指标的完成情况进行考核评定。如经营环境等外界条件发生重大变化或公司内部重大政策、战略规划调整、工作调动及不可抗力等原因导致考核指标数据发生变化的，董事会薪酬与绩效考核委员会可以根据具体情况对考核指标进行调整。

第四章 其他

第十条 公司高级管理人员任职不满一年，按实际任职期限核发薪资。

第十一条 高级管理人员有下列情形之一的，取消其年度绩效奖金：

（一）严重损害公司利益或造成公司重大经济损失的；

（二）严重违反公司规章制度；

（三）重大违法违规行为被中国证监会予以行政处罚，被证券交易所公开谴责或宣布为不当人选，或失职、渎职，导致重大决策失误给公司造成严重影响的。

第十二条 本制度未尽事宜，按照有关法律、行政法规、部门规章、规范性文件和《滨化集团股份有限公司章程》的有关规定执行。

第十三条 本制度由公司董事会薪酬与绩效考核委员会负责解释。本制度与有关法律、行政法规、部门规章、规范性文件或者《滨化集团股份有限公司章程》的规定不一致的，以有关法律、行政法规、部门规章、规范性文件和《滨化集团股份有限公司章程》的规定为准。

第十四条 本制度由公司董事会审议通过后正式实施，修改时亦同。

滨化集团股份有限公司

2021 年 3 月

分析要求：根据《中华人民共和国公司法》和绩效考评控制的有关规定和要求，分析滨化集团股份有限公司制定的高级管理人员薪酬与考核制度是否存在缺陷或不恰当的地方。

分析提示：该制度存在如下缺陷：

（1）违反了《中华人民共和国公司法》关于董事、监事报酬决定权的规定。《中华人民共和国公司法》第三十七条第二款规定，股东会“决定有关董事、监事的报酬事项”；第四十六条第九款规定，董事会“决定聘任或者解聘公司经理及其报酬事项，并根据经理的提名决定聘任或者解聘公司副经理、财务负责人及其报酬事项”。而该制度没有区分董事、监事和经理、副经理、财务负责人在报酬上的管理权限，将公司高管人员的报酬决定权都归董事会行使，是错误的。

（2）第七条规定的高管人员基本年薪标准上限与下限波动幅度过大，而且没有明确的标准依据，导致制度丧失约束性。

（3）对于高管人员的绩效考核规定过于笼统。绩效考评控制要求企业科学设置考核指标体系，而该制度一是没有明确高管人员基本薪酬和绩效薪酬两部分的构成比例，二是没有建立包含定量指标和定性指标两大类的绩效考评指标体系。

项目小结

本项目讲解了《企业内部控制基本规范》第四章提出的七种内部控制方法：不相容职务分离控制、授权审批控制、会计系统控制、财产保护控制、预算控制、运营分析控制和绩效考评控制。这七种内部控制方法是企业在日常生产经营活动中最常用的管理方法。学习这部分内容需要大家重点掌握和理解各种控制方法的含义、要求和内容，熟悉有关内部控制方法在企业内部控制体系建设中的具体应用。

项目练习

一、单选题

1. 授权审批控制可细分为（　　）。

A. 授权控制和审批控制　　B. 常规授权和特别授权

C. 集权控制和分权控制　　D. 一般控制和重要控制

2. 不相容职务分离的核心是（　　）。

A. 发生错误　　B. 分离控制　　C. 内部牵制　　D. 出现舞弊

3. 对于同一经济业务允许采用多种会计处理方法的，企业应根据发展战略、经营管理和内部控制的要求，在会计准则的框架范围内制定适合本企业的（　　）。

A. 会计制度　　B. 会计方法　　C. 会计政策　　D. 会计规则

4. 全面预算控制包括战略转化、预算编制、预算执行和（　　）四个阶段。

A. 预算控制　　B. 预算分析　　C. 预算考评　　D. 预算核算

二、判断题

1. 企业应当建立授权审批体系，编制常规授权的权限指引，规范特别授权的范围、权限、程序和责任，严格控制常规授权。（　　）

2. 财产保护的对象主要是实体资产，包括现金及有价证券、存货和其他资产。（　　）

3. 凡是经常发生的、重复发生的、涉及金额比较小的事项，采用常规授权；不经常发生的、不具有重复性、涉及金额比较大的事项，则采用特别授权。（　　）

三、简答题

1. 什么是不相容职务分离控制？简述不相容职务分离控制的要求与内容。
2. 什么是授权审批控制？简述授权审批控制的原则与形式。
3. 什么是会计系统控制？简述会计系统控制的要求与方式。
4. 什么是财产保护控制？简述财产保护控制的要求与内容。
5. 什么是全面预算控制？简述全面预算控制的要求与内容。
6. 什么是运营分析控制？简述运营分析控制的要求与方法。
7. 什么是绩效考评控制？简述绩效考评控制的环节与内容。

项目实训

据南宁中院微信公众号消息，2021 年 4 月 29 日上午，南宁市中级人民法院对南宁市兴宁区城乡建设服务中心、南宁市东沟岭经济发展有限责任公司出纳杨某雁贪污、挪用公款、伪造公司企业印章案进行一审宣判，以被告人杨某雁犯贪污罪，判处无期徒刑，并处罚金五百万元，剥夺政治权利终身；犯挪用公款罪，判处有期徒刑六年；犯伪造公司、企业印章罪，判处有期徒刑六个月，并处罚金一万元。决定执行无期徒刑，并处罚金五百零一万元，剥夺政治权利终身。被告人当庭表示服从法院判决，不上诉。

2010 年 10 月至 2020 年 4 月，被告人杨某雁在担任单位出纳期间，利用职务上的便利及单位管理、会计监督等方面漏洞，通过私刻银行业务清讫章、填写现金交款单、变造现金交款单、偷盖财务专用章和法人印鉴、修改同事报账现金支票金额等方式先后多次侵吞、窃取单位公款用于经商办企业、购买名牌轿车和日常奢侈消费等。经鉴定，截至 2020 年 4 月 20 日案发，杨某雁侵吞、窃取公款共计 143 306 218.48 元。

2014 年 9 月 30 日，杨某雁在自己保管的空白电汇凭证上私自填写转账内容，并偷盖公司财务专用章及其保管的公司法定代表人印章，将单位公款 2 600 万元以“保证金”的名义，转入其注册的广西合山市广旭易高酒店有限公司账户，计划用于交纳土地出让金，后因挪用数额巨大，他担心政府补贴资金不能及时回笼，又于同年 10 月 9 日从原账户分两笔将该 2 600 万元转回公司账户。

被告人杨某雁为掩盖其贪污、挪用公款的行为，制作虚假银行对账单、银行存款利息单，并伪造、变造公司、某银行支行公章等来制作虚假的银行询证函等财务凭证，应付单位检查、审计和财务监督。

另查明，2020 年 4 月 20 日，被告人杨某雁主动向南宁市兴宁区监察委员会投案。

南宁市中级人民法院认为，被告人杨某雁身为国家工作人员，利用职务上的便利，侵吞、窃取公共财物合计 143 306 218.48 元，数额特别巨大，其行为已构成贪污罪；挪用公款 2 600 万元进行营利活动，情节严重，其行为已构成挪用公款罪；伪造公司、企业印章，其行为已构成伪造公司、企业印章罪。杨某雁一人犯数罪，依法应当数罪并罚。杨某雁自动投案，如实供述自己的犯罪事实，是自首，可以从轻处罚。杨某雁自愿认罪认罚，可以从轻处罚。杨某雁归案后退出部分赃款赃物，并配合办案机关追缴赃款赃物，可以酌情从轻处罚。

根据被告人杨某雁的犯罪事实、性质、情节及对社会危害程度，综合考虑其认罪认罚、退赃情况等具体情节，南宁市中级人民法院依法做出上述判决。

【分析要求】南宁市兴宁区城乡建设服务中心、南宁市东沟岭经济发展有限责任公司应采取哪些内部控制方法，以避免小出纳贪污大资金的事件发生？

项目三

内部环境控制

教学目标

知识目标

明确内部环境的重要性

掌握内部环境的构成

能力目标

理解内部环境的内容及相应风险

能够评价企业组织架构的设置是否完善

素养目标

培养能够判断企业内部环境优劣的素养

树立良好的社会责任意识

内部环境控制概述

学习指南

学习任务 — 知识概要

- 任务一 组织架构控制
  - 组织架构的含义与内容
  - 组织架构的主要风险
  - 组织架构的设计
  - 组织架构的运行
- 任务二 发展战略控制
  - 发展战略的含义与内容
  - 发展战略的主要风险
  - 发展战略的制定
  - 发展战略的实施与调整
- 任务三 人力资源控制
  - 人力资源的含义与内容
  - 人力资源的主要风险
  - 人力资源的控制措施
- 任务四 社会责任控制
  - 社会责任的含义与内容
  - 社会责任的主要风险
  - 社会责任的控制措施
- 任务五 企业文化控制
  - 企业文化的含义与内容
  - 企业文化的主要风险
  - 企业文化的控制措施

教学引导

完善内控机制 助推企业清廉建设

从 1984 年靠 8 个高中毕业生、4 间平房、6 万元贷款起家，到如今成为全国光学行业的“领头羊”，手机镜头销量全球第二、车载镜头销量全球第一，市值超千亿元，2020 年收入 380.02 亿元，并连续多年进入中国企业 500 强榜单，舜宇集团持续发展的背后，管理层一贯注重的清廉企业建设是其不竭的动力。

早在 2010 年，公司便出台了《反舞弊制度》，明确了收受贿赂回扣、隐瞒交易事项、滥用职权、玩忽职守、用人不公等违规行为的惩治举措。根据内控形势需要，企业又先后设立了审计部、纪委、监察科等职能机构，出台了《廉洁从业若干规定》和《员工奖惩管理办法》，实现了廉洁从业内控全覆盖。

经过逐步探索，舜宇集团已经建立起一个完善的企业内控机制，由纪委、审计部、人力资源部、办公室四个部门主抓反腐倡廉，对内严把“权力”关，对外维持健康的政商关系。

在企业风险管控中，采购始终是重要的一环。舜宇集团下属 10 多家子公司，一年有上百亿元的采购和销售，无论管理层还是普通员工，都或多或少掌握着某种“权力”。如果因为个人私利，允许供应商抬价，哪怕单件只高出几元几角，对企业带来的损失都是巨大的。

为此，自 2007 年起公司就针对董事、高管的关联方开展交易申报审查。2015 年，公司把关联方交易的申报审查范围扩大到所有中层管理人员和敏感岗位员工。对于物资采购、产品销售等关键敏感岗位的员工，公司则要求工作满 3 年必须轮岗。由于特殊原因需要继续留在原岗位任职的，经公司主管领导批准后，最多也只可延期 1 年。

除了严查关联方交易合规性、严把关键敏感岗位关，公司还推行干部任职回避制度，将反腐倡廉作为一票否决项纳入各子公司年终考核；通过董事长亲自上清廉建设课、对标学习华为清廉建设等系列活动，倡导诚信正直的企业文化，加强员工的廉洁职业操守。而在与政府的交往中，舜宇数十年如一日坚持政府部门工作用餐接待制度，严格执行公职人员和一般客户一视同仁，不搞宴请、不超标准接待。

严格的内控反腐机制，清清爽爽的政商关系，舜宇集团为当地企业树立了清廉文化的榜样，同时也成为企业保持 30 多年加速奔跑的“原动力”。据统计，目前公司内部接受关联方审查副部以上管理人员已近万人次，重要岗位的贪腐案例至今保持为零。仅去年，这些“清廉”制度就为舜宇集团节约了千万级别的费用开支。

【问题思考】舜宇集团是如何完善内控机制，助推企业清廉建设的?

任务一

组织架构控制

一、组织架构的含义与内容

组织架构是指企业按照国家有关法律法规、股东大会决议和企业章程，结合本企业实际，明确股东大会、董事会、监事会、经理层和企业内部各层级机构设置、职责权限、人员编制、工作程序和相关要求的制度安排。组织架构分为治理结构和内部机构两个层面的内容。

（一）治理结构

治理结构又称法人治理结构、公司治理结构，是指公司股东大会、董事会、监事会及经理层之间的权、责、利关系，相互制衡关系和决策关系的体系。

企业作为法人，需要根据相关的法律法规设置治理结构层面的组织架构，使之具有决策能力、监督能力和管理能力，从而依法行使权力、承担责任，并保障各利益相关者的基本权益。

（二）内部机构

内部机构是企业内部设置的，由不同专业人员组成的，负责企业某一管理或专业区域工作的职能部门，是保证企业生产经营活动顺利进行的支撑平台。它是表明企业内部各职能部门的排列顺序、空间位置、聚散状态、联系方式以及各部门之间相互关系的一种模式，是整个企业管理系统的框架。

企业作为经济实体，应当根据业务发展需要设置内部机构层面的组织架构，针对各项业务功能行使决策、计划、执行、监督、评价的权力，并承担相应的责任，从而为业务顺利开展提供支撑平台。

通常，上市公司的组织架构如图 3-1 所示。

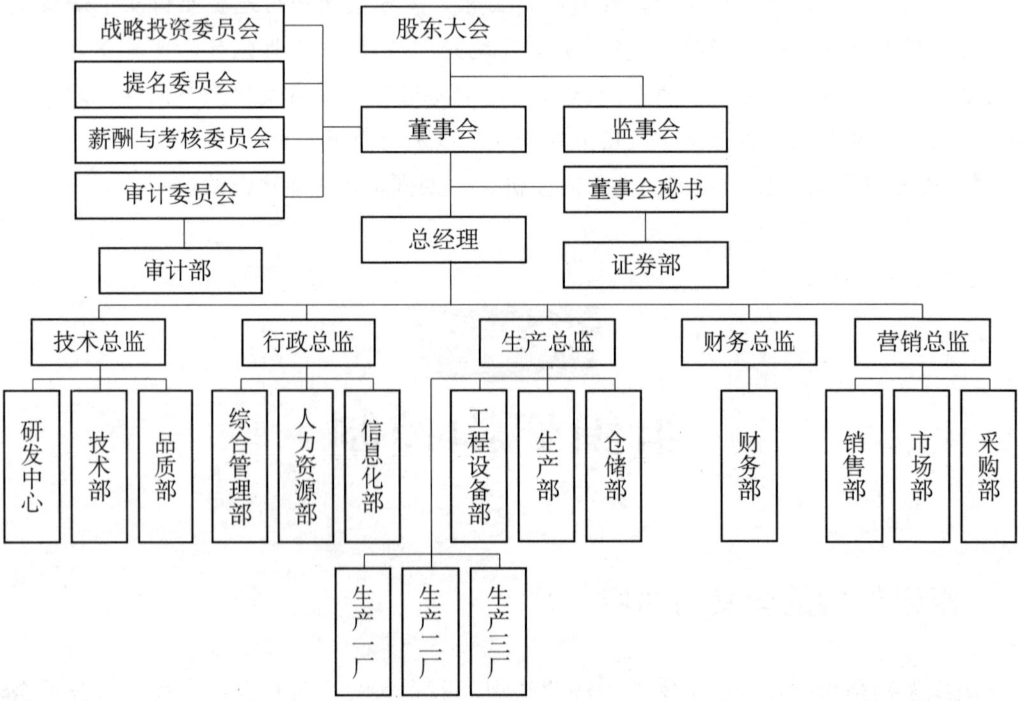

图 3-1 上市公司组织架构图

二、组织架构的主要风险

企业至少应当关注组织架构设计与运行中的下列风险：

（1）治理结构形同虚设，缺乏科学决策、良性运行机制和执行力，可能导致企业经营失败，难以实现发展战略。

（2）内部机构设计不科学，权责分配不合理，可能导致机构重叠、职能交叉或缺失、推诿扯皮，运行效率低下。

三、组织架构的设计

（一）设计原则

1. 符合法律法规

组织架构的设计必须遵守《中华人民共和国公司法》《企业内部控制基本规范》等法律法规和公司章程的相关规定。

2. 符合发展战略

实现发展战略既是企业经营活动的长远目标，也是实施内部控制的最终目标，因此，组织架构的设计要有助于企业发展战略的实现。

3. 符合管理控制要求

组织架构的设计要贯彻内部牵制原则，各决策部门、执行部门、监督部门、管理部门之间要形成既相互配合又相互制约的协作、制衡关系。

4. 适应内外环境要求

任何组织架构都是在一定的环境下运行的，因此，组织架构的设计必须考虑企业外部环境和内部环境的具体情况，使之相互适应；同时，要根据外部环境和内部环境的变化及时调整、优化企业的组织架构。

（二）治理结构设计

治理结构涉及公司股东大会、董事会、监事会和经理层。企业应当根据国家有关法律法规的规定，按照决策机构、执行机构和监督机构相互独立、权责明确、相互制衡的原则，明确股东大会、董事会、监事会和经理层的职责权限、任职条件、议事规则和工作程序等。

1. 股东大会由全体股东组成，是公司的权力机构

股东大会依法行使决定公司的经营方针和投资计划，审议批准董事会的报告，审议批准监事会的报告，审议批准公司的年度财务预算方案、决算方案，审议批准公司的利润分配方案和弥补亏损方案等职权。

2. 董事会对股东大会负责，是公司的决策机构

董事会依法行使企业的经营决策权，可按照股东大会的有关决议，设立战略、审计、提名、薪酬与考核等专门委员会，明确各专门委员会的职责权限、任职资格、议事规则和工作程序，为董事会科学决策提供支持。

3. 监事会对股东大会负责，是公司的监督机构

监事会依法检查公司财务，对董事、高级管理人员执行公司职务的行为进行监督，对违反法律、行政法规、公司章程或股东会决议的董事、高级管理人员提出罢免的建议。

4. 经理层对董事会负责，是公司的执行机构

经理层依法主持公司的生产经营管理工作。经理和其他高级管理人员的职责分工应当明确。

（三）内部机构设计

内部机构的设计要契合企业经营业务特点和内部控制要求，具体如下：

（1）企业应当按照科学、精简、高效、透明、制衡的原则，综合考虑企业性质、发展战略、文化理念和管理要求等因素，合理设置内部职能机构，明确各机构的职责权限，避免职能交叉、缺失或权责过于集中，形成各司其职、各负其责、相互制约、相互协调的工作机制。

（2）企业应当对各机构的职能进行科学合理的分解，确定具体岗位的名称、职责和工作要求等，明确各个岗位的权限和相互关系。在内部机构设计过程中，应当体现不相容职务分离原则，并根据相关的风险评估结果设立内部牵制机制。

（3）企业应当制定组织结构图、业务流程图、岗（职）位说明书和权限指引等内部管理制度或相关文件，使员工了解和掌握组织架构设计及权责分配情况，正确履行职责。企业各项决策和业务必须由具备适当权限的人员办理，这一权限通过公司章程约定或其他适当方式授予。

（4）企业应当加强内部审计工作，保证内部审计机构设置、人员配备和工作的独立性。内部审计机构应当结合内部审计监督，对内部控制的有效性进行监督检查。内部审计机构对监督检查中发现的内部控制缺陷，应当按照企业内部审计工作程序进行报告；对监督检查中发现的内部控制重大缺陷，有权直接向董事会及其审计委员会、监事会报告。

四、组织架构的运行

（一）梳理治理结构

治理结构的梳理应当重点关注董事、监事、经理及其他高级管理人员的任职资格和履职情况，以及董事会、监事会和经理层的运行效果。治理结构存在问题的，应当采取有效措施加以改进。

（二）梳理内部机构

内部机构的梳理应当重点关注内部机构设置的合理性和运行的高效性等。内部机构设置和运行中存在职能交叉、缺失或运行效率低下的，应当及时解决。

（三）管控子公司

企业应当建立科学的投资管控制度，通过合法有效的形式履行出资人职责、维护出资人权益，重点关注子公司特别是异地、境外子公司的发展战略、年度财务预决算、重大投融资、重大担保、重要人事任免、大额资金使用、主要资产处置、内部控制体系建设等重要事项。

（四）调整组织架构

企业应当定期对组织架构设计与运行的效率和效果进行全面评估，发现组织架构设计与运行中存在缺陷的，应当进行优化调整。调整组织架构应当充分听取董事、监事、高级管理人员和其他员工的意见，按照规定的权限和程序进行决策审批。

案例分析

东兴机械有限公司是一家生产销售农用机械的中型企业，公司的组织架构如图3-2所示。

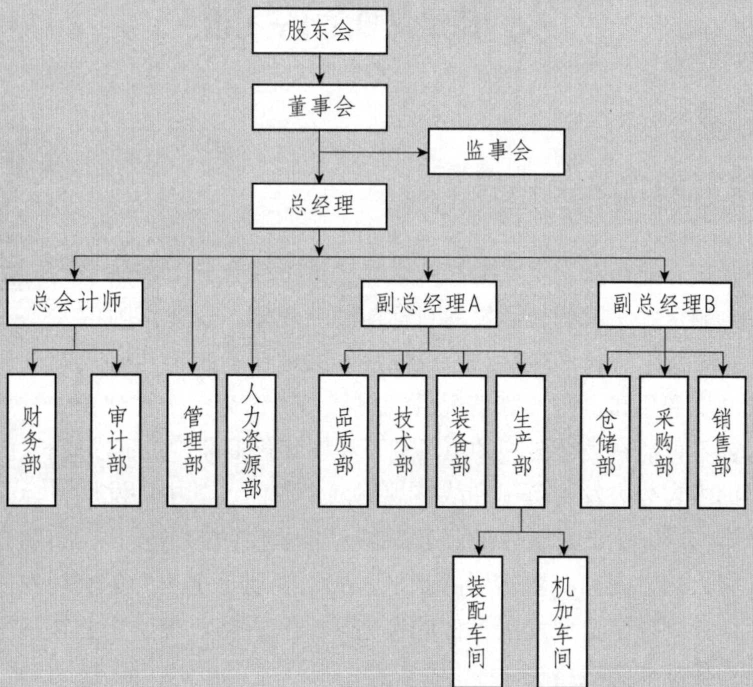

图3-2　东兴公司组织架构图

分析要求：根据学过的知识，说明东兴机械有限公司组织架构的设计是否合理，并阐述理由。

分析提示：

（1）东兴机械有限公司的治理结构设计存在一处不合理的地方，即公司监事会不能隶属于公司董事会。因为治理结构要求，公司的决策机构、执行机构和监督机构要相互独立、权责明确、相互制衡，监事会对股东大会负责。因此，公司监事会应与董事会一样，隶属于股东大会。

（2）东兴机械有限公司的内部机构设计存在两处不合理的地方：1）审计部不能划归总会计师分管。因为内部控制要求企业保证内部审计机构设置、人员配备和工作的独立性，所以审计部应隶属于公司董事会或监事会。2）仓储部不能划归主管经营的副总经理分管。因为仓储部在存货入库、出库等方面都与采购部、销售部形成制衡关系，采购部、销售部和仓储部同归一个领导管理，导致缺乏必要的相互制衡。

任务二

发展战略控制

一、发展战略的含义与内容

战略管理制度文本

发展战略是指企业在对现实状况和未来趋势进行综合分析和科学预测的基础上，制定并实施的长远发展目标与战略规划。企业作为市场经济的主体，要想求得长期生存和持续发展，关键在于制定并有效实施适应外部环境变化和自身实际情况的发展战略。作为一个现代企业，如果没有明确的发展战略，就不可能在当今激烈的市场竞争和国际化浪潮冲击下求得长远发展。

发展战略的内容分为发展目标和战略规划两个方面。其中，发展目标是企业发展战略的核心和基本内容，是在最重要的经营领域对企业使命的具体化，表明企业在未来一段时期内所要努力的方向和所要达到的水平。战略规划是企业为了实现发展目标而制定的分阶段的总体计划，是企业发展目标的实施步骤和方略，表明企业在每个发展阶段的具体目标、工作任务和实施路径。

二、发展战略的主要风险

企业制定与实施发展战略至少应当关注下列风险：

（1）缺乏明确的发展战略或发展战略实施不到位，可能导致企业盲目发展，难以形成竞争优势，丧失发展机遇和动力。

（2）发展战略过于激进，脱离企业实际能力或偏离主业，可能导致企业过度扩张，甚至经营失败。

（3）发展战略因主观原因频繁变动，可能导致资源浪费，甚至危及企业的生存和持续发展。

三、发展战略的制定

企业应当立足当前、面向未来，科学制定切合自身实际又符合市场经济发展规律的发展战略。

（一）建立健全发展战略制定机构

企业应当在董事会下设立战略委员会，或指定相关机构负责发展战略管理工作，履行相应职责。战略委员会对董事会负责。战略委员会成员应当具有较强的综合素质和实践经验，其任职资格和选任程序应当符合有关法律法规和企业章程的规定。其中，战略委员会主席应当由董事长担任，委员中应当有一定数量的独立董事。

战略委员会的主要职责是对公司长期发展战略和重大投资决策进行研究并提出建议，具体事项包括：公司的长期发展规划、经营目标、发展方针；产品战略、市场战略、营销战略、研发战略、人才战略等经营战略；公司重大战略性投资、融资方案，重大资本运作，资产经营项目等。

企业应在内部机构中设置专门的部门或指定相关部门，承担战略委员会有关具体工作。

（二）分析评价影响发展战略的内外部因素

企业外部环境、内部资源等因素，是影响发展战略制定的关键因素。只有对企业所处的外部环境和拥有的内部资源展开深度分析，才能制定出科学合理的发展战略。

1. 分析外部环境

外部环境是制定发展战略的重要影响因素，包括企业所处的宏观环境、行业环境及竞争对手、经营环境等。分析企业面临的外部环境，应当着重分析环境的变化和发展趋势及其对企业发展战略的重要影响，同时评估有哪些机会可以挖掘，以及企业可能面临哪些威胁。

2. 分析内部资源

内部资源是企业发展战略的重要制约条件，包括企业资源、企业能力、核心竞争力等各种有形和无形资源。分析企业拥有的内部资源，应当着重分析这些资源和能力使企业在同行业中处于何种地位，与竞争对手相比，企业有哪些优势和劣势。

（三）科学制定发展战略

1. 制定发展目标

发展目标是指导企业生产经营活动的准绳，一般包括盈利能力、生产效率、市场竞争地位、技术领先程度、生产规模、组织结构、人力资源、用户服务、社会责任等。

2. 编制战略规划

发展目标制定后，企业应当考虑使用何种手段、采取何种措施、运用何种方法来达到发展目标，即编制战略规划。战略规划应当明确企业发展的阶段性和发展程度，制定每个发展阶段的具体目标和工作任务，以及达到发展目标必经的实施路径。

3. 严格审议和批准发展战略

发展战略拟定后，应当按照规定的权限和程序对发展战略方案进行审议和批准。

审议发展战略方案是董事会的重要职责。在审议过程中，董事会应着力关注发展战略的全局性、长期性和可行性。具体包括：1）发展战略是否符合国家行业发展规划和产业政策；2）发展战略是否符合国家经济结构战略性调整方向；3）发展战略是否突出主业，有助于提升企业核心竞争力；4）发展战略是否具有可操作性；5）发展战略是否客观全面地对未来的商业机会和风险进行分析预测；6）发展战略是否有相应的人力、财务、信息等资源保障等。

企业发展战略方案经董事会审议通过后，应当报经股东大会批准后付诸实施。

四、发展战略的实施与调整

（一）发展战略的实施

发展战略的实施是一个复杂的系统工程。企业只有重视和加强发展战略的实施，在所有相关目标领域全力推进，才有可能将发展战略描绘的蓝图转变为现实，铸就核心竞争力。

1. 加强实施领导

企业经理层应当担任发展战略实施的领导者，要本着“统一领导、统一指挥”的原则，围绕发展战略的有效实施，卓有成效地发挥企业经理层在资源分配、内部机构优化、企业文化培育、信息沟通、考核激励相关制度建设等方面的协调、平衡和决策作用，确保发展战略的有效实施。

2. 搞好分解落实

发展战略制定后，企业经理层要将发展战略分解细化，确保落实。

第一，要根据战略规划，制定年度工作计划。

第二，要按照上下结合、分级编制、逐级汇总的原则编制全面预算，将发展目标逐一分解落实为能够有效指导企业各项生产经营管理活动的年度经营目标和行动计划。

第三，要进一步将年度预算细分为季度预算、月度预算，通过实施分期预算控制，促进年度预算目标的实现。

第四，要通过建立发展战略实施的激励约束机制，将各责任单位年度预算目标完成情况纳入绩效考评体系，切实做到有奖有惩、奖惩分明，以促进发展战略的有效实施。

3. 保障有效实施

发展战略实施过程是一个系统工程，需要研发、生产、营销、财务、人力资源等各个职能部门之间的密切配合、协同运作。为此，企业应当采取切实有效的保障措施，确保发展战略的顺利实施。

第一，培育与发展战略相匹配的企业文化。发展战略制定后，要充分利用企业文化所具有的导向、约束、凝聚、激励等作用，统一全体员工的观念行为，共同为发展战略的有效实施而努力奋斗。

第二，优化调整组织结构。要解决好发展战略前导性和组织结构滞后性之间的矛盾，企业必须在发展战略制定后，尽快调整企业组织结构、业务流程、权责关系等，以适应发展战略的要求。

第三，整合内外部资源。在发展战略实施过程中，只有对拥有的资源进行优化配置，达到战略与资源的匹配，才能充分保证发展战略的实现。

第四，调整管理方式。企业要克服各种阻力，改变企业日常惯例，在管理体制、机制及管理模式等方面实施变革，由粗放、层级制管理向集约、扁平化管理转变，为发展战略的有效实施提供强有力的支持。

4. 做好宣传培训

企业应当重视发展战略的宣传培训工作，为推进发展战略实施提供强有力的思想支撑和行为导向。

第一，在企业董事、监事和高级管理人员中树立战略意识和战略思维，充分发挥其在发展战略制定与实施过程中的示范带头作用。

第二，通过采取内部会议、培训、讲座、知识竞赛等多种行之有效的方式，把发展战略及其分解落实情况传递给内部各管理层级和全体员工，营造发展战略宣传的强大舆论氛围。

第三，企业高管层要加强与广大员工的沟通，使全体员工充分认清企业的发展思路、发展战略目标和具体举措，自觉将发展战略与自己的具体工作结合起来，促进发展战略的有效实施。

（二）发展战略的调整

在当今瞬息万变的环境中，企业只有在变化中不断调整发展战略，保持健康的发展活力，并将这种活力转变成惯性，通过有效的发展战略不断表达出来，才能获得并持续强化竞争优势，将企业做大做强。

1. 要加强对发展战略实施的监控

企业应当建立发展战略评估制度，加强对发展战略制定与实施的事前、事中和事后评估；战略委员会应当加强对发展战略实施情况的监控，定期收集和分析相关信息。对于发展战略制定与实施过程中存在的问题和偏差，应当及时报告，并采取措施予以纠正。

2. 要持续优化发展战略

企业在开展发展战略监控和评估过程中，发现下列情况之一的，应当调整、优化发展战略，以促进企业内部资源能力和外部环境条件保持动态平衡。

（1）经济形势、产业政策、技术进步、行业竞争态势以及不可抗力等因素发生较大变化，对企业发展战略的实现有较大影响的情况。

（2）企业内部经营管理发生较大变化，确有必要对发展战略做出调整的情况。因为发展战略调整牵一发而动全身，因此，应当严格按照规定的权限和程序调整发展战略。

任务三
人力资源控制

一、人力资源的含义与内容

人力资源是指企业组织生产经营活动而录（任）用的各种人员，包括董事、监事、高级管理人员和全体员工。作为一种特殊的资源形式，人力资源具有不同于自然资源的特殊性质，主要表现在以下几个方面：

（一）人力资源具有生命周期性

人具有生命周期，在生命周期的不同阶段，其劳动能力有所不同。对于个体而言，个人的劳动能力经历了从产生、发展壮大到衰亡的过程；从社会整体来看，人口各年龄段的比例也处于不断变化中，并呈现一定的周期性。因此，企业组织中的人力资源必然会表现出生命周期性。

（二）人力资源具有能动性

人力资源是由劳动者的劳动能力构成的，劳动者具有自主意识，在各种活动中总是处于发起、操纵和控制其他资源的位置上，可以根据外部环境和自身条件，有目的地确定活动的方向，创造性地选择自己的行为。

（三）人力资源具有再生性

自然资源大部分属于不可再生资源，而人力资源在劳动消耗后还能够被再生产出来，这是因为劳动者的体力和精神状态被消耗后可以通过休息、补充营养或体育锻炼等方式恢复到原来的状态。对于整个社会来说，始终是一部分人力资源走向衰亡的同时另一部分人力资源正在形成，其再生性可以通过人力资源总体内部各个体不间断地替换和更新来实现。

（四）人力资源具有增值性

人力资源在使用过程中，劳动者所掌握的知识和技能在不断提高，劳动力的价值也在不断增值。更重要的是，由于知识的积累和传承，人类的生产活动经验越来越丰富，从而提高了生产技术，改进了企业管理方式，使人力资源的总体价值也逐步增加。

（五）人力资源具有社会性

人力资源在形成过程中明显会受到时代和社会因素的影响。人从一出生便置身于既定的生产力和生产关系之中，社会发展水平从整体上制约着人力资源的素质。人力资源创造的财富为全社会所共同享有。

二、人力资源的主要风险

企业人力资源管理至少应当关注下列风险：

（1）人力资源缺乏或过剩、结构不合理、开发机制不健全，可能导致企业发展战略难以实现。

（2）人力资源激励约束制度不合理、关键岗位人员管理不完善，可能导致人才流失、经营效率低下以及关键技术、商业秘密、国家机密泄露。

（3）人力资源退出机制不当，可能导致法律诉讼或企业声誉受损。

三、人力资源的控制措施

人力资源的控制事项主要包括人力资源的引进与开发、人力资源的使用和人力资源的退出。对于上述事项，企业应当采取如下控制措施：

（一）人力资源的引进与开发

人力资源是企业总体资源的组成部分。从量上看，人力资源的引进与开发要依据年度人力资源需求计划确定；从质上看，人力资源的引进与开发要符合相关能力框架、知识结构和综合素质的要求；从层次上看，人力资源的引进与开发要区分高级管理人员、专业技术人员和一般员工。

1. 人力资源引进与开发的总体要求

（1）企业应当根据人力资源总体规划，结合生产经营实际需要，制定年度人力资源需求计划，完善人力资源引进制度，规范工作流程，按照计划、制度和程序组织人力资源引进工作。

（2）企业应当根据人力资源能力框架要求，明确各岗位的职责权限、任职条件和工作要求，遵循德才兼备、以德为先和公开、公平、公正的原则，通过公开招聘、竞争上岗等多种方式选聘优秀人才，重点关注选聘人员的价值取向和责任意识。

（3）企业选拔、聘用各层级人员，应当切实做到因事设岗、以岗选人，避免因人设事或设岗，确保选聘人员能够胜任岗位职责要求。

（4）企业确定选聘人员后，应当依法签订劳动合同，建立劳动用工关系。

（5）企业对于在产品技术、市场、管理等方面掌握或涉及关键技术、知识产权、商业秘密或国家机密的工作岗位，应当与该岗位员工签订有关岗位保密协议，明确保密义务。

（6）企业应当建立选聘人员试用期和岗前培训制度，对试用人员进行严格考察，促进选聘人员全面了解岗位职责，掌握岗位基本技能，适应工作要求。试用期满考核合格后，方可正式上岗；试用期满考核不合格者，应当及时与之解除劳动关系。

（7）企业应当重视人力资源开发工作，建立员工培训长效机制，营造尊重知识、尊重人才和关心员工职业发展的文化氛围，加强后备人才队伍建设，促进全体员工的知识、技能持续更新，不断提升员工的服务效能。

2. 高级管理人员的引进与开发

（1）企业引进高管人员应符合企业发展战略，满足企业当前和长远需要。引进的高管人员应对企业所处行业及行业的发展定位、优势等有足够的认知，对企业的文化和价值观有充分的认同；同时，必须具备所任高级职务的任职能力。

（2）企业应当重视高管人员的开发工作，通过多种形式促进中层以上员工的知识更新，注重激励和约束相结合，创造良好的工作环境和事业前景，让各类人才的聪明才智得到充分展示和发挥，逐步成为企业的高级管理人员。

（3）在高管人员的引进与开发过程中，企业应当按照德才兼备原则选人用人，不唯学历、不唯关系、不唯职称，重实绩、重贡献、重真才实学。

3. 专业技术人员的引进与开发

（1）对专业技术人员的引进，既要满足企业当前实际生产经营需要，又要有一定的前瞻性，适量储备人才，以备急需；既要注重专业技术人员的专业素质、科研能力，又应注意其道德素质、协作精神以及对企业文化和价值观的认同感；同时，要关注专业技术人员的事业心、责任感和使命感。

（2）对专业技术人员的开发，要注重知识持续更新，紧密结合企业技术攻关及新技术、新工艺和新产品开发来开展各种专题培训等继续教育，帮助专业技术人员不断补充、拓宽、深化和更新知识。同时，要建立良好的专业技术人员激励约束机制，努力做到以事业、待遇、情感留人。

4. 一般员工的引进与开发

（1）为确保企业生产经营正常运转，企业应当根据年度人力资源计划和生产经营的实际需要，通过公开招聘方式引进一般员工。在此过程中，企业应当严格遵循国家有关法律法规的要求，注意招收那些具有一定技能、能够独立承担工作任务的员工，以确保产品和服务质量。

（2）企业要根据组织生产经营的需要，加强岗位培训，不断拓展和提升一般员工的知识技能和水平。同时，要善待一般员工，在最低工资标准、保险保障标准等方面严格按照国家或地区要求办理，努力营造一种宽松的工作环境。

（二）人力资源的使用

人力资源的使用是人力资源管理的重要组成部分。良好的人力资源使用机制，可以促进企业员工队伍充满活力，保证员工连续的职业生涯，实现企业和员工的双赢。

（1）企业应当建立和完善人力资源激励约束机制，设置科学的业绩考核指标体系，对各级管理人员和其他全体员工进行严格考核与评价，以此作为确定员工薪酬、职级调整和解除劳动合同等的重要依据，确保员工队伍处于持续优化状态。

（2）企业应当制定与业绩考核挂钩的薪酬制度，切实做到薪酬安排与员工贡献相协调；要完善以按劳分配为主体、多种分配方式并存的分配制度，坚持效率优先、兼顾公平，多种生产要素按贡献参与分配。

（3）企业应当制定各级管理人员和关键岗位员工定期轮岗制度，明确轮岗范围、轮岗周期、轮岗方式等，形成相关岗位员工的有序持续流动，全面提升员工素质。

（4）企业应当注意发挥福利待遇对企业发展的重要促进作用，既吸引企业所需员工，降低员工的流动率，同时激励员工，提高员工士气及对企业的认可度与忠诚度。

（5）企业应当尊重人才成长规律，善于克服人力资源管理的“疲劳效应”。在人才发展最好时，要适时地调整岗位和职位，使之始终处于亢奋期和“临战”状态。

（三）人力资源的退出

企业应当从战略层面和管理层面理性对待人力资源的退出，致力于促进企业人力资源系统的良性循环。

（1）人力资源的退出必须以科学的绩效考核机制为前提，同时需要相关的环境支撑。

企业要在观念上将人员退出机制纳入人力资源管理系统和企业文化之中，使人力资源退出从计划到操作成为可能，同时获得员工的理解与支持。企业要建立科学合理的人力资源退出标准，使人力资源退出机制程序化、公开化，有效消除人力资源退出可能造成的不良影响。同时，人力资源退出一定要建立在遵守法律法规的基础上，严格按照法律法规进行操作。

（2）企业应当按照有关法律法规规定，结合企业实际，建立健全员工退出（辞职、解除劳动合同、退休等）机制，明确退出的条件和程序，确保员工退出机制得到有效实施。企业对考核不能胜任岗位要求的员工，应当及时暂停其工作，安排再培训，或调整工作岗位，安排转岗培训；仍不能满足岗位职责要求的，应当按照规定的权限和程序解除劳动合同。企业应当与退出员工依法约定保守关键技术、商业秘密、国家机密和竞业限制的期限，确保知识产权、商业秘密和国家机密的安全。企业关键岗位人员离职前，应当根据有关法律法规的规定进行工作交接或离任审计。

（3）企业应当定期对年度人力资源计划执行情况进行评估，总结人力资源管理经验，分析存在的主要缺陷和不足，完善人力资源政策，确保企业整体团队充满生机和活力。

任务四
社会责任控制

一、社会责任的含义与内容

社会责任是指企业在经营发展过程中应当履行的社会职责和义务，主要包括安全生产、保证产品（含服务，下同）质量、环境保护、资源节约、促进就业、员工权益保护等。

社会责任是企业与社会经济发展到一定历史阶段的产物。随着经济发展、社会进步和企业规模的不断扩大，企业对社会生活的影响日益深入，企业在经济社会发展中发挥着越来越重要的作用，担负起更多的社会责任成为社会对企业的普遍期望和要求。企业是社会的细胞，社会是企业利润的源泉，企业在享受社会发展赋予的条件和机遇的同时，也应该主动回报社会、奉献社会，促进社会的和谐进步，这是企业不可推卸的责任。对企业而言，传统的成本、质量、服务是衡量竞争力的最基本标准，而道德标准正在成为保持企业竞争优势的重要因素。只有积极履行社会责任，塑造和展现有益于公众、有益于环境、有益于社会发展的良好形象，取得社会公信力，企业才能更被市场青睐，具有更强的竞争力，实现企业与员工、企业与社会、企业与环境的健康和谐发展。

二、社会责任的主要风险

企业在履行社会责任方面至少应当关注下列风险：

（1）安全生产措施不到位，责任不落实，可能导致企业发生安全事故。

（2）产品质量低劣，侵害消费者利益，可能导致企业巨额赔偿、形象受损，甚至破产。

（3）环境保护投入不足，资源耗费大，造成环境污染或资源枯竭，可能导致企业巨额赔偿、缺乏发展后劲，甚至停业。

（4）促进就业和员工权益保护不够，可能导致员工积极性受挫、人才流失，影响企业发展和社会稳定。

三、社会责任的控制措施

社会责任制度文本

对于企业应履行的社会责任，企业应当采取如下控制措施：

（一）安全生产

安全生产是安全与生产的统一，其宗旨是安全促进生产，生产必须安全。安全生产方面的主要控制措施包括：

1. 建章建制，落实责任

（1）企业应当根据《中华人民共和国安全生产法》和相关法律法规，结合本企业实际情况，建立严格的安全生产管理体系、操作规范和应急预案，强化安全生产责任追究制度，切实做到安全生产。

（2）企业应当设立安全管理部门和安全监督机构，负责企业安全生产的日常监督管理工作。

（3）企业应当落实安全生产责任制度，企业主要负责人对本企业的安全生产全面负责。

2. 加大安全投入，维护安全设施

（1）企业应当具备《中华人民共和国安全生产法》和有关法律法规、国家标准、行业标准规定的安全生产条件；不具备安全生产条件的，不得从事生产经营活动。

（2）企业应当重视安全生产投入，在人力、物力、资金、技术等方面提供必要的保障，健全检查监督机制，确保各项安全措施落实到位，不得随意降低保障标准和要求；安全设备的设计、制造、安装、使用、检测、维修、改造和报废，应当符合国家标准或行业标准。

（3）企业应当对安全设备进行经常性维护、保养，并定期检测，保证正常运转，及时排除安全隐患，切实做到安全生产。

3. 开展安全教育，实行认证制度

（1）企业主要负责人和安全生产管理人员必须具备与本企业所从事的生产经营活动相应的安全生产知识和管理能力。

（2）企业应当对从业人员进行安全生产教育和培训，保证从业人员具备必要的安全生产知识，熟悉有关的安全生产规章制度和安全操作规程，掌握本岗位的安全操作技能。未经安全生产教育和培训合格的从业人员，不得上岗作业。

（3）企业采用新工艺、新技术、新材料或者使用新设备，必须了解、掌握其安全技术特性，采取有效的安全防护措施，并对从业人员进行专门的安全生产教育和培训。

（4）企业的特种作业人员必须按照国家有关规定经专门的安全作业培训，取得特种作业操作资格证书，方可上岗作业。

4. 建立安全事故应急预案和报告机制

（1）企业发生重大生产安全事故时，企业主要负责人应当立即组织抢救，按照安全生产管理制度妥善处理，排除故障、减轻损失、查明原因、追究责任。

（2）重大生产安全事故应当启动应急预案，同时按照国家有关规定及时报告，严禁迟报、谎报和瞒报。

5. 维护员工合法权益

（1）企业与员工订立的劳动合同，应当载明有关保障员工劳动安全、防止职业危害的事项，以及依法为员工办理工伤社会保险的事项。

（2）企业不得以任何形式与员工订立协议，免除或者减轻其对员工因生产安全事故伤亡依法应承担的责任。

（3）因生产安全事故受到损害的员工，除依法享有工伤社会保险外，依照有关法律尚有获得赔偿权利的，有权向企业提出赔偿要求。

（二）保证产品质量

产品质量是企业长久发展的生命线。在保证产品质量方面，企业至少应做好以下三个方面的控制措施。

1. 建立健全产品质量标准体系

企业应当根据国家法律法规规定，结合企业产品特点，制定完善的产品质量标准体系，包括生产设备条件、生产技术水平、原料组成、产品规格、售后服务等，努力为社会提供优质、安全、健康的产品，最大限度地满足消费者的需求，对社会和公众负责，接受社会监督，承担社会责任。

2. 严格产品质量控制和检验制度

企业应当规范生产流程，建立严格的产品质量控制和检验制度，从原材料进厂，一直到产品销售等各个环节和流程，都必须有严格的产品质量控制标准做保证。企业应当加强对产品质量的检验，严禁缺乏质量保障、危害人民生命健康的产品流向社会。

3. 加强产品售后服务

企业应当加强产品的售后服务。售后发现存在严重质量缺陷、隐患的产品，应当及时召回或采取其他有效措施，最大限度地降低或消除其对社会的危害。同时，企业应当妥善处理消费者提出的投诉和建议，切实维护消费者的合法权益。

（三）环境保护与资源节约

建设资源节约型、环境友好型社会，是我国经济社会发展的一项重大战略任务。为此，企业在环境保护与资源节约方面要做到以下三点：

1. 转变发展方式，实现清洁生产和循环经济

企业应当按照国家有关环境保护与资源节约的规定，结合本企业实际情况，建立环境保护与资源节约制度，认真落实节能减排责任，积极开发和使用节能产品，实现清洁生产；要转变发展方式，发展循环经济，降低污染物排放，提高资源综合利用率。

2. 依靠科技进步和技术创新，着力开发利用可再生资源

企业应当着力开发利用可再生资源，防止对不可再生资源进行掠夺性或毁灭性开发。企业只有不断增强自主创新能力，通过技术进步推动替代技术和发展替代产品、可再生资源，降低资源消耗和污染物排放，实现低投入、低消耗、低排放和高效率，才能有效实现环境保护与资源节约的目标。

3. 建立监测考核体系，强化日常监督检查

企业应当建立环境保护与资源节约监控制度，定期开展监督检查，发现问题，及时采取措施予以纠正；发生紧急、重大环境污染事件时，应当立即启动应急机制，同时根据国家法律法规规定，及时上报，并依法追究相关责任人的责任。

（四）促进就业与员工权益保护

促进员工就业，维护员工合法权益，既是社会和谐稳定的需要，又是企业长远发展的需要。为此，企业在促进就业与员工权益保护方面要做到以下四点：

1. 贯彻人力资源政策，积极促进就业

企业应当依法保护员工的合法权益，贯彻人力资源政策，保护员工依法享有劳动权利和履行劳动义务，保持工作岗位相对稳定，积极促进充分就业，切实履行社会责任；企业应当避免在正常经营情况下批量辞退员工，增加社会负担。

2. 履行劳动合同，建立薪酬增长机制

企业应当与员工签订并履行劳动合同，遵循按劳分配、同工同酬的原则，建立科学的员工薪酬制度和激励机制，不得克扣或无故拖欠员工薪酬；要建立高级管理人员与员工薪酬的正常增长机制，切实保持合理水平，维护社会公平。

3. 办理社会保险，搞好健康监护

企业应当及时为员工办理社会保险，足额缴纳社会保险费，保障员工依法享受社会

保险待遇；企业应当按照有关规定做好健康管理工作，预防、控制和消除职业危害，按期对员工进行非职业性健康监护，对从事有职业危害作业的员工进行职业性健康监护；企业应当遵守法定的劳动时间和休息休假制度，确保员工的休息休假权利。

4. 加强职代会建设，发挥工会组织作用

企业应当加强职工代表大会和工会组织建设，维护员工合法权益，积极开展员工职业教育培训，创造平等发展机会；企业应当尊重员工人格，维护员工尊严，杜绝性别、民族、宗教、年龄等各种歧视，保障员工身心健康。

（五）重视产学研用结合

企业、高校和科研机构在实践中积极探索的产学研用结合机制，取得了明显成效，支撑了我国产业技术进步和相关行业的发展，尤其是推动了教育改革和应用型人才培养。企业应当按照产学研用相结合的社会需求，积极创建实习基地，大力支持社会有关方面培养和锻炼社会需要的应用型人才。

（六）支持慈善事业

企业应当积极履行社会公益方面的责任和义务，关心帮助社会弱势群体，支持慈善事业。“予人玫瑰，手有余香”，通过捐赠等慈善公益事业，企业能够达到无与伦比的广告效应，既能享受税收优惠，又能提升企业的形象和消费者的认可度与赞誉度，提高市场占有率。

任务五 企业文化控制

一、企业文化的含义与内容

企业文化是指企业在生产经营实践中逐步形成的、为整体团队所认同并遵守的价值观、经营理念和企业精神，以及在此基础上形成的行为规范的总称。

企业文化是一种以人为本的文化，其本质内容就是强调人的理想、道德、价值观、行为规范在企业管理中的核心作用，强调在企业管理中要理解人、尊重人、关心人。在激烈的市场经济竞争条件下，企业要想实现发展战略、做大做强，就必须重视和加强企业文化建设，充分发挥企业文化在促进企业发展战略实现过程中的灵魂和支柱作用。一般来说，企业文化主要包括价值观、经营理念、企业精神、行为规范、企业形象和企业制度等内容。

二、企业文化的主要风险

加强企业文化建设至少应当关注下列风险：

（1）缺乏积极向上的企业文化，可能导致员工丧失对企业的信心和认同感，使企业缺乏凝聚力和竞争力。

（2）缺乏开拓创新、团队协作和风险意识，可能导致企业发展目标难以实现，影响可持续发展。

（3）缺乏诚实守信的经营理念，可能导致舞弊事件的发生，造成企业损失，影响企业信誉。

（4）忽视企业间的文化差异和理念冲突，可能导致并购重组失败。

三、企业文化的控制措施

（一）打造优秀的企业文化

企业文化是在长期的生产经营过程中形成的。因此，打造优秀的企业文化是一个长期而复杂的系统工程，不能一蹴而就。

1. 要注重塑造企业核心价值观

核心价值观是指企业及其员工的价值取向以及对事物的判断标准。有了这一判断标准，员工才知道什么是重要的，什么是可有可无的；什么是该做的，什么是不该做的；什么是可贵的，什么是要抛弃的。正像一个人的所有行为都是由他的价值观所决定的那样，一个企业的行为取向也是由企业的核心价值观所决定的。这种价值观和理念是一个企业的文化核心，凝聚着董事、监事、高级管理人员和其他全体员工的思想观念，从而使大家朝着一个方向去努力，反映出一个企业的行为和价值取向。

2. 要重点打造以主业为核心的品牌

品牌通常是指能够给企业带来溢价、产生增值的一种无形资产，其载体是用以和其他竞争者的产品或劳务相区分的名称、术语、象征、记号或者设计及其组合。打造以主业为核心的品牌是企业文化建设的重要内容。企业应当将核心价值观贯穿于自主创新、产品质量、生产安全、市场营销、售后服务等方面的文化建设中，着力打造源于主业且能够让消费者长久认可、在国内外市场上彰显强大竞争优势的品牌。

3. 要充分体现以人为本的理念

企业要在企业文化建设过程中牢固树立以人为本的思想，坚持全心全意依靠全体员工办企业的方针，尊重劳动、尊重知识、尊重人才、尊重创造，用美好的愿景鼓舞人，用宏伟的事业凝聚人，用科学的机制激励人，用优美的环境熏陶人。努力为全体员工搭建发展平台、提供发展机会，挖掘其创造潜能，增强其主人翁意识和社会责任感，激发其积极性、创造性和团队精神。

4. 要强化企业文化建设中的领导责任

董事、监事、经理和其他高级管理人员应当在企业文化建设中发挥主导和垂范作用，以自身的优秀品格和脚踏实地的工作作风，带动影响整个团队，共同营造积极向上的企业文化环境。企业主要负责人应当站在促进企业长远发展的战略高度重视企业文化建设，对企业文化建设进行系统思考，出思想、谋思路、定对策，确定本企业文化建设的目标和内容，提出正确的经营管理理念。企业要着力将核心价值观转化为企业文化规范，通过梳理和完善相关管理制度，对员工日常行为和工作行为进行细化，逐步形成企业文化规范，以理念引导员工的思维，以制度规范员工的行为，使全体员工增强主人翁意识，做到与企业同呼吸、共命运、同成长、共生死，真正实现“人企合一”，充分发挥核心价值观对企业发展的强大推动作用。

（二）并购重组中的文化整合

企业在进行并购尤其是境外并购过程中，应当重视并购相关风险，尤其应防止忽视企业间文化差异和理念冲突，要特别注重文化整合，确保并购重组成功。

1. 在组织架构设计环节考虑文化整合因素

如果企业并购采用的是吸收合并方式，则必然会遇到各参与并购企业员工“合并”工作的情况。为防止文化冲突，既要在治理结构层面上强调融合，又要在内部机构设置层级上体现“一家人”的思想，务必防止吸收合并方员工与被吸收合并方员工“分拨”的现象。如果企业并购采用的是控股合并方式，则应在根据《公司法》组建企业集团时体现文化整合。要在坚持共性的前提下体现个性化。要以统一的企业精神、核心理念、价值观念和企业标识规范集团文化，保持集团内部文化的统一性，增强集团的凝聚力、向心力，树立集团的整体形象。同时，允许子公司在统一性指导下培育和创造自身的特色文化，为下属企业留有展示个性的空间。

2. 在并购交易完成后进行深度的文化整合

文化整合方式一般有三种：一是以并购方的文化进行整合；二是以并购方的文化为主体，吸收被并购方文化中优秀的一面进行整合；三是以并购双方的文化为基础，创建全新的、优秀的文化。

无论采用哪种方式，其过程都较长。不变的原则是，应当采取多种有效措施，促进文化融合，减少文化冲突，求同存异，优势互补，实现企业文化的有效对接，促进企业文化的整合与再造，确保企业并购真正成功。

（三）企业文化的创新

企业应当建立文化评估制度，明确评估的内容、程序和方法，落实评估责任制，避免企业文化建设流于形式。

1. 要着力构建企业文化评估体系

企业应当定期对企业文化建设工作以及取得的进展和实际效果进行检查和评估，着力关注以下主要内容：董事、监事、经理和其他高级管理人员在企业文化建设中的责任履行情况，全体员工对企业核心价值观的认同感，企业经营管理行为与企业文化的一致性，企业品牌的社会影响力，参与企业并购重组各方文化的融合度，员工对企业未来发展的信心等。

2. 要着力根据综合评估结果推进企业文化创新

创新是事物发展的持续动力。企业要重视企业文化评估结果的利用，既要巩固和发扬文化建设取得的成果，又要针对评估过程中发现的企业文化缺失，研究分析深层次的原因，及时采取措施加以改进，以推进企业文化建设。

案例分析

2020年11月30日，江苏省盐城市中级人民法院和所辖响水、射阳、滨海等7个基层人民法院，对江苏响水某化工有限公司“3・21”特大爆炸事故所涉22起刑事案件进行一审公开宣判，对7个被告单位和53名被告人依法判处刑罚。

2019年3月21日14时48分许，位于江苏省盐城市响水县生态化工园区的某化工有限公司发生特别重大爆炸事故，造成78人死亡、76人重伤、640人住院治疗，直接经济损失19.86亿元。

3月22日，国务院江苏响水“3・21”特别重大爆炸事故调查组成立，由应急管理部牵头，工业和信息化部、公安部、生态环境部、全国总工会和江苏省政府参加，聘请爆炸、刑侦、化工、环保等方面专家参与调查。

事故调查组查明，事故的直接原因是某公司旧固废仓库内长期违法贮存的硝化废料持续积热升温导致自燃，燃烧引发爆炸。

事故调查组认定，某公司无视国家环境保护和安全生产法律法规，刻意瞒报、违法贮存、违法处置硝化废料，安全环保管理混乱，日常检查弄虚作假，固废仓库等工程未批先建。相关环评、安评等中介服务机构严重违法违规，出具虚假失实评价报告。

事故调查组同时认定，江苏省各级应急管理部门履行安全生产综合监管职责不到位，生态环境部门未认真履行危险废物监管职责，工信、市场监管、规划、住建和消防等部门也不同程度存在违规行为。响水县和生态化工园区招商引资安全环保把关不严，对某公司长期存在的重大风险隐患视而不见，复产把关流于形式。江苏省盐城市未认真落实地方党政领导干部安全生产责任制，重大安全风险排查管控不全面、不深入、不扎实。

分析要求：根据内部控制的有关理论和方法，分析江苏响水“3・21”特别重大爆炸事故发生的主要原因有哪些。

分析提示：

江苏响水“3·21”特别重大爆炸事故发生的主要原因如下：

（1）企业在履行社会责任方面无视环境保护和安全生产方面的责任与风险。

（2）江苏省各级应急管理部门、生态环境部门、工信、市场监管、规划、住建和消防等部门，盐城市、响水县和生态化工园区都未认真履行对企业安全环保方面的监管职责。

项目小结

本项目讲解了企业内部环境控制的主要构成部分：组织架构、发展战略、人力资源、企业文化和社会责任。企业这五个方面的状况，直接影响和制约企业内部控制体系的建立与实施，如果内部环境控制不规范、不完善，企业要想搞好内部控制体系建设就是一句空话。因此，本项目对组织架构、发展战略、人力资源、企业文化和社会责任的含义、内容、主要风险和控制措施进行了重点讲解。学习本项目要结合项目一内部控制基础知识中对内部环境的有关论述，借以明确和加深对内部环境重要性的认识。

项目练习

一、单选题

1. 发展战略是指企业在对现实状况和未来趋势进行综合分析和科学预测的基础上，制定并实施的（　　）。

A. 战略目标和经营计划　　B. 长远发展目标与战略规划

C. 发展目标和实施步骤　　D. 战略规划和经营目标

2. 企业在内部机构设计过程中，应当体现（　　），并根据相关的风险评估结果设立内部牵制机制。

A. 重要性原则　　B. 不相容职务分离原则

C. 公平透明原则　　D. 科学化原则

3. 战略委员会的主要职责是对公司长期发展战略和（　　）进行研究并提出建议。

A. 战略方针　　B. 经营目标

C. 战略规划　　D. 重大投资决策

4. 核心价值观是指企业及其员工的（　　）以及对事物的判断标准。

A. 世界观　　B. 方法论

C. 价值取向　　D. 政治思想

二、判断题

1. 内部审计机构对监督检查中发现的内部控制重大缺陷，应首先向总经理报告。（　　）

2. 人力资源主要是指企业在生产经营活动中聘用的职业经理人。（　　）

3. 企业文化是指企业在生产经营实践中逐步形成的，为整体团队所认同并遵守的价值观、经营理念和企业精神，以及在此基础上形成的行为规范的总称。（　　）

三、简答题

1. 什么是组织架构？它包括哪几个层面？

2. 什么是发展战略？企业如何实施发展战略？

3. 什么是人力资源？人力资源政策主要包括哪些内容？

4. 什么是社会责任？其主要风险有哪些？

5. 什么是企业文化？如何打造优秀的企业文化？

项目实训

某公司按照财政部等五部委发布的《企业内部控制基本规范》的要求，建立并实施本公司的内部控制制度。其中，有关内部环境问题形成如下董事会决议：

内部环境是建立和实施内部控制的基础。为此，会议决定采取以下措施优化企业的内部环境：

（1）严格规范公司治理结构，各类业务和事项均应提交董事会或股东大会审核批准。

（2）调整内部机构设置和权责分配，做到所有不相容岗位或职务都要严格分离、相互制约、相互监督。

【分析要求】根据企业内部控制的基本理论，分析、判断某公司董事会决议中有哪些不当之处，并简要说明理由。

项目四

资金活动控制

教学目标

知识目标

了解各项资金活动的业务流程

掌握资金活动的主要风险、关键控制点和控制措施

能力目标

理解资金活动控制制度设计的目标

能够为中小企业设计资金活动控制制度

素养目标

树立企业管理以财务管理为中心，财务管理以资金管理为中心的管理意识

能够自觉树立对资金活动的风险管控意识

资金活动控制概述

学习指南

学习任务	知识概要
任务一 资金活动控制概述	资金活动的含义
	资金活动内部控制的总体要求
任务二 资金活动业务流程	筹资活动业务流程
	投资活动业务流程
	资金营运活动业务流程
任务三 资金活动主要风险与控制措施	筹资活动的主要风险与控制措施
	投资活动的主要风险与控制措施
	资金营运活动的主要风险与控制措施
任务四 资金活动控制制度设计	资金活动控制制度的设计方法与内容
	资金活动控制制度的设计目标
	资金活动控制制度设计案例

教学引导

资金是企业的命脉

人的命脉是血液。血液充沛、畅流不息是人体充满生机和活力的必要条件，血液枯竭、流动梗塞就预示着一个人的生命即将终结。老子曰：“万事万物，同出一理。”世间之事物都有关乎其生死存亡的命脉，企业也不例外。如果我们把企业比作人的躯体，那么资金就是企业的血液。人的生存离不开血液，企业的生存离不开资金。一个企业，不管是创办还是运营，是维持还是发展，是萎缩还是壮大，是持续还是终结，都与资金息息相关。一个健康运营的企业，其资金必然是充沛的，流动肯定是顺畅的；一个濒临破产的企业，其资金必然是枯竭的，流动肯定是梗塞的。因此，毫无疑问，资金是企业的命脉。

纵观企业破产风云，无论是国内企业，还是国外企业；无论是赫赫有名的大企业，还是默默无闻的小企业；无论是上市公司，还是独资、合资的有限公司；无论是屹立百年的老牌企业，还是正在培育、成长的初创公司：破产的厄运总是紧追那些资金枯竭、资金链断裂的公司。众多破产案例表明，导致企业资金枯竭、资金链断裂的原因是多种多样的，但是，由于资金活动控制失效或缺失造成企业资金枯竭、资金链断裂而被法院受理破产的法则是一致的。《中华人民共和国企业破产法》第二条就明确规定人民法院受理企业破产案的充分必要条件是："企业法人不能清偿到期债务，并且资产不足以清偿全部债务或者明显缺乏清偿能力。"

可以说，实现企业基业长青、百年不倒的秘诀有很多，其中有一条是亘古不变的，这就是：加强资金活动控制，让企业的命脉——资金源源不断、长流不息！

【问题思考】你认同"企业管理以财务管理为中心，财务管理以资金管理为中心"这个观点吗？为什么？

任务一 资金活动控制概述

一、资金活动的含义

资金活动是企业筹资、投资和资金营运等活动的总称。资金活动的起点是资金筹集，终点是资金营运形成的经营成果。从内容上看，企业的资金活动主要包括筹资活动、投资活动和资金营运活动三个环节，各个环节前后衔接、相互制约、环环相扣，形成了一个完整的、科学的、系统的资金活动体系。

（一）筹资活动

筹资活动是企业资金筹集的行为与过程。通过筹资活动，企业取得投资和日常生产经营活动所需的资金，从而使企业投资活动、生产经营活动能够顺利进行。从筹资渠道来看，资金可以分为两大类：一类是所有者投入资金，一类是借入资金。具体来说，包括国家财政资金、银行信贷资金、非银行金融机构资金、其他企业资金、居民个人资金、企业自留资金、外商资金等。主要的筹资方式包括银行借款、发行债券、吸收直接投资、发行股票、融资租赁、商业信用等。

（二）投资活动

投资活动是企业投放资金的行为与过程。它既包括厂房、机器设备的购置、新建、改建、扩建活动，又包括科研开发，创办企业，购买股票、债券以及以联营方式向其他单位投入资金等活动。投资活动作为企业的一种盈利活动，对于筹资成本补偿和企业利润创造具有举足轻重的意义。企业应该根据自身发展战略和规划，结合企业资金状况以及筹资可能性，拟定投资目标，制定投资计划，合理安排资金投放的数量、结构、方向与时机，慎选投资项目，突出主业，谨慎从事股票或衍生金融工具等高风险投资。境外投资还应考虑政治、经济、金融、法律、市场等环境因素。如果采用并购方式进行投资，应当严格控制并购风险，注重并购协同效应的发挥。

（三）资金营运活动

资金营运活动是企业生产经营过程中资金组织、调度、平衡、利用和管理的行为与过程。对资金的利用是资金营运的目的，对资金的组织、调度、平衡和管理是为资金利用服务的，是为了提高资金利用率而采取的管理手段和措施。如果企业不能合理调度、科学管理各项资金，就无法实现对资金的有效利用，企业的生产经营活动就难以顺利进行。因此，企业应当加强对资金营运全过程的管理，统筹协调内部各机构在生产经营过程中的资金需求，切实做好资金在采购、生产、销售等各环节的综合平衡，实现资金营运的良性循环，提高资金营运效率。

企业经营犹如逆水行舟，不进则退。企业要想在激烈的市场竞争中求得生存和发展，就必须通过持续不断地筹资、投资，再筹资、再投资以及日常的资金营运活动，时刻保持企业强劲的生存与成长能力。无数成功企业的成长轨迹充分表明，企业由小到大、由弱到强的发展历程，实际上就是一个不断筹资、投资和资金营运管理的过程。可以说，企业要发展，必然要投资；企业要投资，必然要筹资；而企业要合理筹资、有效投资，必须搞好资金营运管理。企业只有根据自身的规模和发展方向，通过科学的筹资活动、投资活动和资金营运活动，才能实现持续发展。

二、资金活动内部控制的总体要求

企业应当科学确定投融资目标和规划，完善资金管理制度，加强资金活动的集中归口管理，明确筹资、投资、资金营运等各环节的职责权限和岗位分离要求，定期或不定期检查和评价资金活动情况，落实责任追究制度，确保资金安全、有效运行。

（一）科学确定投融资目标

企业应当根据自身发展战略，综合考虑宏观经济政策、市场环境等因素，结合本企业发展实际，科学确定投融资目标和规划。如果目标不明确、决策不正确，控制措施就难以执行到位，资金活动也将难以顺利进行。

（二）切实搞好制度建设

规章制度是企业经营管理各项活动顺利开展的基础性保障，企业应当根据《中华人民共和国会计法》《企业内部控制基本规范》《企业内部控制应用指引第 6 号——资金活动》等法律法规，结合企业自身的管理需要，完善资金授权、批准、审验等相关管理制度。例如：通过资金集中归口管理，明确筹资、投资、资金营运等各环节相关部门和人员的职责权限；通过不相容职位分离制度，形成有效的内部牵制；通过监督检查和责任追究制度，跟踪资金活动内部控制的实际情况，确保资金安全、有效运行。

（三）设计合理的资金业务控制流程

对资金活动的内部控制，也是对资金业务的控制。企业资金活动内部控制的重点在资金业务流程，应详细确定每一个环节、每一个步骤的工作内容和应该履行的程序。由于很多资金业务是伴随生产经营活动的开展而开展的，因此，在设计资金业务流程的同时，要充分考虑相关生产经营活动的特征，根据生产经营活动的流程设计合理的资金业务控制流程。

（四）有效控制关键风险

企业应当针对业务流程中的每一个环节、每一个步骤，认真细致地进行风险分析，根据不确定性的大小、危害性的严重程度等，明确关键业务、关键程序、关键人员和关键岗位，从而确定关键风险控制点，然后针对关键风险控制点制定有效的控制措施，集中精力管控住关键风险。

（五）实行资金集中管理

资金集中管理是母、子公司和集团公司在资金管理上的重要手段。通过建立资金结算中心、内部银行等资金集中管控模式，依托现代化的网络信息技术，不仅可以实现资金的统一筹集、统一调配、统一管理，而且能够有效监督、控制资金收入、支出、营运和结存情况，有效避免资金沉淀，达到资金利用率的最大化。

（六）严格执行规章制度

制度再好、流程再完善，也是纸面上的东西，如果不严格执行，其功效不可能自动发挥。因此，规章制度的执行到位与否是事关整个内控活动能否取得实效的关键。只有严格执行规章制度，才能保证实现资金活动的控制目标。

（七）充分发挥会计人员作用

为了加强对资金活动的管控，促使资金活动内部控制制度得到切实有效的实施，企业财务部门应负责资金活动的日常管理，参与投融资方案等可行性研究，总会计师或分管会计工作的负责人应当参与投融资决策过程。

任务二
资金活动业务流程

一、筹资活动业务流程

筹资活动是企业资金活动的起点，也是企业经营活动的基础。企业筹资活动的业务流程如下：

(一) 提出筹资方案

财务部门根据企业投资活动、资金营运活动及资本结构调整产生的资金需求，综合考虑企业经营战略、预算安排、资金现状、国家筹资法规及金融市场状况等因素，提出筹资方案。筹资方案主要包括筹资金额、筹资渠道、筹资方式、利率、筹资期限、资金用途等内容，要对筹资成本和潜在风险做出充分估计。境外筹资还应考虑所在地的政治、经济、法律、市场等因素。

(二) 论证筹资方案

可行性论证是筹资活动内部控制的重要环节，企业的重大筹资方案应当形成可行性研究报告，全面反映风险评估情况。对筹资方案的分析论证可从以下三个方面进行：

1. 筹资方案的战略评估

主要评估筹资方案是否符合企业整体发展战略，因为只有符合企业发展需要的筹资方案才具有可行性。另外，要控制筹资规模，防止因盲目筹资而给企业造成沉重的债务负担。

2. 筹资方案的经济性评估

主要分析筹资方案是否符合经济性要求，是否以最低的筹资成本获得了所需的资金，是否还有降低筹资成本的空间以及更好的筹资方式，筹资期限等是否经济合理，利息、股息等水平是否在企业的可承受度之内。

3. 筹资方案的风险评估

主要对筹资方案面临的风险进行分析，特别是对于利率、汇率、货币政策、宏观经济走势等重要条件进行预测分析，对筹资方案面临的风险做出全面评估，并有效应对可能出现的风险。

(三) 审批筹资方案

企业应当按照分级授权审批的原则对筹资方案进行严格审批，重点关注筹资用途的可行性和相应的偿债能力。重大筹资方案应当按照规定的权限和程序实行集体决策或者联签制度。

筹资方案需经有关部门批准的，应当履行相应的报批程序。筹资方案发生重大变更的，应当重新进行可行性论证并履行相应的审批程序。

(四) 编制与执行筹资计划

企业应根据审核批准的筹资方案，编制筹资计划，严格按照相关程序筹集资金。

(1) 通过银行借款方式筹资的，应当与有关金融机构进行洽谈，明确借款金额、利率、期限、担保、还款安排、相关的权利义务和违约责任等内容。双方达成一致意见后签署借款合同，据以办理相关借款业务。

(2) 通过发行债券方式筹资的，应当合理选择债券种类（如普通债券还是可转换债券等），并对还本付息方案做出系统安排，确保按期、足额偿还到期本金和利息。

(3) 通过发行股票方式筹资的，应当依照《中华人民共和国证券法》等有关法律法规和证券监管部门的规定，优化企业组织架构，进行业务整合，并选择具备相应资质的中介机构协助企业做好相关工作，确保符合股票发行条件和要求。

（五）监督、评价筹资活动与责任追究

企业要加强筹资活动的检查监督，严格按照筹资方案确定的用途使用资金；确保款项的收支、股息和利息的支付、股票和债券的保管等符合有关规定，防范和控制资金使用风险。由于市场环境变化等确需改变资金用途的，应当履行相应的审批程序。筹资活动完成后要按规定进行筹资后评价，对存在违规现象的，严格追究相关人员责任。

企业筹资活动业务流程如图 4－1 所示。

二、投资活动业务流程

投资活动是筹资活动的延续，也是企业筹集资金的重要目的之一。企业投资活动的业务流程如下：

（一）拟订投资方案

企业应当根据发展战略、宏观经济环境、市场状况、投资目标和规划等因素，合理安排资金投放结构，科学确定投资项目，拟订投资方案。要合理确定投资规模，重点关注投资项目的收益和风险。

（二）论证投资方案

投资的风险性决定了企业必须做好投资方案的可行性研究与论证工作。可行性研究的重点是对投资目标、规模、方式、资金来源、风险与收益等做出客观评价，即判断投资项目是否符合企业的发展战略，是否有可靠的资金来源，能否取得稳定的投资收益，投资风险是否处于可控或可承受度之内，投资活动的技术可行性、市场容量与前景等。重大投资项目应委托具备相应资质的专业机构进行可行性研究，提供独立的可行性研究报告。

（三）审批投资方案

企业按照规定的权限和程序对投资项目进行决策审批，重点审查投资方案是否可行，投资项目是否符合国家产业政策及相关法律法规的规定、是否符合企业投资战略目标和规划、是否具有相应的资金能力、投入资金能否按时收回、预期收益能否实现，以及投

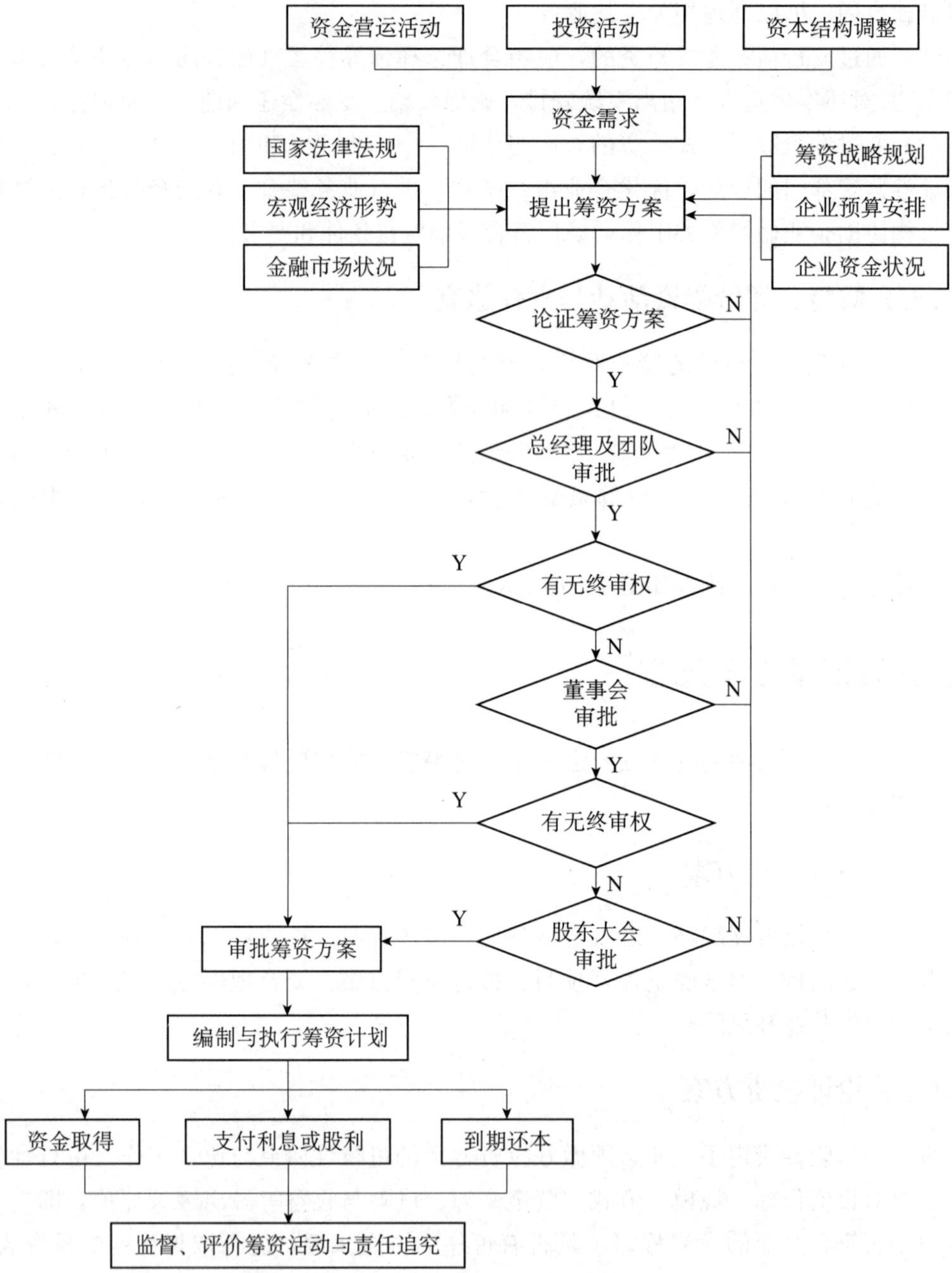

图 4-1　筹资活动业务流程图

资和并购风险是否可控等。

投资方案需经有关管理部门批准的，应当履行相应的报批程序。投资方案发生重大变更的，应当重新进行可行性研究并履行相应审批程序。

（四）编制投资计划

根据审批通过的投资方案，编制详细的投资计划，落实不同阶段的投资数量、投资内容、项目进度、完成时间、质量标准与要求等，并按程序报经有关部门批准。凡是有被投资方的投资项目，企业要与被投资方签订投资合同或协议，明确出资时间、金额、方式、双方权利义务和违约责任等内容。

（五）实施投资计划

企业应当认真履行投资合同或协议，指定专门机构或人员对投资项目进行跟踪管理，及时收集被投资方经审计的财务报告等相关资料，定期组织投资效益分析，关注被投资方的财务状况、经营成果、现金流量以及投资合同履行情况，发现异常情况，应当及时报告并妥善处理。

（六）投资项目的到期处置

投资项目到期后，要严格履行相关审批流程，搞好投资收回和处置环节的内部控制，实现企业最大经济收益。企业应对投资收回、转让、核销等决策和审批程序做出明确规定。转让投资应当由相关机构或人员合理确定转让价格，报授权批准部门批准，必要时可委托具有相应资质的专门机构进行评估；核销投资应当取得不能收回投资的法律文书和相关证明文件；对于到期无法收回的投资，应当建立责任追究制度。

企业投资活动业务流程如图 4-2 所示。

三、资金营运活动业务流程

企业资金营运过程，是企业经营活动所占用资金在各种形态下的不断转化，并且最终达到增值目的的过程。这一过程是通过一系列资金营运活动来完成的。例如：首先，企业开展经营活动，要筹集到能满足其经营规模要求的一定数额的资金；其次，通过有效的资金配置和投放，将资金转化为各类经营要素；最后，通过销售收回经营的成本资金，并获得经营利润，再进行合理分配，确保企业再生产活动的持续进行。在企业资金的筹集、配置、付出、收入和分配等一系列营运活动中，都应当设计严密的业务流程进行控制。其中，资金收付活动的业务流程如下：

（一）授权控制

企业通过授权控制措施明确资金收付经办人员的权力和责任，没有得到授权的部门或个人无权办理资金收付业务，获得授权的部门或个人应当在授权范围内行使资金收付职权和承担责任。

（二）制作或取得原始凭证

不管是资金收入业务，还是资金支付业务，都必须以实际发生的业务为基础，并制作或提交有关原始凭证，切实做到“收款有凭据，付款有依据”。

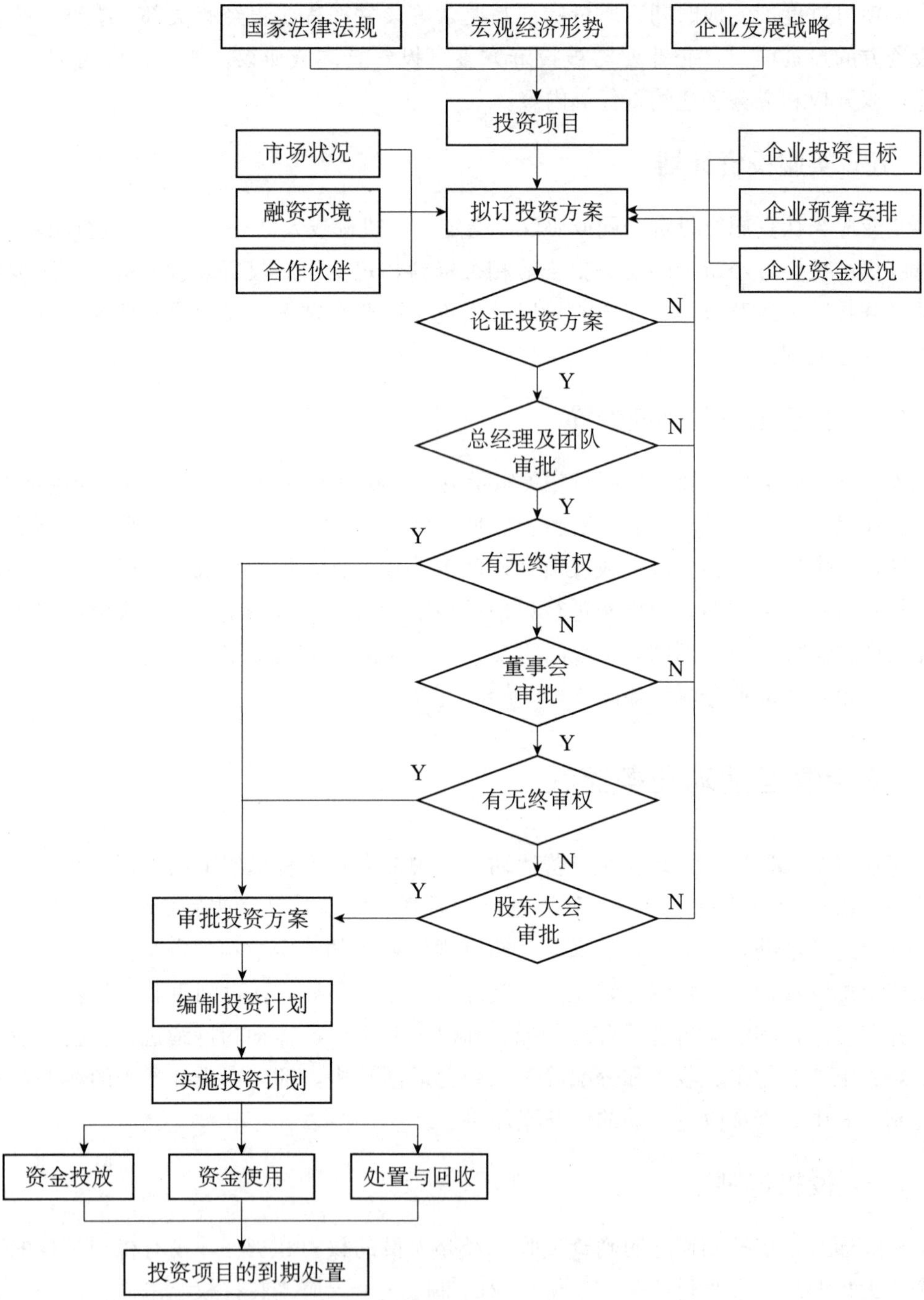

图 4-2　投资活动业务流程图

（三）审核批准

各项资金收付应当严格履行授权审批制度，行使审批职权的人员要在自己的授权范围内，审核有关业务及凭证的真实性、准确性和合法性，严格监督资金收付活动。

（四）复核凭证

财务部门收到经企业授权部门审批签字的相关凭证后，应由稽核人员复核业务的真实性、金额的准确性，以及相关票据的齐备性、相关手续的合法性和完整性，并签字认可。

（五）收付资金

出纳人员接收凭证后，要再次审核收付款凭证的正确性，审核无误后按照凭证开列的金额收付资金，并加盖“收讫”“付讫”戳记。

（六）登记账簿

会计人员根据资金收付款原始凭证编制记账凭证，并登记有关账簿。

（七）核对账目

会计人员定期与银行、往来单位核对有关账目，并进行现金盘点，做到账账相符、账实相符。

企业资金收付活动业务流程如图 4－3 所示。

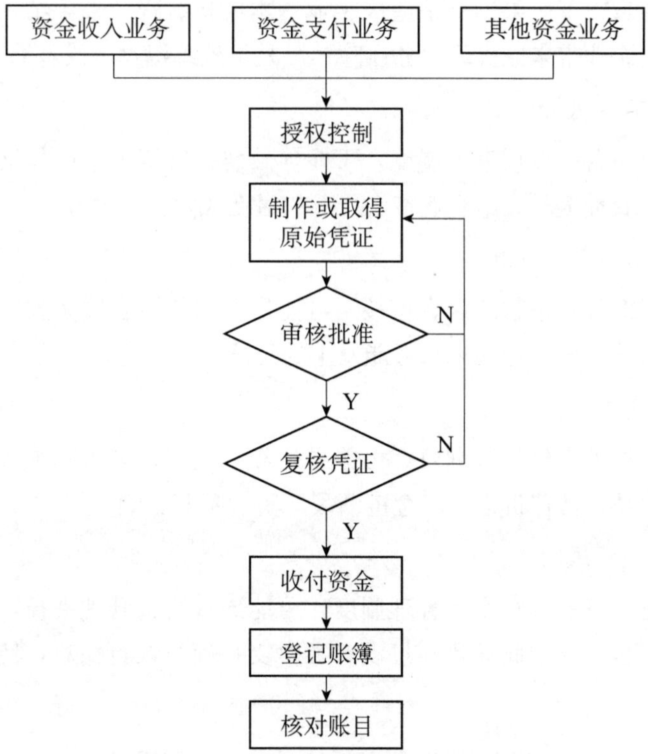

图 4－3　资金收付活动业务流程图

任务三

资金活动主要风险与控制措施

一、筹资活动的主要风险与控制措施

（一）筹资活动的主要风险

企业筹资活动至少应当关注下列风险：

1. 决策失误风险

筹资决策失误可能引发资本结构不合理或无效融资，导致筹资成本过高或产生债务危机。

2. 盲目筹资风险

盲目筹资会导致以下后果：一是造成企业资本结构、资金来源结构、利率结构等处于频繁变动中，给企业带来巨大的财务风险；二是导致筹资过度或者筹资不足。

3. 筹资审批不善风险

如果企业缺乏完善的授权审批制度，可能导致忽视筹资方案中的潜在风险，使得筹资方案草率决策、仓促上马，给企业带来严重的潜在风险。

4. 筹资合同审核不严风险

如果企业缺乏对筹资条款的认真审核，可能导致因筹资合同条款审核不严而给企业带来潜在的不利影响，使企业在未来可能发生的经济纠纷或诉讼中处于不利地位。

5. 筹资成本支付不力风险

如果企业不能按期支付筹资利息，可能导致经济处罚；如果不能按时支付股息，可能导致股东抛售股票、法律诉讼、资金链断裂等重大不利影响。

6. 筹资管理不善风险

如果企业缺乏严密的筹资跟踪管理制度，可能导致资金管理失控，或因资金被挪用而导致财务损失，也可能因此导致利息没有及时支付而被银行罚息，使企业面临不必要的财务风险。

（二）筹资活动的关键控制点、控制目标和控制措施

企业应根据业务流程，确定筹资活动内部控制的关键控制点、控制目标和控制措施

（见表 4－1）。

表 4－1 筹资活动内部控制的关键控制点、控制目标和控制措施

关键控制点	控制目标	控制措施
1. 论证筹资方案	对筹资方案进行科学论证	（1）进行筹资方案的战略性评估，包括是否与企业发展战略相符合，筹资规模是否适当 （2）进行筹资方案的经济性评估，如筹资成本是否最低，资本结构是否恰当，筹资成本与资金收益是否匹配 （3）进行筹资方案的风险性评估，如筹资方案面临哪些风险，风险大小是否适当、可控，是否与收益匹配
2. 审批筹资方案	选择批准最优筹资方案	（1）根据分级授权审批制度，按照规定程序严格审批经过可行性论证的筹资方案 （2）审批中应实行集体审议或联签制度，保证决策的科学性
3. 编制筹资计划	筹资计划切实可行	（1）财务部门根据筹资方案，正确选择筹资方式和不同方式下的筹资金额，制定具体的筹资计划 （2）按照审批权限履行严格的审查报批程序
4. 执行筹资计划	保证筹资活动合法、有效，按计划进行	（1）根据筹资方案，严格按照规定权限和程序筹集资金 （2）签订筹资合同或协议，确保严格执行 （3）实施严密的筹资程序控制和岗位分离控制 （4）做好严密的筹资记录，发挥会计控制的作用
5. 监督、评价筹资活动与责任追究	（1）筹集资金正确，使用有效 （2）维护企业筹资信用	（1）严格按照筹资方案、计划、合同确定的用途使用资金 （2）采取有效措施，保护资金的安全完整 （3）定期评价筹资活动过程和结果，严肃追究违规人员责任

（三）筹资活动的会计系统控制

企业应当建立健全记录筹资业务的会计凭证和账簿，正确核算和监督资金筹集、本息偿还、股利支付等相关情况，妥善保管筹资合同或协议、收款凭证、入库凭证等资料，定期与资金提供方进行账务核对，确保筹资活动符合筹资方案的要求。筹资活动的会计系统控制具体措施包括以下四个方面：

1. 准确核算筹资业务

企业应按照国家统一的会计准则，对筹资业务进行准确的会计核算与账务处理，要通过相应的会计账户准确进行筹集资金核算、本息偿还、股利支付等业务活动。

2. 妥善保管筹资合同、凭证等资料

财务部门要对筹资活动的合同、协议、凭证等文件资料登记造册，派专人负责，妥善保管，以备查用。

3. 搞好资金管理，掌握资金情况

财务部门要严格管理筹资程序，通过编制借款计划表、借款存量表、借款使用表、还款计划表等，及时掌握借贷资金动向，并与资金提供方定期进行账务核对，保证资金

及时到位和资金安全。

4. 控制筹资费用，降低资金成本

财务部门要协调好筹集资金的利率结构和期限结构，最大限度地降低企业的资金成本，减少筹资风险。

二、投资活动的主要风险与控制措施

（一）投资活动的主要风险

企业投资活动至少应当关注下列风险：

1. 决策失误风险

投资决策失误可能引发企业盲目扩张或丧失发展机遇，导致资金链断裂、投资失败，或者导致资金使用效益低下，影响企业发展。

2. 盲目投资风险

盲目投资会导致以下后果：一是投资活动与企业发展战略不符，为企业实现战略目标带来不利影响；二是可能导致并购风险，或者发生投资无所不及、无所不能的现象，危及企业生存。

3. 资金缺口风险

投资项目与企业的筹资能力不符，可能导致投资与筹资在资金数量、期限、成本与收益上不匹配的风险，导致财务危机发生。

4. 控制措施不力风险

缺乏严密的授权审批制度和不相容职务分离制度，可能导致投资活动中的舞弊行为发生，使企业投资活动呈现随意、无序、无效的状况，导致投资失误和企业生产经营失败。

5. 投资管理不善风险

一是投资活动忽略资产结构与流动性，可能导致资金周转缓慢、效益低下；二是疏于投资资产监控，可能导致资产流失、损毁及各种舞弊行为的发生，危及投资资产的安全完整。

6. 资产处置不善风险

投资资产退出机制不完善，可能导致串通舞弊行为，造成资产价值低估、流失，损害企业利益。

（二）投资活动的关键控制点、控制目标和控制措施

根据业务流程，确定企业投资活动内部控制的关键控制点、控制目标和控制措施（见表4-2）。

表 4-2 投资活动内部控制的关键控制点、控制目标和控制措施

关键控制点	控制目标	控制措施
1. 论证投资方案	对投资方案进行科学论证	(1) 论证投资方案是否符合公司发展战略，是否突出主业 (2) 论证投资项目的必要性和资金来源的可靠性 (3) 论证投资目标、规模、方式与时机的适当性 (4) 论证投资方案技术、市场、财务的可行性 (5) 论证投资风险的可能性和影响程度 (6) 必要时，委托具备相应资质的专业机构进行可行性研究
2. 审批投资方案	选择最佳投资方案	(1) 明确投资方案的审批权限、程序和审批责任 (2) 实行集体决策审议或联签制度 (3) 投资方案经批准后，与有关投资合作方或被投资方签署投资协议
3. 编制投资计划	投资计划切实可行	(1) 投资管理部门负责制定具体的投资计划 (2) 按照审批权限履行严格的审查报批程序
4. 实施投资计划	投资活动按计划实施	(1) 根据投资计划，适时投放资金，严格控制资金流量和时间 (2) 实施严密的投资程序控制和岗位分离控制、授权审批控制 (3) 全程监督投资过程，有效控制投资风险
5. 投资项目的到期处置	投资资产处置利益最大化	(1) 严格按法定程序处置投资资产 (2) 投资资产处置必须经过董事会的授权批准

（三）投资活动的会计系统控制

企业应当按照会计准则的规定，准确进行投资活动的会计处理。要根据对被投资方的影响程度，合理确定投资会计政策，建立投资管理台账，详细记录投资对象、金额、持股比例、期限、收益等事项，妥善保管投资合同或协议、出资证明等资料。被投资方出现财务状况恶化、市价当期大幅下跌等情形的，企业财务部门应当根据会计准则和会计制度的规定，合理计提减值准备，确认减值损失。投资活动的会计系统控制具体措施包括以下四个方面：

1. 准确核算投资业务

财务部门要按照会计准则的要求，对投资项目进行准确的会计核算、记录与报告，确定合理的会计政策，准确反映企业投资的真实状况。

2. 妥善保管投资合同、凭证等资料

财务部门应当对投资活动的合同、协议、凭证、备忘录、出资证明等重要文件资料登记造册，派专人负责，妥善保管，以备查用。

3. 建立投资管理台账

财务部门应当建立投资管理台账，详细记录投资对象、金额、期限等情况，作为企

业重要的档案资料以备查用。

4. 关注投资项目的营运情况

财务部门应当密切关注投资项目的营运情况，一旦被投资方出现财务状况恶化、市价当期大幅下跌等情形，必须按照会计准则的要求，合理计提减值准备。企业必须准确、合理地对减值情况进行估计，而不应滥用会计估计，把减值准备作为调节利润的手段。

三、资金营运活动的主要风险与控制措施

（一）资金营运活动的主要风险

企业资金营运活动至少应当关注下列风险：

资金活动风险案例

1. 资金营运不善风险

资金调度不合理、营运不畅，可能导致企业陷入财务困境或资金冗余。

2. 资金管控不严风险

资金管控不严、措施不力，可能导致资金被挪用、侵占、抽逃或企业遭受欺诈。

（二）资金营运活动的关键控制点、控制目标和控制措施

根据业务流程，确定企业资金营运活动内部控制的关键控制点、控制目标和控制措施（见表4-3）。

表4-3　资金营运活动内部控制的关键控制点、控制目标和控制措施

关键控制点	控制目标	控制措施
1. 调度资金	实现资金综合平衡	（1）定期组织召开资金调度会，随时掌控资金运行情况 （2）实行资金预算管理，严格控制资金收支 （3）统筹协调各部门、各环节的资金需求
2. 融通资金	提高资金利用率	（1）通过短期融资等方式，避免资金冗余或资金链断裂 （2）通过购买国债等方式，融通富余资金，提高资金效益
3. 监控资金	保护资金安全	加强资金安全防范，定期或不定期进行安全检查
4. 审批业务	确保资金业务合法	（1）企业员工未经授权不得经办资金收付业务 （2）明确资金收付的审批权限与责任
5. 复核凭证	相关凭证真实、合法	（1）会计人员对相关凭证进行全面复核 （2）落实凭证复核责任制，保证资金凭证真实、合法

续表

关键控制点	控制目标	控制措施
6. 收付资金	收入入账完整，支出手续完备	（1）出纳人员根据审核无误的收付款凭证收款和付款 （2）明确资金收付责任，在收付款凭证上加盖有关印章
7. 会计核算	保证准确性、及时性和完整性	（1）及时填制记账凭证，准确登记日记账、明细账和总账 （2）加强会计稽核，保证会计核算的真实性、完整性
8. 核对账目	保证真实性和资金安全性	（1）定期或不定期核对账目、盘点资金 （2）授权专人保管资金，保证账账相符、账实相符
9. 管理银行账户	合法合规，防范违规	（1）严格按规定开立账户，办理存款、取款和结算 （2）定期检查银行账户管理情况
10. 管理票据与印章	保管安全，使用规范	（1）票据统一印制或购买，票据由专人保管 （2）印章与空白票据分开保管，财务专用章与法人章分开保管

（三）资金营运活动的会计系统控制

企业应当加强对资金营运活动的会计系统控制，严格规范资金的收支条件、程序和审批权限，确保资金营运活动符合内部控制的目标。资金营运活动的会计系统控制具体措施包括以下四个方面：

1. 建立健全资金管理规定

资金营运活动涉及和覆盖企业经营活动的各个环节和各个方面，必须建立健全各项资金管理制度、程序和规定，确保资金营运活动有法可依、有章可循。

2. 准确核算资金收入业务

企业在生产经营及其他业务活动中取得的资金收入应当及时入账，不得账外设账，严禁收款不入账和设立“小金库”。

3. 准确核算资金支付业务

企业办理资金支付业务，应当明确支出款项的用途、金额、预算、限额、支付方式等内容，并附原始单据或相关证明，履行严格的授权审批程序后，方可安排资金支付。

4. 严格遵守货币资金管理规定

企业办理资金收付业务，应当遵守现金和银行存款管理的有关规定，不得由一人办理货币资金全过程业务，严禁将办理资金支付业务的相关印章和票据由一人集中保管。

任务四

资金活动控制制度设计

一、资金活动控制制度的设计方法与内容

资金活动控制制度设计主要包括现状调研、风险评估、内部控制测试和制度设计四大基本环节。各环节的设计方法与内容是：

（一）现状调研

1. 了解内部控制现状

首先，确认有无筹资活动、投资活动和资金营运活动方面的相关控制制度和规定；其次，确认现行制度设计得是否完善；然后，确认制度是否得到贯彻执行；最后，确认有无具体的操作文件、控制表单及监控档案等。

2. 梳理描述业务流程

分析企业资金活动的业务流程有哪些，流程包括哪些环节，设有哪些关键控制点，能否有效控制资金活动风险，并将资金活动方面的业务流程现状用图表的形式描绘出来。

（二）风险评估

资金活动风险评估包括目标设定、风险识别、风险分析和风险应对四个环节。

1. 目标设定

首先，根据企业资金活动目的和要求设定资金活动的总体控制目标；然后，分别设定筹资活动、投资活动和资金营运活动的具体控制目标。

2. 风险识别

要对照《企业内部控制应用指引第 6 号——资金活动》中有关资金活动风险的提示，结合企业资金活动实际情况，识别并具体描述筹资活动、投资活动和资金营运活动可能遇到或发生的各种风险。要关注引起资金活动风险的主要因素，准确识别与实现资金活动控制目标有关的内部风险和外部风险。

3. 风险分析

首先，从内部因素和外部因素两方面分析企业筹资活动、投资活动和资金营运活动

风险产生的原因；然后，对照资金活动风险评估标准进行风险评估，并编制资金活动风险评价表。

4. 风险应对

资金活动风险应对是选择资金活动风险应对策略的过程。要完善资金授权、批准、审验等管理制度，加强资金活动的集中归口管理，明确筹资、投资、资金营运等各环节的职责权限和岗位分离要求，定期或不定期检查和评价资金活动情况，落实责任追究制度，确保资金安全、有效运行。要根据风险分析和评估结果，根据企业自身条件和外部环境，充分考虑企业能够承担的风险限度，有针对性地选择风险规避、风险降低、风险分担和风险承受四种应对策略，并编制资金活动风险应对表。

（三）内部控制测试

资金活动内部控制测试在现状调研和风险评估的基础上进行，主要包括根据内部控制缺陷评价标准进行内控缺陷测试和编制内部控制缺陷评价表两项工作。

（四）制度设计

资金活动控制制度设计的基本程序包括确定关键控制点、编制风险控制矩阵、完善内部控制制度和绘制控制流程图四个环节。

1. 确定关键控制点

资金活动关键控制点的确定应根据资金活动风险评估结果，结合内部控制缺陷评价结论进行。要分别从筹资活动、投资活动、资金营运活动的具体业务流程和管理环节中确定影响资金活动控制目标能否实现的关键控制点。

2. 编制风险控制矩阵

资金活动风险控制矩阵是对资金活动业务流程中的控制目标、各种风险、关键控制点、责任主体、应对策略等的简要说明与描述，是资金活动内部控制制度设计要素的集中体现和纲领性文件，也是企业资金活动内部控制制度的重要组成部分。

3. 完善内部控制制度

根据资金活动内部控制的要求、现行资金活动控制制度的设计运行情况，以及风险评估结论，修订、完善、补充或重新制定资金活动内部控制制度，要将内部控制的原则、要求、方法和措施嵌入资金活动管理制度之中。

4. 绘制控制流程图

根据资金活动风险控制矩阵和资金活动控制制度，结合资金活动的实际情况绘制资金活动控制流程图，标明风险控制点和关键控制点，并编写控制流程说明。

二、资金活动控制制度的设计目标

资金活动控制制度的设计目标要围绕企业内部控制的战略目标、经营目标、资产目标、报告目标和合规目标，根据资金活动内部控制的总体要求来确定。一般而言，资金活动内部控制的基本目标是规范资金活动行为，防范资金活动风险、维护资金安全与完整、提高资金效益，促进企业健康发展。

（一）筹资活动控制制度的设计目标

1. 依法筹资、合法筹资

企业的筹资活动必须遵循国家的相关法律法规，依法履行法律法规和筹资合同约定的责任，合法合规筹资，依法披露信息，维护各方的合法权益。

2. 严格执行筹资审批程序

筹资方案必须经过完整的授权审批流程方可正式实施；重大筹资方案，应当按照规定的权限和程序实行集体决策或者联签制度；筹资方案发生重大变更的，应当重新履行可行性研究及相关审批程序。

3. 有效控制企业筹资行为

设计的筹资活动控制制度要具备可行性和可操作性，能够有效控制企业的筹资行为。

4. 避免筹资活动的盲目性

通过实施筹资活动控制制度，能够合理确定资金的需要量，提高筹资活动的效果，使资金的筹措量与需要量达到平衡。既要防止因筹资不足而影响生产经营活动的进行，又要避免因筹资过剩而增加财务费用支出。

5. 有效规避筹资风险

企业应根据筹资动机选择适当的筹资渠道和筹资方式，实现最佳筹资组合，力求降低筹资成本，有效规避筹资风险。

6. 筹资活动信息真实可靠

筹资活动控制制度要合理保证企业筹资活动相关信息的真实可靠，能够为企业及投资者的决策、执行、监督提供依据，保证企业筹资活动的顺利进行。

（二）投资活动控制制度的设计目标

1. 依法投资、合法投资

企业的投资活动必须符合国家的相关法律法规。一是在投资项目的选择上，必须做到国家明令禁止的投资项目，无论效益如何，企业都不能涉足；二是企业的投资活动过程必须遵守国家的法律法规，各种投资活动的文件、合同、程序、核算都要符合国家法律法规的规定。

2. 确保投资项目的可行性

投资决策是企业所有决策中最为关键、最为重要的决策。一个重要的投资决策失误往往会使一个企业陷入困境，甚至破产。因此，企业在进行投资决策之前，必须对拟投资项目进行可行性研究，以确保投资项目符合企业发展战略，在经济上合理、技术上先进、条件上具备、实施上可行，避免不顾投资效益的盲目投资。

3. 严格履行审批程序，有效规避投资风险

投资活动具有不确定性强、财务风险大的特点，而且投资活动一旦实施，其执行结果往往需要很长时间才能显现出来，具有很强的不可逆性。一旦投资失误，将会给企业造成较大损失。因此，企业必须重视投资风险，按照分级授权审批的原则对投资方案进行严格审批，一切投资活动都要经过适当的审批程序才能进行。

4. 确保投资项目的资金供应

在投资项目上马之前，必须科学预测投资项目所需资金的数量和时间，采用适当的方法筹措资金，保证投资活动的顺利进行，尽快产生投资收益。

5. 严格核算投资项目，保护投资资产安全

企业应以投资项目为对象设立会计核算账户，规范投资项目核算的方法、内容与程序，并按照一个项目一个账户的原则进行明细核算，定期核对有关投资账目，披露有关投资活动信息，确保企业投资活动有关信息的真实性和可靠性，保护投资资产的安全完整。

（三）资金营运活动控制制度的设计目标

1. 遵循法律法规，规范资金营运

企业的资金营运活动必须遵循国家的相关法律法规，以法律法规规范企业的资金营运活动。

2. 合理安排资金收支，实现资金收支平衡

企业应当将资金合理安排到采购、生产、销售等各环节，做到实物流和资金流的相互协调、资金收支在数量上及时间上的相互协调。

3. 加速资金周转，提高资金营运效率

资金只有在不断流动的过程中才能带来价值增值。加强资金营运的内部控制，就是要努力促使资金正常周转，为短期资金寻找适当的投资机会，避免出现资金闲置和沉淀等低效现象。

4. 建立风险防范机制，保持资金链良性循环

资金链是企业经营活动正常运转所需要的资金筹集、资金使用和资金回笼的循环增值过程。如果企业资金链断裂，就如同人的血液停止了供给，企业就会有灭顶之灾。因此，企业应当建立风险防范机制，严禁资金的体外循环，切实防范资金营运中的财务风险，保持资金链的良性循环。

5. 防止违法行为发生，保护资金安全完整

货币资金流动性强、便于携带、方便转移、安全性差，容易出现错误或舞弊行为。

因此，必须通过建立并实施有效的内部控制制度，防止贪污、侵占、挪用资金等违法行为的发生，保护企业资金的安全完整。

三、资金活动控制制度设计案例

北京首钢股份有限公司资金管理制度（2022年2月修订）

第一章 总则

第一条 为强化北京首钢股份有限公司（以下简称“首钢股份”）资金集中、统一管理，全面提升资金管理运作水平，提高资金使用效率，实现资金运作效益最大化，防范资金运行风险，依据国家有关法律、法规、规范性文件的规定，结合实际，制定本制度。

货币资金内控制度文本

第二条 本制度所称资金是指首钢股份及控股子公司（以下简称“首钢股份及其子公司”）在境内外生产经营以及投融资活动中形成的各类货币形态的资金。资金管理范围包括资金预算管理、货币资金管理、银行账户和预留印鉴管理、融管理资、资金监控与安全管理等。

第三条 首钢股份资金管理以“强化资金流入流出全过程预算控制，增强企业资金保障能力，提高资金使用效率，切实防范资金风险”为指导，按照“年预算、月平衡”的原则，建立资金预算、调度和监控管理体系。

第四条 本制度适用于首钢股份及其子公司。

第二章 职责分工

第五条 计财部作为首钢股份资金管理的归口管理部门，主要负有以下职责：

（一）负责本制度的修订、培训，以及组织贯彻执行、检查执行情况；

（二）负责本项业务体系及业务流程的总体设计及优化，对相关单位的职责进行明确，协调解决业务中出现的问题；

（三）指导、监督各子公司的资金管理工作；

（四）负责首钢股份资金预算编制、平衡、执行及分析工作；

（五）负责首钢股份收支相关的业务核算和资金结算，以及银行账户、银行预留印鉴、票据的管理工作；

（六）制定、实施首钢股份筹融资方案，统筹协调筹融资业务，负责银行授信的日常管理和额度平衡工作；

（七）首钢股份外汇及专项资金管理。

第六条 各专业部门负责落实首钢股份资金管理制度，组织本单位资金管理工作，平衡、编制资金预算，按照首钢股份资金支付计划，报计财部办理结算。

第七条 各子公司按照本制度规定，结合自身实际，制定本单位的资金管理制度，报计财部备案。

第三章 资金预算管理

第八条 首钢股份实行全面资金预算管理。资金预算分为年度资金预算和月度资金计划。

第九条 年度资金预算包括现金流预算及投资、融资单项预算。各子公司年度资金预算按首钢股份年度预算编制要求上报，计财部编制首钢股份年度资金预算，履行相应审批程序。

第十条 月度资金计划采取现金流预算编制的方式，以损益等相关预算为基础，将生产经营、投资、融资活动中所有收支列入资金计划编制内容，按照“收支两条线”的原则编制，并严格按照“以收定支”的原则平衡安排。

第十一条 各专业部门每月按时上报需统一平衡的月度资金计划，计财部审核并提出资金平衡安排，完成首钢股份月度资金计划，经公司经理办公会决策后下发执行。各子公司月度资金计划按时报首钢股份计财部进行备案。

第四章 货币资金管理

第十二条 货币资金管理是指对首钢股份及其子公司现金、银行存款和承兑汇票的收入与支出的管理。

第十三条 首钢股份及其子公司应建立完善授权批准制度和预算外大额资金联签制度，对各自单位的货币资金安全性负责。

（一）建立货币资金授权批准制度，明确批准方式、程序、权限责任及经办人员办理资金收付的职责范围和工作要求。

（二）建立预算外大额资金支付联签制度。

首钢股份发生月度资金计划外的资金支付，由使用单位提出申请，会知计财部提出专业意见，按照额度履行相应决策程序。预算外大额资金支付后，需纳入次月月度资金计划。

（三）首钢股份银行账户之间资金调拨，应编制资金调拨明细表，详细记录调拨要素，包括但不限于银行名称、资金调动时间、调动额度、调动事由等内容，按月由计财部主管签字确认。

第十四条 货币资金按照“收支两条线”全部纳入资金预算严格审批管理，计财部统筹安排按照月度资金计划落实。

第十五条 首钢股份及其子公司支票的使用应当遵守中国人民银行有关规定，在开立支票时不得有漏项，不得开具空白支票、远期支票和限额支票。

第十六条 纸质票据应存入保险柜，由专人负责管理。

在支付时应办理背书手续并由收票人签字。

第十七条 首钢股份外汇资金管理严格按照首钢股份外汇资金管理的相关规定执行。

第十八条　首钢股份阶段性闲置货币资金经审批后可以在金融机构办理定期存款和理财业务，严禁从事股票买卖、期货交易等高风险业务。

第十九条　首钢股份及其子公司定期在资金管理系统录入非直联银行动态信息，包括但不限于银行账户信息、资金性质、交易明细、账户余额等。

第五章　银行账户和预留印鉴管理

第二十条　银行账户是指首钢股份及其子公司在银行等金融机构开立的各类资金账户，包括基本存款账户、一般存款账户、临时存款账户和专用存款账户。首钢股份及其子公司应严格按照中国人民银行《银行账户管理办法》的有关规定开立、使用、变更和注销银行账户。开展国际贸易业务的单位，应严格执行外汇管理局和中国人民银行相关规定，管理使用账户、办理外汇收支、完善申报与核销等手续，全面符合外汇监管要求。人民币账户和外汇账户开立应按规定办理审批手续。

第二十一条　银行账户不得出租、出借或转让，严格按照中国人民银行《银行结算办法》《支付结算办法》的规定办理存款、取款和结算业务。首钢股份及其子公司按月检查、清理银行账户。

第二十二条　银行账户销户实行登记备查制度，详细记录银行账户的撤销情况，包括但不限于银行名称、账户名称、账号、撤销原因等内容，撤销完成后及时向计财部备案。

第二十三条　首钢股份应安排专人管理本单位的银行预留印鉴，银行预留印鉴中的财务章和人名章应由两人分别管理，不得混合存放。应建立日常管理和特殊事项登记制度，确保印章安全。网银密钥由专人使用、妥善保管，定期更换密码，确保网银业务安全。

第二十四条　除纸质票据、银行收款、银行付款等单据加盖银行预留印鉴由印鉴管理人员审核确认后直接办理以外，因业务需要使用银行预留印鉴时，应按印章管理规定履行审批手续后方可使用，并对用印时间、用途、份数和使用人等事项逐一登记。

第六章　融资管理

第二十五条　本制度所指融资为债务融资，是公司通过发行债券募集资金、向金融机构借款等形式筹集资金，且具有按期付息和到期还本付息义务的活动。包括但不限于公开或非公开发行的企业债、公司债和债务融资工具；以及通过银行和非银行金融机构等筹集资金并支付利息的融资方式，包括但不限于银行流动资金贷款、项目贷款、融资租赁、保理、信用证、保函、票据等筹资行为。

第二十六条　首钢股份年度融资计划应纳入年度资金预算履行相应审批程序。首钢股份申请注册发行债券应履行股东大会审批程序。

第二十七条　首钢股份及其子公司银行授信实行统一管理。各子公司应安排专人建立银行融资业务管理台账，内容包括但不限于银行授信额度、实际用信额度、用信品种、利率、期限等，按月提报计财部。

第二十八条　首钢股份建立有息债务信息库，各子公司按月将本单位融资情况和次月融资计划报计财部备案。

第七章　资金监控与安全管理

第二十九条　首钢股份及其子公司对获取的专项资金，包括但不限于财政拨款的国有资本经营预算资金及各类奖补资金等，应按照相应的管理办法，进行资金的安全有效管理。在使用资金时，应纳入月度资金计划安排，专款专用。

第三十条　首钢股份及其子公司应建立资金安全保障体系，确保人、财、物的独立，不相容业务必须分由不同人员负责管理。加强对资金管理相关人员的职业素质教育，降低职业道德风险。

第八章　附则

第三十一条　释义：控股子公司是指首钢股份持有其50%以上股份，或者能够决定其董事会半数以上成员组成，或者通过协议或其他安排能够实际控制的公司。

第三十二条　本制度由首钢股份董事会负责解释。

第三十三条　本制度自颁发之日起施行。

项目小结

本项目讲解企业的资金活动控制，包括资金活动控制概述、资金活动业务流程、资金活动主要风险与控制措施、资金活动控制制度设计四部分内容。企业的资金活动主要包括筹资活动、投资活动和资金营运活动。资金是企业生存发展的血液，没有资金企业将寸步难行。过去、现在和未来，很多企业破产倒闭，直接原因就是由于资金链条断裂。因此，如何防范资金风险、维护资金安全、提高资金效益是企业广泛关注的热点问题。学习资金活动控制要重点理解资金活动的含义、内容、主要风险、关键控制点、控制目标和控制措施，了解并掌握资金活动控制制度设计的方法和内容。

项目练习

一、单选题

1. 筹资活动是企业资金活动的起点，也是企业整个经营活动的（　　）。

A. 计划　　B. 基础　　C. 环节　　D. 目标

2. 企业对筹资方案的分析论证可从筹资方案的战略评估、筹资方案的经济性评估和（　　）三个方面进行。

A. 筹资方案的风险评估　　B. 筹资方案的规划评估

C. 筹资方案的成本评估　　D. 筹资方案的计划评估

3. 资金营运活动是企业对生产经营过程中各项资金利用、调度和（　　）的行为与过程。

A. 计划　　B. 使用　　C. 管理　　D. 控制

4. 货币资金流动性强、便于携带、方便转移、安全性差，出现错弊的可能性（　　）。

A. 很大　　B. 较大　　C. 很小　　D. 较小

二、判断题

1. 资金活动是指企业筹资、投资和资金营运等活动的总称。 （ ）

2. 资金调度不合理、营运不畅，可能导致资金被挪用、侵占、抽逃或企业遭受欺诈。 （ ）

3. 企业资金营运过程，是企业经营活动所占用资金在各种形态下的不断转化，并且最终达到增值目的的过程。 （ ）

三、简答题

1. 什么是资金活动？简述资金活动内部控制的总体要求？

2. 企业筹资活动业务流程是怎样的？

3. 企业投资活动业务流程是怎样的？

4. 企业筹资活动、投资活动和资金营运活动各有哪些关键控制点？

5. 资金营运活动的会计系统控制具体措施有哪些？

项目实训

为了搞好内部控制体系建设，白蓝公司制定了《资金营运控制制度》。其中，资金营运的控制目标、主要风险和关键控制点如下：

1. 控制目标

（1）实现资金的合理使用和营运良性循环；

（2）提高货币资金使用效率；

（3）保障资金及其记录的安全、完整、真实；

2. 主要风险

（1）货币资金持有量不合理风险；

（2）资金贪污、舞弊风险；

（3）货币资金信息虚假风险。

3. 关键控制点

（1）资金预算审批；

（2）资金支付审批；

（3）银行存款余额调节表的编制与审核；

（4）库存现金的盘点与核对；

（5）银行票据的收取与盘点。

【分析要求】 根据本项目学习的资金营运活动内部控制的有关论述，分析评价白蓝公司制定的《资金营运控制制度》中的问题：

（1）该控制制度的控制目标是否恰当？有无重大遗漏？

（2）该控制制度是否充分考虑到了企业资金营运活动应当关注的主要风险？

（3）该控制制度确定的关键控制点是否恰当？为什么？

项目五

销售业务控制

教学目标

知识目标

了解销售业务的业务流程

掌握销售业务的主要风险、关键控制点和控制措施

能力目标

理解销售业务控制制度设计的目标

能够为中小企业设计销售业务控制制度

素养目标

具有防范销售业务主要风险的意识

初步掌握销售业务控制制度的设计方法

销售业务控制概述

学习指南

学习任务	知识概要
任务一 销售业务控制概述	销售业务的含义
	销售业务内部控制的总体要求
任务二 销售业务流程	销售业务流程概述
	销售业务流程的环节与内容
任务三 销售业务主要风险与控制措施	销售业务的主要风险
	销售业务的关键控制点、控制目标和控制措施
	销售业务的会计系统控制
任务四 销售业务控制制度设计	销售业务控制制度的设计方法与内容
	销售业务控制制度的设计目标
	销售业务控制制度设计案例

教学引导

如何解决零库存管理带来的烦恼？

圣源机械是一家专门生产汽车配件的企业，其客户是汽车制造公司。目前，国内各大汽车制造公司对汽车配件均实行零库存管理。基本做法是：第一步，配件供货商按照汽车制造公司的生产经营需要将汽车配件运往设在汽车制造公司驻地的仓库存放起来（存放的品种、数量以不能耽误汽车制造公司的生产经营需要为标准）；第二步，汽车制造公司根据其生产经营的需要，随时领用所需配件；第三步，汽车制造公司按月向配件供货商开具和发送开票通知单，配件供货商据以开具销货发票，列明汽车配件的品名、规格型号、数量、单价、金额等；第四步，汽车制造公司收到发票后，按其付款政策一次或分期支付货款。

毫无疑问，零库存管理对汽车制造公司是非常有利的，但却苦了配件供货商。这不，圣源机械就遇到了以下两个不胜烦恼的问题：

第一，涉税风险问题。税务机关认为，在零库存管理模式下，用户可以随时领取货物却不必在当时就付款，这属于供应商的一种赊销和分期收款行为。对于这种行为，《中华人民共和国增值税暂行条例实施细则》对其纳税义务发生的时间是这样规定的：“采取赊销和分期收款方式销售货物，为书面合同约定的收款日期的当天，无书面合同或者书面合同没有约定收款日期的，为货物发出的当天。”而圣源机械并没有与汽车制造公司订立对这些外存汽车配件什么时候收款的书面合同，因此给圣源机械带来了较大的涉税风险。

第二，账目核对不起来的问题。圣源机械给10余家汽车制造公司供货，这些保存在汽车制造公司驻地仓库中的汽车配件，几乎都存在账目核对不起来的问题。当然，都是圣源机械会计账簿上的结存数量多，外部仓库中的实存数量少。财务部王经理也采取了派会计人员与业务人员一起到汽车制造公司驻地仓库核对账目、要求发出去的货物一定要有保管员的货物签署回执等措施，但都收效甚微。究其原因主要有三个：一是管理货物的保管员基本上都是汽车制造公司的员工，圣源机械没法控制。二是汽车配件涉及汽车制造公司的计划、采购、质检、库管、生产、财务等部门和环节，配件供应商的会计人员与其核对账目需要协调多个部门的关系，难度很大。三是配件供应商的业务人员反映：“不光我们公司的账目核对不起来，其他供应商的账目也核对不起来；汽车制造公司是上帝，我们不敢得罪，只能面对现实。”最终的结果是，圣源机械每年都要因为外存汽车配件的短缺而损失一百多万元。

为了解决上述两个问题，圣源机械咨询了内部控制专家肖先生。肖先生在调研以后提出了若干控制措施。

【问题思考】采取哪些控制措施可以解决圣源机械遇到的涉税风险问题和账目核对不起来的问题？

任务一
销售业务控制概述

一、销售业务的含义

销售业务是指企业出售商品、提供劳务及收取款项等相关业务活动。其中，商品主要包括工业企业的产成品、半成品、配套件和零部件，商业企业用于出售的各种货物等。

销售业务对于企业来说具有两种基本功能：一是将企业生产的商品推向消费领域；二是从消费者那里获得货币，以便对商品生产中的劳动消耗予以补偿。销售业务是企业取得收入、获得利润的前提条件，是形成一定时期经营成果的重要基础。企业生存、发展、壮大的过程，在相当程度上就是不断加大销售力度、拓宽销售渠道、扩大市场占有率的过程。企业的销售业务如果不能实现稳定增长，销售出去的货物如果不能及时、足额收回货款，必然导致企业的经营活动难以为继，企业的生存与发展受到严重威胁。因此，加强销售业务内部控制，对于控制销售风险，保证企业销售业务科学、有序、高效地开展，实现企业目标和发展战略具有十分重要的意义。

（一）销售业务内部控制有助于企业合理控制销售风险

销售风险是指因市场环境和销售活动的不确定性而给企业销售业务带来的不确定性或损失。市场环境的变化是绝对的、客观的，并经常会发生，因而在销售过程中既充满了销售机会，又会出现许多销售风险。企业不可能完全避免销售风险，而只能掌握战胜风险的策略和技巧，积极化险为夷，把销售风险变为销售机会，实现成功的转化。通过销售业务内部控制制度的设计和实施，有助于企业进行深入细致的市场分析，识别销售风险事件并制定相应的风险应对策略，搞好客户信用管理，提高风险防范能力，最大限度杜绝销售风险发生的隐患。

（二）销售业务内部控制可以保证企业销售业务科学、有序、高效地开展

销售业务内部控制涵盖企业销售业务的各个环节，通过销售业务内部控制制度的设计和实施，可以全面梳理和优化企业销售业务流程，发现和改进销售活动中的漏洞和薄弱环节，不仅可以提高销售业务的科学化、规范化，而且有利于提高销售工作的效率和效益。

（三）销售业务内部控制有利于实现企业目标

实现企业目标是企业销售活动的目的。不同的企业有不同的经营环境，不同的企业也会处于不同的发展时期，不同的产品所处生命周期亦不同，因此，企业的目标是多种多样的，利润、产值、产量、销售额、市场份额、生产增长率、社会责任等均可能成为企业的目标。但无论是什么样的目标，都必须通过有效的销售活动完成交换，与客户达成交易方能实现。因此，通过销售业务内部控制制度的设计和实施，有助于企业根据企业目标和实际情况制定切实可行的销售策略，确保企业目标的如期实现。

二、销售业务内部控制的总体要求

企业应当结合实际情况，全面梳理销售业务流程，完善销售业务相关管理制度，确定适当的销售政策和策略，明确销售、发货、收款等环节的职责和审批权限，按照规定的权限和程序办理销售业务，定期检查、分析销售过程中的薄弱环节，采取有效控制措施，确保实现销售目标。

（一）保证销售业务的合规性

一是销售业务必须符合国家法律法规和国际惯例；二是销售业务必须符合企业有关销售及资金管理制度的规定；三是销售业务必须遵守销售业务流程，确保按照规定的程序和权限进行。

（二）确保销售目标的实现

销售目标是企业的龙头指标。销售目标能否实现，直接决定企业生产目标、利润目

标和其他经营目标能否实现，关系企业全面预算管理活动能否顺利进行。因此，应通过实施内部控制活动，确保销售目标的实现。

（三）防止销售业务的舞弊行为

要规范销售业务流程，防止销售环节中违法乱纪、信用诈骗、中饱私囊、损害企业利益等违法舞弊行为，要避免基于个人私利的不恰当销售活动给企业造成经济损失。

（四）保证销售货物的安全性

一是保证企业售出的货物能够取得相应的货款，二是保证应收账款的真实性和货款收取的严密性，三是保证销售货物在装卸、运输、验收等环节的质量、数量安全，四是确保回收货款的安全完整。

（五）保证销售策略和政策的适当性

销售策略和政策运用得是否适当，直接关系到销售目标的实现和企业利益的保护。因此，通过实施内部控制，要合理保证销售策略和政策的适当性，实现既能达成促进销售、及时收回货款的目的，又能有效防止通过销售政策串通舞弊、损公肥私等损害企业利益行为的发生。

（六）保证货款回收的及时性和完整性

如果货款回收不及时、不完整，轻者导致企业通过增加负债的方式弥补资金缺口，影响企业经济效益；重者会使企业形成大量呆账、坏账，导致资金链断裂、效益滑坡，引发企业限产、停产，甚至倒闭。因此，内部控制应当保证销售货款的及时、足额回收。

（七）保证会计信息的真实性、及时性和完整性

销售业务中的会计信息与实际销售活动要保持一致性、真实性和完整性，实现账账相符、账实相符，会计记录和财务报告要合理揭示销售业务中所实行的销售政策，完整、准确地反映销售业务中的三包服务、货物赔偿、返利、销售折扣和销售折让等销售政策的实际情况。

任务二
销售业务流程

一、销售业务流程概述

销售一般分为现销和赊销两种基本方式。在市场经济和商业信用广泛使用的当今社

会，赊销成为各企业较为普遍采用的销售方式。在赊销方式下，销售业务流程主要包括处理客户订单、批准赊销信用、发送货物、开具销售发票、记录销售与收款业务、定期对账和催收账款、审批商品退回与货款折让等。另外，企业所从事的行业不同、产品性质不同、产品消费群体不同，其销售业务流程也有所差异。

二、销售业务流程的环节与内容

就一般工业企业而言，销售活动主要包括编制销售计划、审批销售计划、客户开发与管理、销售谈判、签订销售合同、组织发货、回收货款、售后服务、会计系统控制、管理销售记录、评价销售业绩等环节。

（一）编制销售计划

销售计划是企业确定的在一定时期内的销售目标。销售计划分年度计划和月度计划，一般在每月下旬，由销售部门在销售预测的基础上，根据企业年度经营目标和实际生产经营能力，编制下月份的销售计划草案。销售计划不仅是销售部门开展销售活动的目标和依据，而且是企业制定生产计划、采购计划等经营计划的基础和依据。因此，编制销售计划是企业销售活动的首要环节。

（二）审批销售计划

审批销售计划一般需要经过三个步骤：一是企业计划管理部门综合平衡供、产、销各项计划，保证各项计划之间相互衔接和平衡；二是公司领导召开经营计划审批会议，审批包括销售计划在内的生产经营计划；三是企业将包括销售计划在内的各项经营计划纳入全面预算管理，保证预算期内资金收支的总量平衡。

（三）客户开发与管理

客户开发与管理的主要内容包括研究制定销售策略和政策，了解市场和客户情况，建立客户信息档案和信用档案，通过广告、展销、推介等活动推销产品，维护现有客户，开发潜在目标客户，对有购买意向的客户进行资信评估，根据企业自身风险接受程度确定目标客户的具体信用等级等。

（四）销售谈判

销售谈判是指销售部门就销售品种、数量、价格、销售政策、发货及收款方式等具体事项与客户进行的业务洽谈、磋商。销售谈判的目的是与客户达成共识，成功签订销售合同。

（五）签订销售合同

销售谈判成功后，企业要与客户签订销售合同。销售合同的主要条款包括合同标的、数量、质量、价款、结算方式、履行期限、履行地点、履行方式、违约责任、双方的权利和义务等内容，以此作为履行销售业务的基本依据。销售合同一般先拟订草案，经双方领导审批同意后，企业授权有关人员与客户签订正式销售合同。销售合同经双方代表签字并加盖双方公司合同专用章后生效。

（六）组织发货

首先，销售部门要根据销售合同组织货源，向公司物管部门（仓库）下达备货通知，向财务部门开具产品销售开票通知单；其次，财务部门根据产品销售开票通知单向客户开出销售发票，并加盖发票专用章或财务专用章，其中提货联是物管部门产品出库和登记产品保管明细账的依据；最后，物管部门凭销售发票的提货联办理产品出库手续，销售部门专人负责或运输部门负责按照发货品种、数量、时间、方式、接货地点等组织发货事宜。

另外，受供求关系的影响，企业的产品往往以赊销方式或分期收款方式销售，还有的客户采取零库存管理的方式让供应商先发货，待使用产品后，供应商再按客户的通知开具销售发票。在上述情况下，仓库的产品一般是凭销售部门开具、财务部门审核盖章的产品销售清单出库、发货。

（七）回收货款

回收货款是企业与客户进行销售结算的环节。按照发货时是否收到货款，可将销售方式分为预收、现销和赊销，具体收款方式包括预收货款、钱货两清、分期收款、延期收款等。对于各种赊销方式形成的应收账款，销售部门需要与财务部门密切配合，严格按照合同条款及时、足额催收。

（八）售后服务

售后服务是在企业与客户之间建立信息沟通机制，对客户提出的问题，企业要给予及时解答或者反馈处理，以提升商品质量和服务水平，从而保证客户满意度和忠诚度的稳步提升。售后服务主要包括：实施产品售后维修、销售退回、维护升级，对有质量问题的售出货物给予客户销售折让等。

（九）会计系统控制

销售业务的会计系统控制包括销售收入的确认、应收款项的管理、坏账准备的计提和冲销、销售退回、销售折让等销售业务的会计处理。要通过审核、开票、收款、记账、算账、报账、核对、清查等会计方法正确核算销售业务和货款收取情况。

（十）管理销售记录

销售记录包括销售流向记录、销售对象投诉及召回记录等内容。销售业务流程会产生大量的业务记录，如销售合同、销售计划、销售通知单、发货凭证、运货凭证、销售发票等。只有对这些销售记录进行有效管理，才能有效控制销售业务的整个流程。

（十一）评价销售业绩

良好、有效的绩效评价有助于发现并改进销售业务中存在的缺陷和遗漏，并通过对销售活动结果的评价考核，激励销售部门，促使其修订制度措施，进一步提高销售水平。

企业销售业务流程如图 5-1 所示。

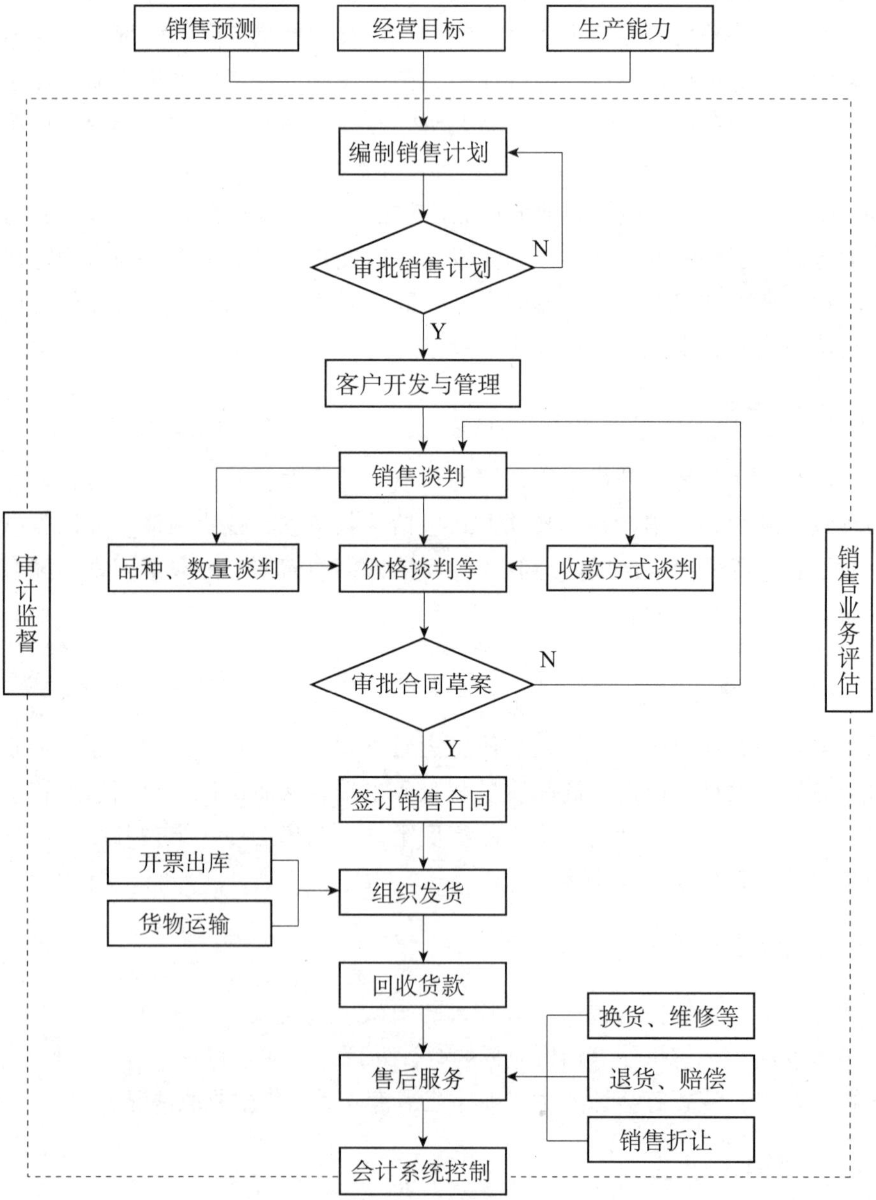

图 5-1 销售业务流程图

任务三
销售业务主要风险与控制措施

一、销售业务的主要风险

企业销售业务至少应当关注下列风险：

（一）销售计划安排不合理风险

销售计划是企业组织产品生产和组织货源的依据，是销售业务的重要环节。该环节的主要风险是：销售计划缺乏或安排不合理、审核把关不严格或越权审批，可能导致产品结构和生产安排不合理，造成库存产品短缺或积压，影响生产经营活动的顺利进行，对企业经营目标的实现造成不利影响。

（二）销售政策和策略不当风险

企业制定的销售政策和策略不科学、不恰当，可能导致市场开发困难、产品销售不畅、库存积压、生产经营活动难以为继，或者导致企业资产损失或资产运营效率低下。

（三）客户开发与管理不利风险

现有客户管理不足、潜在市场需求开发不够，可能导致现有客户流失或市场拓展不力；客户档案不健全，缺乏合理的资信评估，可能导致客户选择不当，销售款项不能收回或遭受欺诈，从而影响企业的资金周转和正常运营。

（四）销售价格不当风险

企业缺乏科学合理的价格控制体系，授权审批不规范，产品定价不当，未能结合市场供需状况、盈利测算等进行适时价格调整，造成价格过高或过低，可能导致串通舞弊、商业贿赂行为，损害企业经济利益或企业形象，或者导致销售订单锐减、经济效益下滑。

（五）合同订立不当风险

销售合同订立缺乏严格的操作控制流程，或未经授权批准就越权订立销售合同，销售合同的条款、格式及内容存在重大疏漏、缺陷或欺诈行为，销售价格、收款方式、收款期限等内容违背企业销售政策，可能导致企业合法权益受到侵害，经济利益受到损害，或者可能遭受法律诉讼等风险。

（六）销售行为不当风险

企业销售行为如果违反国家法律法规，或未严格履行销售合同，侵害国家或客户利益，形成涉税风险，可能遭受法律诉讼、行政及经济处罚，导致经济利益损失和企业信誉受损，严重的甚至导致企业被查封、倒闭。

（七）产品发货不当风险

产品发货是根据销售合同的约定向客户提供商品的环节。该环节的主要风险是：未经授权发货或发货不符合合同约定，可能导致货物损失、客户与企业产生销售争议、销售货款不能收回，甚至遭受法律诉讼等。

（八）货款回收不力风险

货款回收缺乏科学、规范的管理制度，信用管理不到位，结算方式选择不当，票据管理不善，账款回收不力，可能导致销售货款不能收回；或者货款回收环节存在串通舞弊和欺诈行为，导致呆账、坏账发生，企业利益受损。

（九）售后服务不当风险

售后服务环节的主要风险是：售后服务水平低，消费者满意度不足，影响公司品牌形象，造成客户流失。

（十）销售人员舞弊风险

如果销售人员素质不高，公司管理不严，就可能发生销售人员私下兼职行为、挪用或贪污公款行为、商业间谍行为、收受回扣行为、吃里扒外行为、虚报费用行为、串通舞弊行为、内外勾结行为、传递虚假市场信息行为等，不仅严重损害企业利益，而且会给企业的生存和发展带来极大威胁。

（十一）会计系统失控风险

缺乏有效的会计系统控制，未能全面、真实地记录和反映销售各环节的资金流和实物流情况，会计记录与相关销售记录、仓储记录不一致，可能导致企业销售业务未能如实反映，造成账实不符、账证不符、账账不符，影响销售收入、成本、利润和应收账款等会计核算的真实性和可靠性。

二、销售业务的关键控制点、控制目标和控制措施

销售业务内部控制的关键控制点、控制目标和控制措施如表5-1所示。

表 5-1　销售业务内部控制的关键控制点、控制目标和控制措施

关键控制点	控制目标	控制措施
1. 审批销售计划	(1) 销售计划与经营目标相吻合 (2) 销售计划与其他计划相互衔接	(1) 根据销售预测、经营目标、生产能力编制销售计划 (2) 销售计划必须与生产计划、采购计划以及库存情况相互衔接、综合平衡 (3) 销售计划应纳入全面预算管理 (4) 销售计划必须经过严格的授权审批程序
2. 客户开发与管理	(1) 销售政策适当 (2) 信用管理严格 (3) 客户开发有力	(1) 研究制定适当的销售策略和政策，促进销售目标的实现 (2) 深入了解市场和客户情况，建立健全客户信息档案和信用档案 (3) 对于境外客户和新开发客户，应当建立严格的信用保证制度 (4) 采取适合本企业的营销模式和促销手段，巩固老客户、开发新客户
3. 确定销售价格	以合理的价格销售合格的产品	(1) 建立健全产品销售定价机制 (2) 根据市场竞争状况和销售目标，科学制定价格政策 (3) 销售价格的确定、调整严格履行授权审批制度
4. 签订销售合同	合法、合规，维护企业利益	(1) 销售合同要准确描述合同条款，明确双方权利义务和违约责任 (2) 建立健全销售合同订立及审批管理制度，明确审核、审批程序和所涉及的部门人员及相应权责
5. 组织发货	(1) 严格履行合同条款 (2) 保证发货过程准确、无误、安全	(1) 制定科学、规范的货物出库、发货管理制度和操作规程，并严格执行 (2) 落实出库、发货、运输等环节的岗位责任和安全保护措施 (3) 做好发货各环节的记录，填制相应的凭证，设置发货台账，实现销售业务的全过程登记制度
6. 回收货款	(1) 及时、足额收回货款 (2) 确保应收账款、资金、票据安全	(1) 完善应收款项管理制度和应收款项催收制度，落实销售及收款人员的岗位职责和责任追究制度 (2) 准确掌控客户信用状况，对逾期应收账款适时启动诉讼程序 (3) 严格按照职权范围和审批程序处理呆账、坏账 (4) 建立健全票据登记管理制度，对各种票据的取得、贴现、背书、保管等活动予以明确规定
7. 售后服务	(1) 建立良好的客户信息沟通机制 (2) 规范售出产品的维修、退回及销售折让制度	(1) 建立、完善售后服务制度，规范售后服务工作流程 (2) 安排专人或部门负责售后服务工作，及时解答、反馈和处理客户提出的产品问题，搞好客户回访工作 (3) 制定科学、规范的售出产品退回、更换、维修、赔偿和销售折让制度，严格规范操作规程和授权审批制度

三、销售业务的会计系统控制

企业应当建立健全记录销售业务的会计凭证和账簿，正确核算销售收入、应收账款、坏账准备、销售退回、销售折让、赔偿和货款回收情况，妥善保管销售合同、销售凭证、收款凭证、各种票据、出库凭证等资料，确保会计记录、销售记录与仓储记录核对一致，全面、真实地记录和反映企业销售各环节的资金流和实物流情况。销售业务的会计系统控制具体措施包括以下四个方面：

（一）准确核算销售业务

企业应按照国家统一的会计准则，对销售业务进行准确的会计核算与账务处理，要通过相应的会计账户准确核算销售收入、存货发出、应收账款增减和货款收取等业务活动，及时、准确地计提坏账准备，准确反映售出产品的退回、维修、换货、赔偿及销售折让业务。

（二）妥善保管销售合同、凭证等资料

财务部门要对销售业务的合同、出库凭证、收款凭证、对账记录、各种票据以及退货、换货、销售折让、维修、赔偿情况等文件资料登记造册，派专人负责，妥善保管，以备查用。

（三）实行销售资金预算管理制度

财务部门要实行销售资金预算管理制度，督促销售部门按预算、按合同条款及时、足额回收货款，确保企业全面预算管理活动的顺利进行。

（四）定期核对、清理应收账款和库存产品账目

财务部门的应收账款核算岗位要定期向客户寄发对账函，或面对面核对应收账款、应收票据、预收账款等往来款项，确保实现账账相符；存货核算岗位要定期与仓库保管员核对库存产品账目，确保会计记录、销售记录与仓储记录核对一致，账账相符、账实相符。

案例分析

渤海公司生产销售白炽灯，客户全部为照明灯具批发商。其产品销售业务按如下程序和规定办理：

（1）每月 25 日，销售部编制下月的销售计划和货款回收计划，经计划部审核、平衡后上报公司领导，公司领导召开会议，审议批准包括销售计划和货款回收计划在内的下月生产经营计划。

(2) 销售部将经公司批准的销售计划和货款回收计划分解落实到每个销售人员。

(3) 进入下月，销售人员根据各自的任务，将白炽灯发往各个照明灯具批发商处，同时运输车辆返回时顺便拉回需要换货的已经损坏的白炽灯。

(4) 销售人员负责应收账款的核对与货款回收，月末，销售人员将回收的货款汇入渤海公司的银行账户。

实行上述销售业务程序和规定的后果是：每个月都有大量损坏的白炽灯被退回企业；批发商大肆拖欠企业货款，企业组织清债人员追讨货款时，根本找不到欠款客户。最终渤海公司破产，2 000名职工失业。

分析要求：根据内部控制的有关规范和原理，对渤海公司销售业务进行评价，指出其内部控制的缺陷，并提出应该采取的内部控制措施。

分析提示：渤海公司销售业务内部控制存在两个主要缺陷：

(1) 销售政策不当。白炽灯属于价值低、数量大、易损坏且难以辨别损坏原因的产品，绝对不能采取无条件换货的销售政策，无条件换货实际上为销售人员和批发商串通舞弊提供了可乘之机。

(2) 不相容职务分离控制缺失。白炽灯的发货、对账、收款全部由各个销售人员负责，缺乏必要的相互牵制、相互监督机制，导致销售人员一手遮天，与不法灯具批发商狼狈为奸、沆瀣一气，坑害企业、中饱私囊。

企业应该采取的内部控制措施如下：

(1) 制定适当的销售政策。可按销售量的一定比例，加发5%的白炽灯作为质量保证补偿。

(2) 实行严格的不相容职务分离。销售人员只负责送货；收款、对账由财务人员负责，销售人员协助。

(3) 加强销售业务管理。组建由销售、财务和法律人员参与的专门班子，负责销售谈判、合同订立和货款回收，对批发商进行信用评级，不与信用不达标的客户发生业务，及时实施法律诉讼。

任务四 销售业务控制制度设计

一、销售业务控制制度的设计方法与内容

销售业务控制制度设计主要包括现状调研、风险评估、内部控制测试和制度设计四

大基本环节。各环节的设计方法与内容是：

（一）现状调研

1. 了解内部控制现状

首先，确认有无销售业务方面的相关控制制度和规定；其次，确认现行制度设计得是否完善；然后，确认制度是否得到贯彻执行；最后，确认有无具体的操作文件、控制表单及监控档案等。

2. 梳理描述业务流程

分析企业销售业务的业务流程有哪些，流程包括哪些环节，设有哪些关键控制点，能否有效控制销售业务可能发生的风险，并将企业销售业务的业务流程现状用图表的形式描绘出来。

（二）风险评估

销售业务风险评估包括目标设定、风险识别、风险分析和风险应对四个环节。

1. 目标设定

首先，根据企业销售业务目的和要求设定销售业务的总体控制目标；然后，根据销售业务流程，分别设定销售计划、客户开发与管理、销售谈判、签订销售合同、组织发货、回收货款、售后服务、会计系统控制、管理销售记录、评价销售业绩等环节的具体控制目标。

2. 风险识别

要对照《企业内部控制应用指引第 9 号——销售业务》中有关销售业务风险的提示，结合企业销售业务实际情况，识别并具体描述销售业务各环节可能遇到或发生的各种风险。要关注引起销售业务风险的主要因素，准确识别与实现销售业务控制目标有关的内部风险和外部风险。

3. 风险分析

首先，从内部因素和外部因素两方面分析企业销售业务风险产生的原因；然后，对照销售业务风险评估标准进行风险评估，并编制销售业务风险评价表。

4. 风险应对

销售业务风险应对是选择销售业务风险应对策略的过程。要结合企业实际情况，明确销售计划、客户开发、政策制定、销售谈判、合同签订、产品发货、货款回收、售后服务、会计控制、销售记录、销售业绩评价等环节的职责和权限，按照规定的权限和程序办理销售业务，确保销售业务合规、有效进行。要根据风险分析和评估结果，针对不同等级的销售业务风险，相应采取风险规避、风险降低、风险分担和风险承受四种应对策略，并编制销售业务风险应对表。

（三）内部控制测试

销售业务内部控制测试在现状调研和风险评估的基础上进行，主要包括根据内部控制缺陷评价标准进行内控缺陷测试和编制内部控制缺陷评价表两项工作。

（四）制度设计

销售业务控制制度设计的基本程序包括确定关键控制点、编制风险控制矩阵、完善内部控制制度和绘制控制流程图四个环节。

1. 确定关键控制点

销售业务关键控制点的确定应根据销售业务风险评估结果，结合内部控制缺陷评价结论进行。一般来说，销售业务的关键控制点应当包括销售政策制定、价格制定、合同签订、产品发出、货款回收等影响销售业务控制目标实现的关键环节。

2. 编制风险控制矩阵

销售业务风险控制矩阵是对销售业务流程中的控制目标、各种风险、关键控制点、责任主体、应对策略等的简要说明与描述，是销售业务内部控制制度设计要素的集中体现和纲领性文件，也是企业销售业务内部控制制度的重要组成部分。

3. 完善内部控制制度

根据销售业务内部控制的要求、现行销售业务控制制度的设计运行情况，以及风险评估结论，修订、完善、补充或重新制定销售业务内部控制制度，要将内部控制的原则、要求、方法和措施嵌入销售业务管理制度之中。

4. 绘制控制流程图

根据销售业务风险控制矩阵和销售业务控制制度，结合销售业务的实际情况绘制销售业务控制流程图，标明风险控制点和关键控制点，并编写控制流程说明。

二、销售业务控制制度的设计目标

销售业务控制制度的设计目标要围绕企业内部控制的战略目标、经营目标、资产目标、报告目标和合规目标，根据销售业务内部控制的总体要求来确定。一般而言，销售业务内部控制的基本目标是促进企业销售业务稳定增长，扩大市场份额，规范销售行为，防范销售风险，实现销售目标。为此，销售业务控制制度设计应能实现如下控制目标：

（一）促进企业发展战略和经营目标的实现

通过实施销售业务控制制度，销售计划不仅要与市场需求、生产能力相衔接，具备可行性和有效性，而且要与企业的发展战略、经营目标相衔接，从而促进企业发展战略和经营目标的实现。

（二）保证企业的销售活动合法、有序进行

严格按照分级授权审批的原则对销售业务履行审批程序，保证企业的销售活动合法、合规进行；要通过科学规划销售业务流程，提高销售活动效率，实现销售活动的程序化、规范化，有效避免混乱、无序现象的发生。

（三）建立客户信用评估机制，有效控制信用风险

通过实施销售业务控制制度，建立客户信用评估机制，与新开发客户签订销售合同之前，必须事先经过信用管理部门的调查和风险评估；销售部门提出的赊销额度，也必须事先获得信用管理部门的审核并经过主管领导的批准，从而预防销售业务中的欺诈、串通舞弊行为，有效控制信用风险。

（四）建立价格制定、调整、审批制度，确保产品定价及调整的合理性

产品销售价格的确定，关系到销售状况及最终的利润状况。如果定价或调价不符合价格政策，未能结合市场供需状况、盈利测算等对产品销售价格进行适时调整，可能造成价格过高或过低，导致销售活动受损；如果产品销售价格未经恰当审批，或存在舞弊行为，可能损害企业经济利益或者企业形象。因此，应当通过实施内部控制制度，确保产品销售定价及调整的合理性。

（五）严格履行合同，确保销售货物的安全完整

未经授权发货或发货不符合合同约定，可能导致货物损失或客户与企业的销售争议以及销售款项不能收回等问题，不仅会给企业造成损失，而且会影响企业形象。因此，要完善货物出库管理制度，确保发出货物数量、质量、规格等符合合同或订单约定，保证货物在运输途中质量和数量的安全，确保发货管理处于企业有效监控状态，有效防止财产流失和贪污盗窃行为。

（六）保证销售折扣、销售折让和货物退回的合理性与正确性

销售折扣是企业信用政策中的重要组成部分，恰当的销售折扣政策能够达到促进销售、及时收回货款的目的。在销售活动中，也可能由于种种原因，需要给予客户一定的销售折让或发生货物退回。当这些情况发生时，企业应加强审批控制，保证销售折扣、销售折让和货物退回的手续完备，防止串通舞弊、以权谋私行为的发生。

（七）严格管理应收账款，保证货款及时回收

货款收回控制是销售业务控制中最关键的环节。如果货款无法及时收回，就会形成大批呆账、坏账，导致企业资金难以为继，经营目标难以实现。因此，企业应加强应收账款管理，防范应收账款管理过程中的各种风险，确保款项的及时收回，从而加快资金周转，提高资金使用效率。

（八）保证销售收入的真实性和合理性

通过加强对销售业务的会计系统控制，确保销售业务会计核算质量，保证企业所发生的销售收入都及时、准确地加以记录，完整地反映企业的销售全过程，为经营管理层和其他信息使用者提供有用的会计和管理信息，有效杜绝信息失真、凭证虚假现象。

三、销售业务控制制度设计案例

哈工大首创科技股份有限公司销售业务控制制度

第一章　总则

第一条　为了促进公司销售稳定增长，扩大市场份额，规范销售行为，防范销售风险，根据有关法律法规和《企业内部控制基本规范》及《企业内部控制应用指引第 9 号——销售业务》的要求，制定本制度。

销售与收款内控制度文本

第二条　本制度适用于公司及其下属各分公司及全资子公司、控股子公司（注：分公司及全资子公司、控股子公司，以下简称分（子）公司）。

第三条　本制度所称销售，是指公司出售商品（或提供劳务）及收取款项等相关活动。

第四条　公司销售业务至少应关注下列风险：

（一）销售行为违反国家有关法律法规，可能遭受经济损失和信誉损失，甚至受到有关政府机关处罚。

（二）销售政策和策略不当，市场预测不准确，销售渠道管理不当等，可能导致市场销售不畅、库存积压、经营难以为继。

（三）客户信用管理不到位，结算方式选择不当，账款回收不力等，可能导致销售款项不能收回或遭受欺诈。

（四）应收账款和应收票据管理不善，账龄分析不准确，可能由于未能收回或未能及时收回欠款而导致收入流失和法律诉讼。

（五）销售折扣未经适当审批或超越授权审批，可能因重大差错、舞弊而导致损失。

（六）销售合同签订未经正确授权和审批，可能导致资产损失、舞弊和法律诉讼。

（七）贵重商品或大批量销售退回未按照规定权限审批，可能因存在质量问题或舞弊而导致公司利益受损。

第五条　公司在建立与实施销售内部控制过程中，至少应强化对下列关键方面或关键环节的控制：

（一）公司应当根据发展战略和经营管理目标，依据有关法律法规及其相关政策，制定适当的销售政策和策略，组织实施销售业务，确保实现销售目标。

（二）应当全面梳理销售业务流程，定期检查分析销售过程中的薄弱环节，采取有效控制措施，完善销售业务相关管理制度。

（三）销售、发货、收款等环节的职责权限和岗位分离应当明确，按照规定的权限和程序办理销售业务。

（四）对应收账款实施有效管理，及时催收；往来款项应当定期核对，如有差错，及时改正。

（五）销售的确认、计量和报告应当符合《企业会计准则》和《企业会计准则——应用指南》的规定。

第六条　公司及其下属各分（子）公司销售业务管理部门应当制定有关制度和流程，经主管经理审核后报所在公司总经理批准实施。

第二章　销售

第七条　公司应当加强市场调查，合理确定定价机制和信用方式，根据市场变化及时调整销售策略，灵活运用销售折扣、销售折让、信用销售、广告宣传，利用各种节庆营造气氛等多种策略和营销方式，促进销售目标实现，不断提高市场占有率。

销售部门应当健全重要客户信用资料，建立重要客户信用档案或者数据库，关注其资信变动情况，采取有效措施，防范信用风险。公司销售部门可根据业务需要实行信用保证金制度。

第八条　公司需要签订销售合同的，应当与客户进行业务洽谈、磋商或谈判，关注客户信用状况、销售定价、结算方式等相关内容。销售合同经主管经理批准后执行。

批量销售业务一般应当签订销售合同；零售业务可以不签订销售合同。

第九条　销售部门给予顾客折扣（折让）优惠的，应当事先经过上一级主管审批；进行大额折扣审批时，审批人员的亲朋好友作为受惠对象的，审批人员应当实行回避。

第十条　顾客要求开具销售发票的，应当按照发票管理规定开具销售发票。

公司严禁开具虚假发票。

第十一条　公司应当加强销售退回管理。贵重商品或大批量销售退回必须经销售主管审批后方可执行。需要检查质量的还应当由质检部门出具检验证明。因重大质量事故退货的，公司销售主管经理还应当分析原因，并明确销售部门、采购部门、仓储部门相关人员的责任。

第十二条　公司应当做好销售业务各环节的记录，填制相应的凭证，建立完整的销售登记制度，确保销售过程可追溯。

第十三条　公司可以根据具体情况实行销售业务人员的岗位轮换或者管区、管户的调整。

第十四条 公司应当完善客户服务制度，加强客户服务和跟踪，提升客户满意度和忠诚度，不断改进产品质量和服务水平。

第三章 收款

第十五条 公司应建立销售与收款业务的岗位责任制，明确相关部门和岗位的职责权限，确保办理销售与收款业务的不相容岗位相互分离、制约和监督。

收款人员应当认真核对销售凭证，以现金收款的，应当执行“唱收唱付”，当面交代清楚。以银行卡、银行转账方式办理的销售收款，应当通过公司指定的账户进行结算。以商业票据结算的，应严格审查商业票据的真实性和合法性，防止票据欺诈。

销售收入应当及时入账，不得坐支现金。

第十六条 公司应建立应收账款账龄分析制度，财务部门应当按客户设置账户，及时登记并评估每一客户应收账款余额增减变动情况，定期提供账龄分析表，并作为考核依据。

公司对于可能成为坏账的应收账款，应按照《企业会计准则》和《企业会计准则——应用指南》的规定计提坏账准备，并按照权限范围和审批程序进行审批。

公司与全资子公司和控股子公司以及子公司之间发生的应收款项，在没有明显证据表明发生坏账的情况下不计提坏账准备。

公司核销的坏账应进行备查登记。已核销的坏账又收回时应及时入账，防止形成账外款。

第十七条 公司应加强对销售、发货、收款业务的会计系统控制，详细记录销售客户、销售合同、销售通知、发运凭证、商业票据、款项收回等情况，确保会计记录、销售记录与仓储记录核对一致。

第十八条 公司应定期与往来客户核对应收账款、应收票据、预收账款等往来款项，核对记录应当存档备查。

第四章 附则

第十九条 本制度适用于公司及所属公司，包括公司总部、各分公司及全资子公司、控股子公司。

第二十条 本制度由公司董事会负责解释和修订。

第二十一条 本制度自公司董事会审议批准之日起执行，修改时亦同。

项目小结

本项目讲解企业销售业务控制，包括销售业务控制概述、销售业务流程、销售业务主要风险与控制措施、销售业务控制制度设计四部分内容。销售业务是指企业出售商品、提供劳务及收取款项等相关业务活动。企业生存、发展、壮大的过程，就是不断加大销售力度、拓宽销售渠道、扩大市场份额的过程。如果不能实现销售业务的稳定增长，企业的经营活动就会停滞不前；如果不能足额、及时回收货款，企业的经营活动就会受到重大影响，甚至导致企业破产。因此，学习销售业务控制要重点理解销售业务的含义、内容、主要风险、关键控制点、控制目标和控制措施，了解掌握销售业务控制制度设计的方法和内容。

项目练习

一、单选题

1. 销售风险是指因市场环境和销售活动的不确定性而给企业销售业务带来的（　　）。

A. 风险　　B. 不确定性或损失　　C. 亏损　　D. 坏账或呆账

2. 销售一般分为现销和（　　）两种。

A. 分期收款　　B. 信用　　C. 赊销　　D. 预付

3. 销售业务内部控制的基本目标是保证销售业务的合法性、安全性、有效性和（　　）。

A. 可靠性　　B. 可行性　　C. 目的性　　D. 规范性

4. 制定销售业务控制制度的目的主要是加强销售业务内部控制，规范销售业务行为，防范销售活动中的（　　）。

A. 呆账与坏账　　B. 损公肥私　　C. 失控　　D. 差错和舞弊

二、判断题

1. 开展销售业务内部控制有利于实现企业目标。（　　）

2. 按照产品发货时是否收到货款，可将销售方式分为现销和赊销。（　　）

3. 编制销售计划是企业销售活动的首要环节。（　　）

三、简答题

1. 什么是销售业务？企业销售业务至少应当关注哪些风险？

2. 简述销售业务内部控制的总体要求。

3. 企业销售业务流程有哪些？

4. 为什么说销售业务内部控制有利于实现企业目标？

5. 企业销售业务有哪些关键控制点？

项目实训

高山公司生产销售农药制剂产品，客户为农药批发商。产品销售业务执行如下程序：

（1）每月25日，各省区经理提报本省区下月的销售计划，生产部门安排产品生产；

（2）进入下月份，仓储部门根据省区经理要求向各个省区的农药批发商发货；

（3）在下月份的月末，各省区经理将本省区农药批发商的货款收取后，统一交到高山公司财务部；

（4）高山公司财务部每季度和各省区经理核对一次产品发货和货款回收账目。

【分析要求】根据内部控制的有关规范和原理，对高山公司销售业务进行评价，指出其内部控制的缺陷，并提出应该采取的内部控制措施。

项目六

采购业务控制

教学目标

知识目标

了解采购业务的业务流程

掌握采购业务的主要风险、关键控制点和控制措施

能力目标

理解采购业务控制制度设计的目标

能够为中小企业设计采购业务控制制度

素养目标

具有防范采购业务主要风险的意识

初步掌握采购业务控制制度的设计方法

采购业务控制概述

学习指南

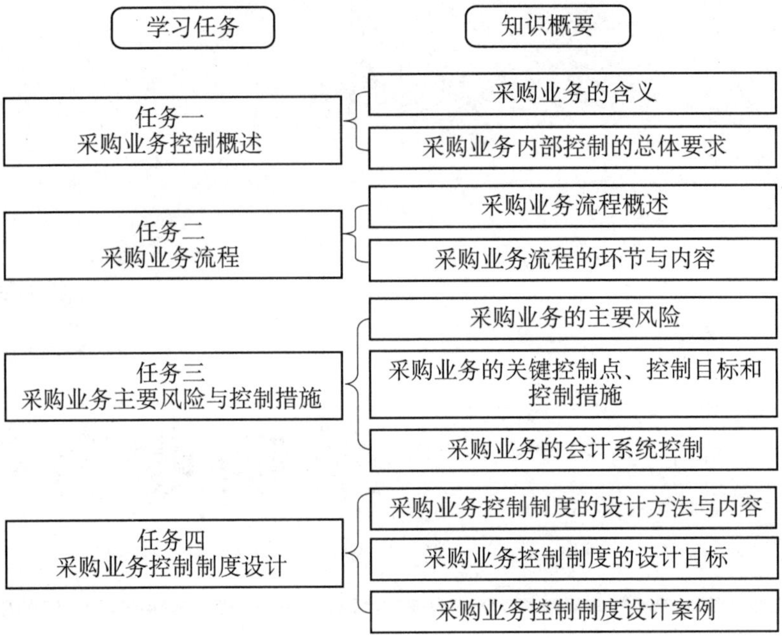

教学引导

重大IT采购腐败案件带来的警示

2021年底，某公司爆出IT采购腐败案件："信息技术高级总监于×声4年累计收受好处费超过1 000万元。""法网恢恢，疏而不漏"，根据中国裁判文书网公布的刑事判决书显示，在某公司案件中，于×声犯非国家工作人员受贿罪，判处有期徒刑五年。

以案为鉴，在IT采购领域应注意防控哪些风险？

一、IT采购的特点

(1) IT项目采购金额大。信息化建设作为基础运营设施，需求与公司规模成正比。在某公司案件中，单某一硬件设备3年采购额就高达9亿元，本案中某公司向行贿供应商共计汇款2.8亿元。

(2) IT项目专业壁垒强，技术更新迭代快。IT产品专业性强，更新速度快，相关人员利用其独有的优势进行"知识寻租"，这种"知识寻租"一旦与"权力寻租"结合在一起，就容易滋生腐败。

(3) IT产品成本不透明，知识产权问题多。正如某名企CEO说："我无法用语言来描述IT成本，自然也就搞不清钱花的是否值得。"

二、大数据统计的IT采购的"坑"

2021年以来，中国政府采购网共发布521条"政府采购严重违法失信行为记录”，其中包括120家IT供应商。这些IT供应商存在六类严重违法失信行为，其中“恶意串通”“提供虚假材料”和“拒不签订合同”位居前三，分别占比41.5%、33.3%、21.1%。

某公司案件中，供应商搞定某公司内部关系，进行暗箱操作，操控项目招标结果。

三、案件的“恶意串通行为”给我们带来的警示

在某公司案件中，于×声多次指使下属修改投标方的技术评分，后公司发现服务器采购价格过高，于是通知合规部门进行调查。由此可见，越是专业壁垒强的领域，公司内部招投标管理制度应更加审慎和完善。那么，应该如何防范技术评分漏洞带来的舞弊风险？以下措施供参考：

(1) 设立技术评估委员会，建立制约和监督机制。在某公司案件中，技术评分都是于×声一个人说了算，没有多部门参与。针对大额IT项目采购，应设立技术评估委员会，成立评委池，条件允许的情况下可聘请外部专业人士，随机产生项目技术评委，逐层增加供应商买通内部人员的难度。甚至可以对评委分组，如硬件组、软件组、网络通信组和综合组等，分模块进行打分。

(2) 设置第三方专人对评分进行记录和保留修改痕迹，并定期轮岗。实务中，若投标方的投标条件出现了影响评分结果的现象，应重新组织技术评估委员会进行评分，不可随意修改评分结果。

(3) 设置合理的评标维度、权重和方法。在设置评标维度和权重时，切忌一项目一标准或为某一投标商定制评分标准，评标方法也应在事前做出规定。

【问题思考】针对采购业务出现的舞弊行为，企业应当采取哪些内部控制措施？

任务一
采购业务控制概述

一、采购业务的含义

采购业务是指企业购买物资、接受劳务及支付款项等相关活动。其中，物资主要包括企业的原材料、商品、工程物资、固定资产等。

采购业务是企业生产经营活动的起点，它既是企业实物流的重要组成部分，又与资金流密切关联。为销售而生产、为生产而采购是企业生产经营活动一个环环相扣的物料输入输出的动态过程。采购流程是否顺畅直接影响企业整个生产经营活动能否顺利运行，而采购业务是否科学、规范、严谨、节俭，则直接影响企业经济效益的好坏和能否可持续

发展。采购业务涉及采购计划、物资请购、物资质量、物资数量和价格、供应商选择、采购合同订立、物资运输、验收入库、货款支付等供应链活动，出现舞弊和差错的风险较大。

因此，加强采购业务内部控制，对于企业规范采购行为、规避采购风险，保证采购质量、提高市场竞争力，降低采购成本、保障物资供应、提高经济效益有着十分重要的意义。

（一）规范采购行为、规避采购风险

采购风险是指因采购业务构成要素存在的不确定性而给企业采购业务带来的不确定性或损失。采购业务是企业较为频繁、常见的业务，采购过程复杂，手续繁多，多元利益纠结，容易出现违法违纪现象。因此，构建完善的采购业务内部控制制度，针对采购业务内部控制各环节的控制缺失，设计有效的应对策略，使采购业务各流程形成系统化、一体化的监督体系，并通过准确的采购计划、完善的采购流程、严格的采购审批和合同审计，对采购活动进行严格规范，有利于规范企业采购行为，有效规避采购风险。

（二）保证采购质量、提高市场竞争力

企业将采购的物资（材料或半成品）投入生产过程中，经过一系列的加工，最终将形成产成品。可以说，没有高质量的材料，就难以生产出高质量的产品。采购物资的质量对企业的生产经营至关重要，它直接影响所生产产品的质量，关系着公司生产经营活动的顺利进行。因此，建立和完善采购业务内部控制制度，对采购过程中的审批、验收等环节进行严格规范，有利于保证采购物资的质量，有助于保证产品质量，提高企业的市场竞争力。

（三）降低采购成本、提高经济效益

一般而言，制造业企业的采购成本占到产品成本的50％～80％。毫无疑问，采购成本是企业产品成本的主要组成部分。随着全球性竞争的日益激烈，通过降低成本来增加收益已成为各企业保持竞争力的有效手段。构建采购业务内部控制制度，就是从设计采购流程、加强供应商管理、制定科学合理的定价策略和采购批量策略等多方面规范企业的采购业务，在采购活动中实现对企业有利的采购价格和采购批量，这将有助于降低物资采购成本，提高企业经济效益。

二、采购业务内部控制的总体要求

企业应当结合实际情况，全面梳理采购业务流程，完善采购业务相关管理制度，统筹安排采购计划，明确请购、审批、购买、验收、付款、采购后评估等环节的职责和权限，按照规定的审批权限和程序办理采购业务，建立价格监督机制，定期检查和评估采购过程中的薄弱环节，采取有效控制措施，确保物资采购满足企业生产经营需要。

（一）保证采购业务的合规性

一是采购业务必须符合国家法律法规和国际惯例；二是采购业务必须符合企业有关

采购及资金管理制度的规定；三是采购业务必须遵守采购业务流程，确保按照规定的程序和权限进行。

（二）保证采购业务的计划性

企业的采购活动必须按计划进行，杜绝无计划、超计划采购，避免物资积压、浪费。

（三）保证采购业务的及时性

采购业务必须满足生产、销售和管理的需要，防止因为采购不及时或不符合要求等影响生产经营活动的正常进行。

（四）保证采购业务的效益性

在满足需要的前提下，尽量降低采购成本，减少采购资金的占用和采购环节的损失，以实现效益最大化。

（五）防止采购业务的舞弊行为

要规范采购业务流程，防止采购环节中违法乱纪、信用诈骗、中饱私囊、损害企业利益等违法舞弊行为，要避免基于个人私利的不恰当采购活动给企业造成经济损失。

（六）保证采购物资的安全性

一是保证企业支付货款后能够取得相应的货物，二是保证应付账款的真实性和货款支付的严密性，三是保证购进货物在装卸、运输、验收等环节的质量、数量安全，四是确保支付资金的安全完整。

（七）保证会计信息的真实性、及时性和完整性

采购业务中的会计信息与实际采购活动要保持一致性、真实性和完整性，实现账账相符、账实相符，会计记录和财务报告要合理揭示采购业务所享有的优惠政策，完整、准确地反映采购业务中的货物索赔、返利、销售折扣和销售折让等优惠政策的实际情况。

任务二

采购业务流程

一、采购业务流程概述

采购业务流程是指采购活动的业务流向和先后顺序，包括工作环节、步骤和程序。

企业的采购业务一般包括准备、实施、考核三个基本阶段。其中，准备阶段包括分析采购需求、编制采购计划、确定采购策略和选择供应商等环节，实施阶段包括采购谈判、订立采购合同、管理供应过程、验收入库、货款结算、会计控制等环节，考核阶段主要是对采购过程及成本进行评估、评价和考核。三个阶段的内容相互衔接、相互作用，形成一个循环，实现对采购业务的科学管理和有效控制。

二、采购业务流程的环节与内容

企业的采购业务主要包括分析采购需求、编制采购计划、审批采购计划、采购准备、实施采购过程、物资验收、支付货款、会计系统控制和评估采购业务等环节。

(一) 分析采购需求

需求是采购的前提，没有需求就没有采购。在需求方提出采购需求后，采购部门就要根据市场需求规律和资源市场的变化情况，结合企业产品生产物资消耗定额、物资库存定额等因素，对申请采购的物资逐一进行审核分析，确认采购需求的合理性和可行性。明确应当采购什么、采购多少、什么时候采购以及怎样采购的问题，最终得到一份切实可靠、科学合理的采购任务清单，为后面选择采购方法、制定采购计划和分派采购任务提供决策支持。

(二) 编制采购计划

采购业务是从编制需求计划和采购计划开始的，一般需要经过两个步骤：一是每月下旬，物资需求部门根据销售计划、生产计划及管理需要编制下月的物资需求计划，二是采购部门根据各部门的物资需求计划，平衡库存物资情况，考虑市场供应情况，统筹编制物资采购计划。

(三) 审批采购计划

审批采购计划一般需要经过三个步骤：一是企业计划管理部门综合平衡供、产、销各项计划，保证各项计划之间相互衔接和平衡；二是公司领导召开计划审批会议，审批包括物资采购计划在内的生产经营计划；三是企业将包括物资采购计划在内的各项计划纳入全面预算管理，从资金上保证采购计划的实施。

(四) 采购准备

采购准备一般包括请购、选择供应商、确定采购价格、订立采购合同或框架协议、审批采购业务等环节和内容。

1. 请购

请购是指企业采购部门根据采购计划和实际需要，填写物资采购申请单，向有关部门和领导提出物资采购申请的过程。

2. 选择供应商

供应商是指可以为企业提供原材料、设备、工具及其他资源的企业。选择供应商也就是确定物资采购渠道和采购方式。它是企业采购业务流程中非常重要的环节，在一定程度上决定着企业采购业务的成败。

3. 确定采购价格

确定采购价格是企业有关部门通过询价、报价、谈判、核价等程序确定物资采购价格的过程。如何以最优性价比采购到符合需求的物资，是采购部门的永恒主题。

4. 订立采购合同或框架协议

采购合同是企业根据采购物品、采购数量、采购方式、采购价格、结算方式等情况与供应商签订的具有法律约束力的协议，一般适用于大宗物资采购业务和标的金额较大的物资采购业务；框架协议是企业与供应商之间为建立长期物资购销关系而达成的一种约定，一般适用于供需方之间比较稳定的供需关系，以及零星物资的定点采购业务。

5. 审批采购业务

物资请购单、供应商、采购价格和采购合同等都要经过企业有关部门和领导按照授权审批的职责权限进行审批。

（五）实施采购过程

采购过程主要包括采购部门按照批准的物资请购单和采购合同，根据市场情况和企业实际需要，按时、按量将物资采购到位。在采购过程中，企业应当建立严格的采购合同跟踪制度，科学评估供应商的供货情况，合理选择运输方式，妥善办理运输保险事宜，实时掌握物资采购供应情况。

（六）物资验收

物资验收是指企业对采购物资入库前的品种、规格、数量、质量等相关内容进行质量检验、计量验收工作。其中，质量检验由质量检验部门负责，检验结果需开具质量检验单；计量验收由计量部门负责，并开具过磅单；综合验收由物资管理部门（仓库）负责，主要根据质量检验单、过磅单和采购计划等依据验收采购的物资。对验收不合格的物资要实施退货程序，办理索赔事宜。

（七）支付货款

支付货款是指企业在对采购物资、合同、预算、相关凭证、审批程序等内容审核无误后，按照采购合同的规定及时向供应商办理货款支付的过程。

（八）会计系统控制

会计系统控制是指利用会计系统和会计方法对企业所发生的采购业务进行确认、记录、归集、付款、核算、对账、报告等实施的系统控制。

（九）评估采购业务

采购业务评估是为了全面反映和检查采购部门工作实绩、工作效率和效益，运用科学、规范的绩效评估方法，对照一定的标准，按照绩效的内在原则，对企业采购行为过程及其效果进行科学、客观、公正的衡量比较和综合评价。在此基础上提出下一阶段的采购业务的目标与计划，循环往复不断改进。

企业采购业务流程如图 6－1 所示。

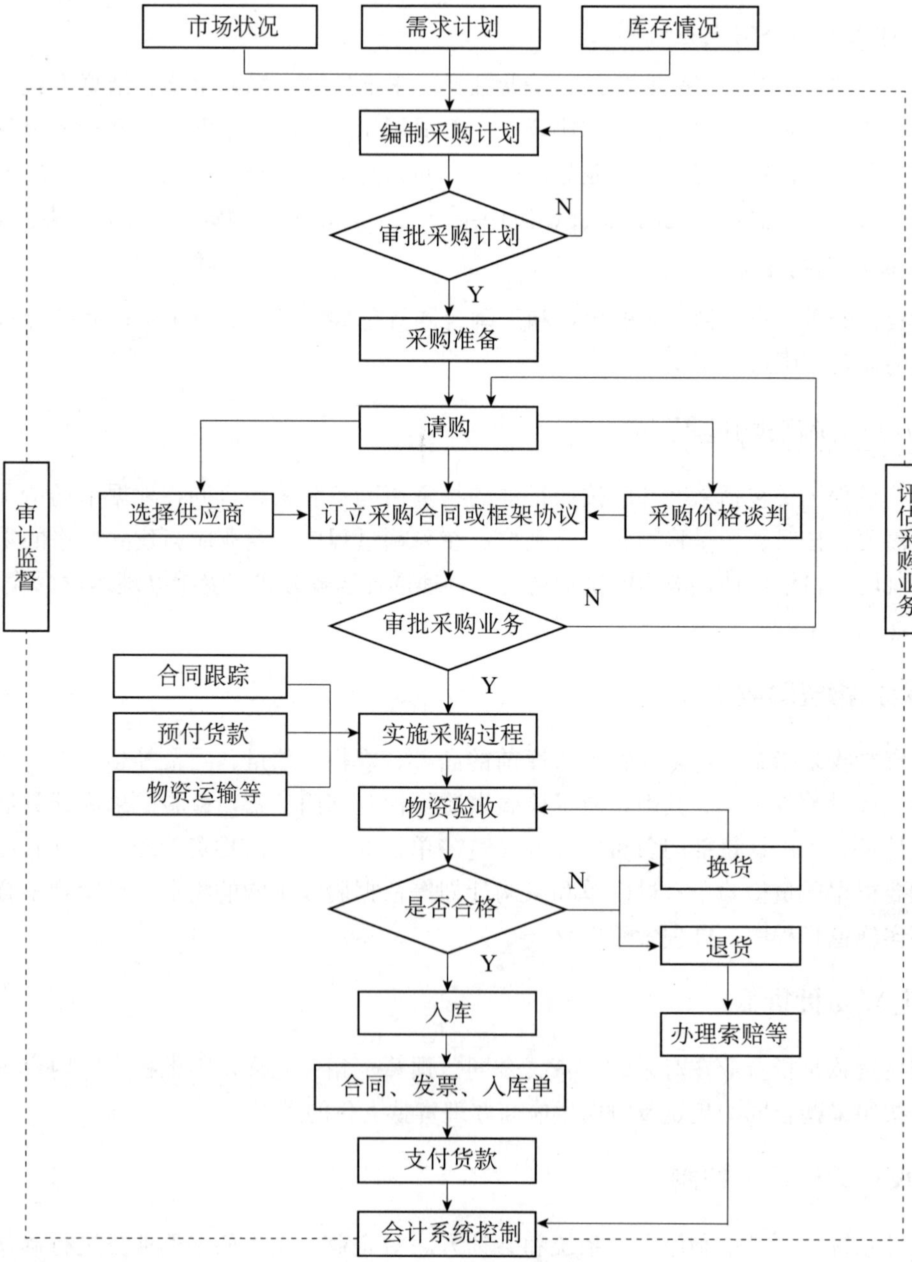

图 6－1　采购业务流程图

任务三

采购业务主要风险与控制措施

一、采购业务的主要风险

企业采购业务至少应当关注下列风险：

（一）计划安排不合理风险

采购计划安排不合理、审核把关不严格或越权审批，可能造成库存物资短缺或积压，导致企业生产经营活动停滞或资源浪费。

（二）供应商选择不当风险

缺乏供应商评估和准入制度，供应商选择不当，可能导致采购物资质次价高、缺斤少两、串通舞弊、商业贿赂、信用欺诈等违法违纪事件的发生。

（三）采购价格失控风险

企业缺乏科学合理的价格控制体系，招投标制度不完善，定价机制不科学，授权审批不规范，缺乏对重要物资价格的跟踪监控，可能导致串通舞弊、商业贿赂行为，造成物资采购价格过高。

（四）合同订立不当风险

采购业务合同订立缺乏严格的操作规程，应当订立采购合同的没有订立采购合同，或未经授权批准就越权订立采购合同，或采购合同条款、格式及内容存在重大疏漏、缺陷或欺诈行为等，可能导致企业遭受经济损失或面临法律诉讼等风险。

（五）物资验收不规范风险

物资验收环节没有科学有效的管控措施，缺乏科学规范的退货索赔制度，可能导致供应商与质检人员、计量人员、保管人员串通舞弊，以次充好、以少充多等舞弊行为的发生；导致不合格物资退货不及时，损害索赔不落实；导致采购物资账实不符及采购物资损失。

（六）货款支付不当风险

货款支付缺乏科学、规范的管理制度，或付款审核不严格、付款方式不恰当、付款金额控制不严、不按合同规定付款等，可能导致付款环节的舞弊行为，造成企业资金损失或信誉受损。

（七）会计系统失控风险

缺乏有效的会计系统控制，未能全面真实地记录和反映采购业务各环节的资金流和实物流情况，会计记录与相关采购记录、仓储记录不一致，可能导致企业采购业务未能如实反映，造成采购物资受损、短缺或资金流失。

二、采购业务的关键控制点、控制目标和控制措施

采购业务内部控制的关键控制点、控制目标和控制措施如表6－1所示。

表6－1 采购业务内部控制的关键控制点、控制目标和控制措施

关键控制点	控制目标	控制措施
1. 审批采购计划	采购计划与其他计划相互衔接、综合平衡	（1）制定科学、合理的物资库存定额及消耗定额 （2）根据实际需求和定额标准，准确、及时地编制物资需求计划 （3）采购计划必须与生产计划、销售计划以及库存情况相互衔接、综合平衡 （4）物资采购计划应纳入全面预算管理 （5）采购计划必须经过严格的授权审批程序
2. 请购	采购申请规范化	（1）建立规范的采购申请制度 （2）严格按计划、按预算申请采购事项 （3）严格执行授权审批制度
3. 选择供应商	选择合适的供应商	（1）建立科学的供应商评估和准入制度 （2）按照公平、公正、公开和竞争的原则，择优确定供应商，并与供应商签订质量保证协议 （3）建立供应商管理信息系统和供应商淘汰制度
4. 确定采购价格	以合理的价格采购合格的产品	（1）建立健全采购定价机制和招投标制度 （2）建立物资采购价格数据库，定期开展重要物资的市场供求形势及价格走势商情分析，并加以合理利用 （3）采取协议采购、招标采购、比价采购、动态竞价采购等多种方式，科学合理地确定采购价格
5. 订立采购合同或框架协议	合法合规，维护企业利益	（1）引入竞争机制，确保供应商具备履约能力 （2）根据确定的供应商、采购方式、采购价格等情况，拟定采购合同或签署框架协议 （3）对重要物资验收量与合同量之间允许的差异，应当做出统一规定 （4）采购合同要准确描述合同条款，明确双方的权利义务和违约责任

续表

关键控制点	控制目标	控制措施
6. 实施采购过程	确保采购合同的有效履行	(1) 依据采购合同中确定的主要条款跟踪合同履行情况 (2) 严格按合同办理预付款、运输、监督、投保等事宜 (3) 落实物资供应责任制度 (4) 实行全过程的采购登记制度或信息化管理，确保采购过程的可追溯性
7. 物资验收	确保入库物资的品种、数量和质量符合规定标准	(1) 制定验收制度，明确验收标准 (2) 落实验收人员责任制，确保验收内容齐全、过程规范、结果真实 (3) 建立验收责任追究制度
8. 支付货款	付款方式恰当，资金、信誉不受损失	(1) 制定规范的付款制度，落实付款审批人和付款人职责权限 (2) 严格审核采购合同、发票等凭证的真实性、合法性和有效性 (3) 严格按照合同条款、预算安排和审查无误的采购凭证办理付款 (4) 合理选择付款方式，及时办理付款业务 (5) 加强对预付账款和定金的管理，对大额或长期的预付款项应当定期进行追踪核查，确保资金安全

三、采购业务的会计系统控制

企业应当建立健全记录采购业务的会计凭证和账簿，正确核算应付账款和采购资金支付情况，妥善保管采购合同或框架协议、采购发票、付款凭证、入库凭证等资料，定期与供应商进行账务核对、与采购部门进行业务核对、与仓库保管员的保管账目及实存货物进行核对，全面真实地记录和反映企业采购业务各环节的资金流和实物流情况。采购业务的会计系统控制具体措施包括以下四个方面：

（一）准确核算采购业务

企业应按照国家统一的会计准则，对采购业务进行准确的会计核算与账务处理，要通过相应的会计账户准确进行物资采购核算和货款支付等业务活动。

（二）妥善保管采购合同、凭证等资料

财务部门要对采购业务的合同、协议、验收证明、入库凭证、退货情况、商业票据、购货发票、付款凭证等文件资料登记造册，派专人负责，妥善保管，以备查用。

（三）实行采购资金预算管理制度

财务部门要实行采购资金预算管理制度，严格按预算、按合同条款、按审核无误的

付款凭证和付款审批制度办理货款支付。

（四）定期核对应付账款和库存物资账目

财务部门的采购核算岗位要定期向供应商寄发对账函，或面对面核对应付账款、应付票据、预付账款等往来款项，确保实现账账相符；存货核算岗位要定期与仓库保管员核对库存物资账目，确保会计记录、采购记录与仓储记录核对一致，账账相符、账实相符。

案例分析

白云公司的物资采购业务按如下程序和规定办理：

（1）由仓库根据库存和生产需要提出材料采购业务申请，填写一份物资需求单交采购部；采购部根据每月的采购计划，对物资需求单进行审批。如果符合采购计划，便组织采购；如果不符合采购计划，需经过公司领导批准后再组织采购。

（2）决定采购的材料，由采购部填写一式两联的物资订购单，其中一联由采购部留存，另一联交采购员，采购员凭物资订购单与供应商签订供货合同。

（3）供货合同的正本留采购部保存并与物资订购单核对一致，供货合同的副本分别转交仓库和财务部以备查。

（4）采购物资运抵仓库后，由仓库保管员验收入库。验收时，将采购的物资与采购合同副本、供应商交来的货运单相互核对无误。然后，填写一式三联的物资入库单，一联仓库留存，作为登记物资保管账的依据；一联转送采购部；一联转送财务部。

分析要求：根据内部控制的有关规范和原理，对白云公司的物资采购业务进行评审，指出其内部控制的缺陷，并提出改进建议。

分析提示：

1. 控制缺陷

（1）仓库只填一份物资需求单，无法核对采购部所采购的物资是否为本公司所需，也不易发现采购部是否存在自行订货的行为；

（2）尽管采购部按照每月的采购计划采购物资，但具体采购业务的批准与执行均由一个部门来负责，因而缺乏必要的审核和制约；

（3）采购部的供应商选择、采购价格确定和合同签署缺乏必要的审批、制约程序；

（4）仓库保管员既负责物资验收，又负责办理物资入库手续，程序上缺乏必要的制约，况且，物资的内在质量问题仓库保管员是无法检验的。

2. 改进建议

（1）仓库填制的物资需求单应改为“一式两联”，其中一份本部门留存；

（2）采购业务的组织应事先履行审批手续，由采购部填写物资订购单，经综合计划部、预算管理部审核无误后，报经公司领导批准；

（3）物资订购单获批后，采购部要做好选择供应商、价格谈判、合同签订等工作，也必须履行相关审核批准手续；

（4）采购物资运抵仓库后，首先由质量管理部门进行质量检验，并出具质量检验单；需要计量的，由计量部门负责计量，并出具计量单；只有质量检验合格、计量准确的采购物资，仓库保管员才能办理综合验收入库手续。

任务四

采购业务控制制度设计

一、采购业务控制制度的设计方法与内容

采购业务控制制度设计主要包括现状调研、风险评估、内部控制测试和制度设计四大基本环节。各环节的设计方法与内容是：

（一）现状调研

1. 了解内部控制现状

首先，确认有无采购业务方面的相关控制制度和规定；其次，确认现行制度设计得是否完善；然后，确认制度是否得到贯彻执行；最后，确认有无具体的操作文件、控制表单及监控档案等。

2. 梳理描述业务流程

分析企业采购业务的业务流程有哪些，流程包括哪些环节，设有哪些关键控制点，能否有效控制采购业务可能发生的风险，并将企业采购业务的业务流程现状用图表的形式描绘出来。

（二）风险评估

采购业务风险评估包括目标设定、风险识别、风险分析和风险应对四个环节。

1. 目标设定

首先，根据企业采购业务目的和要求设定采购业务的总体控制目标；然后，根据采购业务流程，分别设定采购需求、采购计划、计划审批、采购准备、采购过程、物资验收、支付货款、会计系统控制和评估采购业务等环节的具体控制目标。

2. 风险识别

要对照《企业内部控制应用指引第 7 号——采购业务》中有关采购业务风险的提示，结合企业采购业务实际情况，识别并具体描述采购业务各环节可能遇到或发生的各种风险。要关注引起采购业务风险的主要因素，准确识别与实现采购业务控制目标有关的内部风险和外部风险。

3. 风险分析

首先，从内部因素和外部因素两方面分析企业采购业务风险产生的原因；然后，对照采购业务风险评估标准进行风险评估，并编制采购业务风险评价表。

4. 风险应对

采购业务风险应对是选择采购业务风险应对策略的过程。要结合企业实际情况，明确请购、审批、购买、验收、付款、采购后评估等环节的职责和权限，按照规定的权限和程序办理采购业务，建立价格监督机制，定期检查和评估采购过程中的薄弱环节，采取有效控制措施，确保物资采购满足企业生产经营需要。要根据风险分析和评估结果，针对不同等级的采购业务风险，相应采取风险规避、风险降低、风险分担和风险承受四种应对策略，并编制采购业务风险应对表。

（三）内部控制测试

采购业务内部控制测试在现状调研和风险评估的基础上进行，主要包括根据内部控制缺陷评价标准进行内控缺陷测试和编制内部控制缺陷评价表两项工作。

（四）制度设计

采购业务控制制度设计的基本程序包括确定关键控制点、编制风险控制矩阵、完善内部控制制度和绘制控制流程图四个环节。

1. 确定关键控制点

采购业务关键控制点的确定，应根据采购业务风险评估的结果，结合内部控制缺陷评价结论进行。一般来说，采购业务的关键控制点应当包括请购、询比价、合同审批、购买、验收、付款等影响采购业务控制目标实现的关键环节。

2. 编制风险控制矩阵

采购业务风险控制矩阵是对采购业务流程中的控制目标、各种风险、关键控制点、责任主体、应对策略等的简要说明与描述，是采购业务内部控制制度设计要素的集中体现和纲领性文件，也是企业采购业务内部控制制度的重要组成部分。

3. 完善内部控制制度

根据采购业务内部控制的要求、现行采购业务控制制度的设计运行情况，以及风险评估结论，修订、完善、补充或重新制定采购业务内部控制制度，要将内部控制的原则、要求、方法和措施嵌入采购业务管理制度之中。

4. 绘制控制流程图

根据采购业务风险控制矩阵和采购业务控制制度，结合采购业务的实际情况绘制采购业务控制流程图，标明风险控制点和关键控制点，并编写控制流程说明。

二、采购业务控制制度的设计目标

采购业务控制制度的设计目标要围绕企业内部控制的战略目标、经营目标、资产目标、报告目标和合规目标，根据采购业务内部控制的总体要求来确定。一般而言，采购业务内部控制的基本目标是促进企业合理采购，保障物资供应，满足生产经营需要，规范采购行为，防范采购风险，实现企业采购业务的计划性、合法性、安全性和效益性。为此，采购业务控制制度设计应能实现如下控制目标：

（一）夯实基础管理，确保采购业务有序进行

开展采购业务需要制定各类物资储备定额，制定采购业务审批制度、采购价格管理制度、采购合同管理制度、供应商核准制度、物资采购招标制度、物资管理制度、质量验收制度，明确采购业务职责分工与权限，编制采购业务流程和工作手册，建立采购业务绩效考核体系和采购信息数据库等基础管理工作。只有健全和加强采购基础管理工作，才能保证采购业务的有序进行。

（二）加强计划管理，保证采购业务与生产经营需要保持高度一致

在市场经济高度发达的当今社会，大部分企业的经营活动都是以市场为导向、以销售为龙头。企业供、产、销三大环节的先后顺序是：首先，根据市场预测和企业生产能力编制销售计划；其次，根据销售计划和库存情况编制生产计划；再次，根据生产计划编制物资需求计划；最后，根据物资需求计划和库存情况编制采购计划。因此，企业必须加强计划管理，确保根据生产经营活动的实际需要进行物资采购活动。

（三）严格审批采购业务，确保采购业务合法、合规进行

企业要明确采购业务审批程序，确保采购业务从形式到内容都符合国家法律法规和国际惯例，符合企业有关采购业务、价格管理、合同管理、资金管理的制度规定，遵守采购业务流程，确保采购业务按照规定的程序和权限进行，确保采购行为的合法性和合规性。

（四）选择合适的供应商，保证企业生产经营活动的正常运行

采购活动的基本任务是适价、适质、适量、适时、适地地采购物资，以保证企业生产经营活动的正常运行。要达成上述基本任务，选择供应商是关键。供应商选择不当，可能导致采购物资质次价高，甚至出现舞弊行为。因此，企业应建立科学的供应商评估

和准入制度，对供应商资质、信誉情况的真实性和合法性进行审查，确定合格的供应商清单，健全企业统一的供应商网络。应当按照公开、公平、公正和竞争的原则，择优确定供应商，在切实防范舞弊风险的基础上，与供应商签订质量保证协议。要与主要供应商建立战略联盟，培育安全有效、互利共赢、长久稳定的供货渠道，确保生产经营活动的物资需求。

（五）加强风险防范，保证采购活动的安全性

采购业务的资金支付是以获得相应数量、质量和价值的物品或劳务为条件的。对那些确实需要预付款才能采购的材料、商品或劳务，应制定严格的报批、审核制度，防止和杜绝以预付款名义挪用、诈骗企业资金的行为发生。要严格遵循不相容职务分离控制和授权审批控制制度，防止串通舞弊，同时，要防止错记或人为篡改实物或劳务的金额和数量，以保证账面记录的数字与实际获得的物资或劳务的金额和数量一致。

（六）控制适当的价格，获得有利的采购成本

采购价格是影响采购成本的主要因素。采购价格过高，会加大企业的生产成本，产品将失去竞争力，供应商也将失去一个稳定的客户，这种供需关系也不能长久。采购价格过低，供应商利润空间小或无利可图，将会影响供应商供货的积极性，甚至以次充好、降低产品质量以维持供应，这样企业将是最终的受害者。因此，以适当的价格完成采购任务也是采购业务控制的重要目标之一。企业应当制定科学的采购定价机制，采取协议采购、招标采购、询比价采购、动态竞价采购等多种方式，科学合理地确定采购价格。采购价格应遵循“三同三比”的原则，即同样的物品比质量、同样的质量比价格、同样的价格比服务，分别采取询价、招标、专家会审、最高限价等形式确定合理而适当的采购价格。

（七）严格管理采购合同，维护供需双方合法权益

企业应根据采购需要、确定的供应商、采购方式、采购价格等情况与供应商签订具有法律约束力的采购合同，该合同要对双方的权利义务和违约责任等情况做出明确规定。大宗商品的采购应当采用招投标方式并签订合同协议，一般商品的采购可以采用询价或定向采购方式并签订合同协议。双方协商签订的合同条款，应符合国家和企业的相关规定。

（八）及时结算货款，维护企业良好信誉

采购货款结算不及时，不仅会损伤企业信誉，损害与供应商的合作关系，而且会影响企业生产经营的稳定性和持续性。因此，企业应当严格按合同规定的条件和时间，及时与供应商结算货款。在办理付款业务时，要严格审核约定的付款条件，以及采购发票、结算凭证、验收证明等的真实性、完整性、合法性及合规性，选择合理的付款方式。

（九）搞好会计核算，确保会计核算资料的真实性和完整性

财务部门要按照《企业会计准则》和有关采购业务核算制度处理采购业务，正确编制会计凭证，及时登记会计账簿，按时核对存货及应付账款，确保采购业务及其相关会计账目的核算真实、完整、规范，保证账账相符、账实相符。财务报告要合理揭示采购业务所享有的折扣与折让，及时、完整地向信息使用者披露采购活动信息。

三、采购业务控制制度设计案例

湖南新长山农业发展股份有限公司采购业务控制制度

第一章　总则

第一条　为了加强湖南新长山农业发展股份有限公司（以下简称“公司”）对采购业务的内部控制，规范请购与审批、采购与验收、付款等行为，防范采购过程中的差错和舞弊，根据国家有关法律法规和《企业内部控制基本规范》，制定本制度。

第二条　本制度所称采购，主要是指公司外购商品并支付价款的行为。请购是指尚未发生采购行为前的申请购置行为。

采购与付款内控制度文本

第三条　公司在日常经营活动中，至少应关注涉及采购业务的下列风险：

（一）采购行为违反国家法律法规，可能遭受外部处罚、经济损失和信誉损失。

（二）采购未经适当审批或超越授权审批，可能因重大差错、舞弊、欺诈而导致损失。

（三）请购依据不充分、不合理，相关审批程序不规范、不正确，可能导致公司资产损失、资源浪费或发生舞弊。

（四）采购行为违反国家法律法规和公司规章制度的规定，可能受到有关部门的处罚造成资产损失。

（五）验收程序不规范，可能造成账实不符或资产损失。

（六）付款方式不恰当、执行有偏差，可能导致公司资金损失或信用受损。

第四条　公司在建立与实施采购内部控制过程中，至少应强化对下列关键方面或关键环节的控制：

（一）职责分工、权限范围和审批程序应明确规范，机构设置和人员配备应科学合理。

（二）请购事项应明确，请购依据应充分适当。

（三）采购行为应合法合规，采购与验收流程及有关控制措施应明确规范。

（四）付款方式和程序、与供应商的对账办法应有明确规定。

第二章　职责分工与授权批准

第五条　公司应建立采购业务的岗位责任制，明确相关部门和岗位的职责、权限，确保办理采购业务的不相容岗位相互分离、制约和监督。

公司采购业务的不相容岗位至少包括：

（一）请购与审批。

（二）供应商的选择与审批。

（三）采购合同协议的拟订、审核与审批。

（四）采购、验收与相关记录。

（五）付款的申请、审批与执行。

第六条　公司应建立采购业务的授权制度和审核批准制度，并按照规定的权限和程序办理采购业务。

第七条　公司可以根据具体情况对办理采购业务的人员定期进行岗位轮换，防范采购人员利用职权和工作便利收受商业贿赂、损害公司利益的风险。

第八条　公司应按照请购、审批、采购、验收、付款等规定的程序办理采购业务，并在采购与付款各环节设置相关的记录、填制相应的凭证，建立完整的采购登记制度，加强请购手续、采购订单或采购合同协议、验收证明、入库凭证、采购发票等文件和凭证的相互核对工作。

第三章　请购与审批控制

第九条　公司应建立采购申请制度，依据购置商品或服务的类型，确定归口管理部门，授予相应的请购权，并明确相关部门或人员的职责权限及相应的请购程序。

第十条　公司应加强采购业务的预算管理。对于预算内采购项目，具有请购权的部门或人员应严格按照预算执行进度办理请购手续；对于超预算和预算外采购项目，应由审批人对请购申请进行审批，设置请购部门的，应由请购部门对需求部门提出的申请进行审核后再行办理请购手续。

第十一条　公司应建立严格的请购审批制度。对于超预算和预算外采购项目，应明确审批权限，由审批人根据其职责、权限以及公司实际需要对请购申请进行审批。

第四章　采购与验收控制

第十二条　公司应建立采购与验收环节的管理制度，对采购方式确定、供应商选择、验收程序及计量方法等做出明确规定，确保采购过程的透明化以及所购商品在数量和质量方面符合采购要求。

第十三条　公司应根据商品或服务等的性质及其供应情况确定采购方式。非约定品牌代理商供应的大宗商品或服务等的采购应采用招投标方式并签订合同协议；一般商品或服务等的采购可以采用询价或定向采购的方式并签订合同协议；小额零星物品或服务等的采购可以采用直接购买等方式。公司应对例外紧急需求、小额零星采购等特殊采购处理程序做出明确规定。

第十四条　公司应明确采购价格形成机制。大宗商品或劳务采购等应采用招投标方式确定采购价格，并明确招投标的范围、标准、实施程序和评标规则。其他商品或劳务的采购，应根据市场行情制定最高采购限价，不得以高于采购限价的价格采购。以低于最高采购限价进行采购的可以适当方式予以奖励。公司应根据市场行情的变化适时调整最高采购限价。委托中介机构进行招投标的，应加强对中介机构的监督。

第十五条　公司应充分了解和掌握有关供应商信誉、供货能力等方面的信息，由采购、使用等部门共同参与比质比价，并按规定的授权批准程序确定供应商。小额零星采购也应由经授权的部门事先对采购价格等有关内容进行审核。

第十六条　公司应根据规定的验收制度和经批准的订单、合同协议等采购文件，由专门的验收部门或人员、采购部门、请购部门以及供应商等各方共同对所购物品或服务等的品种、规格、数量、质量和其他相关内容进行验收，出具检验报告、计量报告或验收证明。

第五章　付款控制

第十七条　财会部门应参与商定对供应商付款的条件。公司采购部门在办理付款业务时，应对采购合同协议约定的付款条件以及采购发票、结算凭证、检验报告、计量报告和验收证明等相关凭证的真实性、完整性、合法性及合规性进行严格审核，并提交付款申请，财务部门依据合同协议、发票、验收证明等对付款申请进行复核后，提交公司相关负责人进行审批，办理付款。

第十八条　公司应建立预付账款和定金的授权批准制度，加强预付账款和定金的管理。公司应加强对大额预付账款的监控，定期对其进行追踪核查。对预付账款的期限、占用款项的合理性、不可收回风险等进行综合判断；对有疑问的预付账款及时采取措施，尽量降低预付账款资金风险和形成损失的可能性。

第十九条　公司应加强应付账款和应付票据的管理，由专人按照约定的付款日期、折扣条件等管理应付款项。

第二十条　公司应建立退货管理制度，对退货条件、退货手续、货物出库、退货货款回收等做出明确规定，及时收回退货货款。

第二十一条　公司应定期与供应商核对应付账款、应付票据、预付账款等往来款项，核对工作应指定专人负责，一般在月末、季末、半年度末、年度末进行，与各供应商每年应至少做一次以上核对工作。如有不符，应上报财会部门主管并查明原因，及时处理。核对记录应存档备查。

第六章　附则

第二十二条　本制度适用于公司及所属分公司、子公司。

第二十三条　本制度由公司董事会负责解释和修订。

第二十四条　本制度自 2022 年 11 月 1 日起执行。

项目小结

本项目讲解企业采购业务控制，包括采购业务控制概述、采购业务流程、采购业务主要风险与控制措施、采购业务控制制度设计四部分内容。采购业务是指企业购买物资、接受劳务及支付款项等相关活动。为销售而生产、为生产而采购是企业生产经营活动一个环环相扣的物料输入输出的动态过程。采购业务涉及供应商选择、价格谈判、质量管控、货款支付等业务活动，出现舞弊和差错的风险较大。因此，加强采购业务内部控制，对于规范企业采购行为、保障物资供应、保证采购质量、降低采购成本、规避采购风险、提高经济效益有着十分重要的意义。学习采购业务控制要重点理解采购业务的含义、内容、主要风险、关键控制点、控制目标和控制措施，了解掌握采购业务控制制度设计的方法和内容。

项目练习

一、单选题

1. 采购风险是指因采购业务构成要素存在的不确定性而给企业采购业务带来的（　　）。

A. 风险　　B. 采购质量低下

C. 不确定性或损失　　D. 采购价格偏高

2. 采购业务流程包括准备、实施、（　　）三个基本阶段。

A. 完成　　B. 结算

C. 考核　　D. 核算

3. 采购准备一般包括请购、选择供应商、确定采购价格、（　　）等环节和内容。

A. 确定结算方式　　B. 确定采购渠道

C. 订立采购合同　　D. 商务谈判

4. 采购业务控制的基本目标是规范采购行为，保证企业生产经营活动顺利进行，实现企业采购业务的（　　）、合法性、安全性和效益性。

A. 计划性　　B. 可行性　　C. 可靠性　　D. 目的性

二、判断题

1. 采购业务是指企业购买物资、接受劳务及支付款项等相关活动。（　　）

2. 为了提高经济效益，物资的采购价格越低越好。（　　）

3. 采购计划是依据销售计划直接编制的。（　　）

三、简答题

1. 什么是采购业务？企业采购业务至少应当关注哪些风险？

2. 简述采购业务内部控制的总体要求。

3. 企业采购业务流程有哪些？

4. 简述审批采购计划的控制目标和主要控制措施。

5. 企业采购业务有哪些关键控制点？

项目实训

五彩公司为一家劳动密集型的大型服装设计、加工及销售企业，加工服装所需的原料包括布料、纽扣及装饰品等，原料主要来自国内外近百家纺织厂和其他相关厂家。该公司的材料采购程序如下：

（1）加工车间主任白杨根据加工需要填制一式三联的订购单，直接向供货方订购原料，第一联交供货方，第二联车间留存，第三联送交验收部门。

（2）材料运达后，直接由质检部点验，在确认质量合格、数量正确，并与采购发票核对无误后，由质检部经理杨柳在收货单上签字，然后将已签字的收货单连同采购发票送交财务部门。

（3）财务部指定材料会计何叶负责登记材料采购业务账簿。何叶根据质检部送交的收货单和采购发票，分别登记材料明细账和应付账款明细账，并据以填制付款凭单，交出纳人员付款。

（4）材料验收合格后，由质检部通知加工车间主任白杨，将材料转运到加工车间的材料存放点，车间材料管理员李梓清点后在库存材料账上登记所收的材料数量，并根据各加工人员的需要直接发出材料。

【分析要求】

（1）分析五彩公司材料采购制度中存在的缺陷。

（2）针对存在的缺陷，提出加强内部控制的措施。

项目七

成本费用控制

教学目标

知识目标

了解成本费用的业务流程

掌握成本费用的主要风险、关键控制点和控制措施

能力目标

理解成本费用控制制度设计的目标

初步掌握成本费用控制制度设计的方法

素养目标

具有防范成本费用主要风险的意识

初步掌握成本费用控制制度的设计方法

成本费用控制概述

学习指南

学习任务　　知识概要

- 任务一　成本费用控制概述
  - 成本费用的含义
  - 成本费用内部控制的总体要求
- 任务二　成本费用业务流程
  - 成本费用业务流程概述
  - 成本费用业务流程的环节与内容
- 任务三　成本费用主要风险与控制措施
  - 成本费用的主要风险
  - 成本费用的关键控制点、控制目标和控制措施
  - 成本费用的会计系统控制
- 任务四　成本费用控制制度设计
  - 成本费用控制制度的设计方法与内容
  - 成本费用控制制度的设计目标
  - 成本费用控制制度设计案例

教学引导

供应成本居高不下倒逼变革：汽车企业纷纷下场造电池

大众汽车的首家电池工厂开始动工，广汽埃安宣布投入109亿元自建电池工厂，本田、东风、广汽合资成立动力电池采购公司，特斯拉对一系列电池制造商进行收购……各家车企近期的一系列动作，展现出在动力电池领域深入布局的野心。

新能源时代，动力电池已经成为制约电动车缩减成本和提升产能的头号影响因素。业内人士分析认为，车企对上游产业链的控制能力会进一步加强，车企加码动力电池布局大势所趋。据广汽方面介绍，其电池公司生产的电芯产品在整包体积利用率和体积能量密度方面处于行业领先水平，使用该电芯产品能提升整包安全性、降低电池包零部件数量，并大幅降低成本。

国内外的新能源车企在这一领域的布局更早。近几年，特斯拉连续收购多家电池制造商，并与松下联合运营美国内华达州超级工厂，用于生产动力电池。国内车企当中，比亚迪全系车型均搭载自主电池；长城汽车旗下动力电池企业蜂巢能源也持续扩充产能；蔚来则已组建超过400人的电池团队，并将于2024年推出800伏高压平台电池包。

车企加码动力电池布局的背后，是电池成本在进行倒逼。随着新能源汽车体系日趋完善，以宁德时代为代表的动力电池厂商几乎握住了车企的"命脉"。"当前动力电池产

业链上游价格太高了。价格压力直接传导至整车厂，上游材料涨价太厉害。”广汽集团董事长曾庆洪在2022世界动力电池大会上表示，动力电池成本占到汽车总成本的40%、50%、60%，并且还在不断增加。

以大众汽车集团为例，其2021财年销售收入达到2 502亿欧元，但利润率仅有3.3%。“如果改成电池驱动，电池的成本也是千亿欧元的量级，这实在是太大的数值。”乘联会秘书长崔东树分析认为，如果未来增加动力电池的使用量，大众的销售利润率恐怕会继续下降，“那大众的价值将锐减，而且盈利差带来的系列问题都会很严重。”

根据规划，大众汽车集团将于2025年后确保电池供应，到2030年与合作伙伴共同在欧洲建立6座电池工厂，届时每年预计可生产240GWh的电池。据测算，目前一辆车在50度电的情况下大约可实现400千米以上的续驶里程，240GWh能够满足480万辆主流电动车的电池需求——约占大众总产量的一半还多。也就是说，自建电池厂能够帮助大众缩减一半的动力电池成本。

【问题思考】为什么汽车企业纷纷下场造电池？

任务一

成本费用控制概述

一、成本费用的含义

成本与费用是两个既互相联系又存在区别的会计概念。厘清它们的概念及其相互关系对于理解和学习成本费用内部控制是十分必要的。

（一）成本的概念

成本的定义有广义与狭义之分。广义的成本是指企业为取得资产或提供劳务而付出的各种耗费，包括产品成本、劳务成本、资金成本、固定资产成本、存货成本、投资成本等。狭义的成本仅包括产品成本和劳务成本，是指企业为生产经营产品或提供劳务而发生的各种耗费。在制造成本法下，产品成本由直接材料、直接人工和制造费用构成。

（二）费用的概念

费用的概念也有广义与狭义之分。广义的费用是指企业在日常活动中发生的、会导致所有者权益减少的、与向所有者分配利润无关的经济利益的总流出，包括营业成本和期间费用。狭义的费用仅包括期间费用，是指与一定会计期间相联系，不计入产品成本、直接计入发生当期损益的费用，包括销售费用、管理费用、研发费用和财务费用。

（三）成本与费用的关系

1. 两者的联系

（1）成本和费用都是企业经济资源的耗费。

（2）成本是按一定资产或劳务对象归集的费用，资产或劳务成本是针对一定的成本计算对象对当期发生的费用进行归集而形成的，期末当期已销产品或已提供劳务的成本结转计入当期的费用，按照“收入－费用＝利润”的会计等式核算企业利润。

2. 两者的区别

（1）成本有特定的对象，而费用没有特定对象。费用与一定的期间相联系，是在某个会计期间发生的全部耗费，而不论这种耗费是否用于取得资产或取得哪项资产；成本与一定种类和数量的资产相联系，是为了取得一定资产而发生的全部耗费，而不论这种耗费发生在哪一期间。

（2）狭义的费用是经济利益的流出，它的发生必然导致企业所有者权益的减少；而成本是取得资产的代价，它的发生不会导致企业所有者权益的减少。

（四）成本费用支出的内容

按构成划分，企业成本费用支出的内容主要包括物料消耗支出、职工薪酬支出、制造费用支出和期间费用支出。

1. 物料消耗支出

物料消耗支出是企业产品成本的主要构成，一般占总成本的60％以上，是成本费用控制的主要对象。影响物料消耗支出的因素主要包括采购、库存、生产消耗、回收利用等环节。因此，物料消耗的控制活动应当从采购、库存管理和生产消耗三个环节入手。

2. 职工薪酬支出

随着经济社会发展和人力资源整体素质的提高，员工工资逐年增加已经成为不可逆转的发展趋势。因此，如何实现职工薪酬与经济效益的同步增长，对于实现成本费用控制目标具有重要意义。职工薪酬控制活动的关键在于提高劳动生产率，它与劳动定额、工时消耗、工时利用率、工作效率、工人出勤率等因素密切相关。

3. 制造费用支出

制造费用包括产品成本中除直接材料和直接人工以外的一切生产成本，主要包括企业生产部门为组织和管理生产活动所发生的各项费用以及固定资产折旧费。制造费用在产品成本中所占的比重一般在10％左右，是产品制造成本的重要组成部分。

4. 期间费用支出

期间费用是指企业管理部门在一定时期内为组织和管理生产经营活动而发生的费用，

包括销售费用、管理费用、研发费用和财务费用。这些费用随着时间推移而发生，并与当期产品管理和产品销售直接相关联，而与产品产量、产品制造过程无直接联系。期间费用的发生直接影响着企业的经营成果、财务状况和现金流量。因此，搞好期间费用控制是成本费用控制的重要内容。

（五）加强成本费用控制的重要意义

成本费用控制是指在成本费用形成过程中，对其事前进行规划、预算和制定目标；事中进行监督、核算，将其控制在预定的目标范围之内；事后对其形成过程和结果进行分析、评价、改进提高的一系列管理活动。

1. 加强成本费用控制是提高企业经济效益的主要途径

经济效益无论从微观上还是从宏观上看都是投入与产出的比较体现。企业是以盈利为目的的经济组织，成本费用是抵减利润的主要因素。降低成本费用可以增加利润，进而可以提高企业整体的经济效益。

2. 加强成本费用控制是提高企业产品竞争力的主要手段

企业的成本费用水平对产品的价格影响重大。若企业的成本费用水平较低，产品价格就可以定得较低；若成本费用水平较高，低价格就会使企业处于不利的境地。通过有效的成本费用控制，可以降低企业的成本费用水平，提高企业在竞争激烈的市场中，尤其是在残酷的价格战中的竞争力。

3. 加强成本费用控制为经济和社会的可持续发展开辟了道路

成本费用不仅是企业为了获得利润而付出的代价，而且是对社会各种资源的综合耗费。在收入一定的情况下，降低成本费用不仅可以增加企业利润，还会降低对社会资源的消耗，增加社会财富，对于提升社会经济效益，减少不可再生资源的消耗，确保未来社会的可持续发展具有重大意义。

二、成本费用内部控制的总体要求

企业应当根据国家有关法律法规，结合企业实际情况，全面梳理成本费用业务流程，完善成本费用相关管理制度，明确预测、决策、预算、控制、核算、分析、考核等成本费用控制环节的职责和权限，按照规定的权限和程序办理成本费用业务，定期检查和评价成本费用业务的薄弱环节，采取有效控制措施，保证各项成本费用合法、合规，核算准确、及时，成本费用报告及相关信息真实、完整，以降低成本费用，提高经济效益，促进企业实现发展战略。

（一）保证成本费用支出的合法性

企业各项成本费用支出，必须符合国家财经法规如《企业会计准则》《企业产品成本核算制度（试行）》和公司相关规章制度的规定，严格遵守国家规定的成本费用支出范围和支出标准，不准随意扩大成本费用的支出范围和提高支出标准。

（二）保证成本费用支出的合理性

企业各项成本费用支出，必须符合本企业经营活动的需要，要严格遵守成本费用支出范围，保证成本费用列支正确、规范，正确划分收益性支出与资本性支出的界限、本期成本费用与下期成本费用的界限、在产品成本与产成品成本的界限，以及公司内部各部门之间成本费用的界限、各种产品的成本界限。

（三）保证成本费用支出的可控性

企业应当制定科学、合理的成本费用计划，使企业各项成本费用支出都受计划的约束和控制。同时，企业应当对成本费用业务建立严格的授权批准制度，明确审批人对成本费用业务的授权批准方式、权限、程序、责任和相关控制措施，规定经办人办理成本费用业务的职责范围和工作要求，确保各项成本费用的发生、列支都在可控范围之内。

（四）保证成本费用核算的正确性

企业应当按照国家统一的会计法规和《企业产品成本核算制度（试行）》，加强企业成本费用核算工作，保证成本费用信息的真实性和完整性。要建立科学、完善的成本费用核算体系，采用科学、规范的成本费用核算方法，正确核算成本费用，努力节约成本费用支出，力求减少损失和浪费，降低成本，提高经济效益，促进企业可持续发展。

（五）保证成本费用控制的全面性

成本费用在空间上渗透到了企业的方方面面，在时间上贯穿了企业生产经营活动的全过程，因此，企业应当实行全部、全员和全过程的成本费用控制，要对企业所有成本费用进行严格控制，上至董事长、总经理，下至每一名员工都要参与成本费用的控制，并将成本费用控制覆盖到成本费用形成的全过程，促进企业实现发展战略。

任务二
成本费用业务流程

一、成本费用业务流程概述

成本费用业务流程涵盖企业成本费用管理的全部内容，包括对企业生产经营活动的各个方面、各个环节及各个阶段的所有成本费用进行预测、决策、预算、控制、核算、分析和考核的一系列成本费用业务活动。成本费用预测、成本费用决策、成本费用预算、成本费用控制、成本费用核算、成本费用分析和成本费用考核共同构成了企业成本费用管理的完整系统。企业成本费用管理包括的内容如图 7-1 所示。

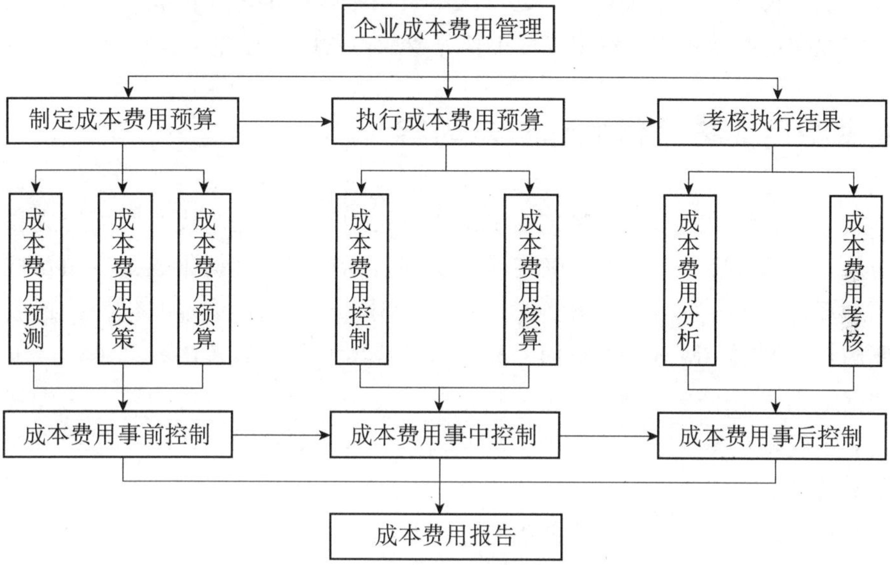

图 7-1 企业成本费用管理内容图

图 7-1 显示，企业成本费用管理包括成本费用事前控制、成本费用事中控制和成本费用事后控制三个基本环节。

(一) 成本费用事前控制

成本费用事前控制也称成本费用前馈控制，是在产品投入生产之前对影响成本费用的各项因素进行事前预测、决策和计划。这一环节的具体内容包括：进行成本费用预测，为确定成本费用目标提供依据；进行成本费用决策，确定成本费用目标；编制成本费用预算，为成本费用控制、核算、分析和考核提供依据。

(二) 成本费用事中控制

成本费用事中控制也称成本费用过程控制，是在产品成本费用形成过程中，按照预定的成本费用目标对各种成本费用支出进行审核、对比和监督，揭示实际耗费偏离成本费用目标的差异，并及时采取措施予以纠正，确保成本费用目标的实现。这一环节的具体内容包括：进行成本费用控制，使成本费用的发生按照预算水平形成；进行成本费用核算，反映成本费用预算的执行情况和成本费用控制的结果。

(三) 成本费用事后控制

成本费用事后控制也称成本费用后馈控制，是在产品成本费用形成之后，对实际发生的成本费用与成本费用目标的差异进行综合分析和研究，找出实际发生的成本费用脱离成本费用目标的主客观原因，确定其责任归属，对成本费用责任单位进行相应的考核和奖惩，为下一个成本费用循环提出积极有效的措施，以避免不合理支出和损失的再次发生。这一环节的具体内容包括：进行成本费用分析，确定实际发生的成本费用与成本费用目标的差异及形成差异的原因；进行成本费用考核，正确评价成本费用责任部门及员工的工作业绩，调动各成本费用责任单位完成成本费用目标的积极性。

二、成本费用业务流程的环节与内容

成本费用业务活动的基本程序包括确定成本费用目标、控制成本费用形成和进行成本费用考核三大基本环节。其中，确定成本费用目标环节包括提出成本费用目标、编制成本费用预算、目标分解与责任落实等内容；控制成本费用形成环节包括执行成本费用预算、实施日常控制、调整成本费用差异、进行成本费用核算等内容；进行成本费用考核环节包括成本费用报告、成本费用分析、成本费用考核与奖惩等内容。三大基本环节及各项内容之间相互关联、相互作用、相互衔接，从而实现对企业生产经营活动所有成本费用的有效控制。

成本费用业务流程各个环节的主要内容如下：

（一）确定成本费用目标

1. 提出成本费用目标

成本费用目标是企业一定时期内所要达到的某一水平的成本费用指标。它可以是定量指标，也可以是定性指标。例如：可比产品成本降低5%，管理费用率为10%，达到企业历史最低成本费用水平，等等。在编制成本费用预算之前，企业管理当局需要根据年度经营目标确定成本费用目标，将其作为编制成本费用预算的主线和方向。成本费用目标的确定应遵循先进、合理的原则，确保成本费用目标符合企业的实际情况。

2. 编制成本费用预算

成本费用预算是根据成本费用目标，综合考虑企业生产能力、成本费用定额、材料价格、员工薪酬、管理要求等多种因素后编制的企业预算期内的成本费用指标及成本费用升降率的计划安排。成本费用预算是企业进行日常成本费用控制的具体依据，也是评价、考核各部门成本费用控制业绩的标准尺度。

3. 目标分解与责任落实

成本费用目标和成本费用预算确定下达后，要经过层层分解，从横向和纵向两个方面将成本费用目标和成本费用预算细化为具体的成本费用控制标准，落实到企业内部各个成本费用责任部门，形成全方位的成本费用控制责任体系。确定成本费用控制标准的方法主要有三种：一是指标分解法，即将大指标分解为小指标；二是预算法，即采用制定预算指标的方式来制定成本费用控制标准；三是定额法，即建立和制定各项成本费用定额，作为成本费用控制标准。

（二）控制成本费用形成

1. 执行成本费用预算

在整个预算期内，企业各项生产经营活动中发生的成本费用都要以成本费用预算为基本依据，确保成本费用预算的贯彻执行。

2. 实施日常控制

成本费用日常控制是按照一定的程序和方法，确保企业及各部门落实成本费用预算、实现成本费用目标的过程。企业通过确定成本费用目标和编制成本费用预算为预算期的成本费用耗费制定了目标和依据，通过实施日常控制确保成本费用的形成不偏离成本费用目标。成本费用日常控制的主要内容包括材料费用控制、人工费用控制、制造费用控制、期间费用控制等。

3. 调整成本费用差异

在成本费用形成过程中，针对发生的实际成本费用与成本费用目标之间的差异，要及时查明原因。成本费用目标不恰当的成本费用差异，应调整成本费用标准；主观原因造成的成本费用差异，应落实责任主体，及时纠正偏差。

4. 进行成本费用核算

成本费用核算是指对生产经营过程中实际发生的成本费用按照一定的核算对象进行归集和分配，采取适当方法计算出成本计算对象的总成本和单位成本，以及各项期间费用发生额的过程。通过成本费用核算，可以反映成本费用预算的执行情况和成本费用控制的最终结果，并为成本费用的事中控制提供依据。

（三）进行成本费用考核

1. 成本费用报告

成本费用报告是指采用报表、报告、通报等书面或电子文档形式对成本费用预算执行过程和结果等信息进行的总结和反馈。它既包括日常成本费用预算执行情况的报告，又包括预算年度结束后，对全年成本费用预算执行结果进行的总结报告。

2. 成本费用分析

成本费用分析是根据成本费用核算所提供的资料及其他信息资料，与预算成本费用、目标成本费用、定额成本费用、上年实际成本费用相比，确定差异额，分析差异产生原因的过程。通过成本费用分析，可以了解企业实际发生的成本费用与各种成本费用目标之间的差异及形成差异的原因，厘清和落实责任，为成本费用考核与奖惩提供依据。

3. 成本费用考核与奖惩

成本费用考核与奖惩是对成本费用控制实施过程和实施效果进行的考核与评价，既包括对企业成本费用控制活动实施效果的全面考评，又包括对成本费用责任部门和责任岗位的考核与业绩评价。成本费用考核与奖惩是成本费用控制必不可少的一个环节，通过成本费用考核与奖惩可以正确评价各个成本费用责任部门及员工的工作业绩，奖优罚劣，调动各责任单位完成成本费用目标的积极性。

企业成本费用业务流程如图7－2所示。

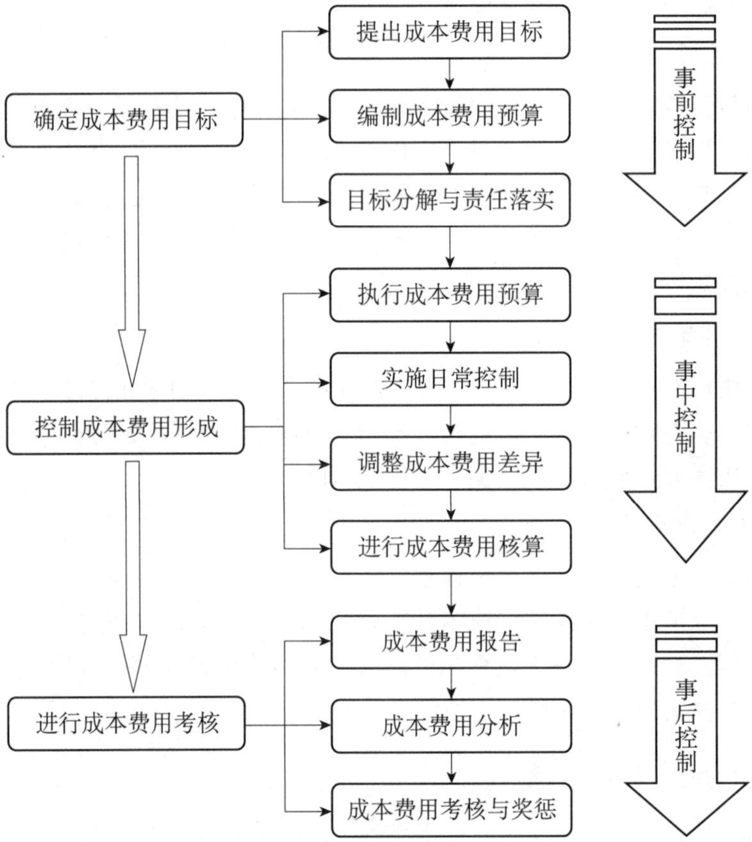

图7－2　企业成本费用业务流程图

任务三

成本费用主要风险与控制措施

一、成本费用的主要风险

企业至少应当关注涉及成本费用的下列风险：

（一）成本费用支出违规风险

企业法律意识淡薄，成本费用支出可能违反国家法律法规、违反税收政策，多列或少列成本费用，甚至可能采取虚构成本费用列支的方法，隐匿真实利润，以达到偷逃税金的目的，从而可能遭受税务部门的处罚，造成经济损失和企业信誉受损。

（二）成本费用审批不严风险

企业缺乏应有的成本费用控制措施，成本费用支出未经适当审批或超越授权审批，可能导致采购环节营私舞弊、生产环节资产流失、销售及管理环节费用浪费等混乱局面，引发企业经营风险和财务风险的发生。

（三）成本费用预算失控风险

企业成本费用预测不科学、不合理，成本费用支出没预算、预算不准确或预算起不到控制成本费用发生的作用，可能导致企业管理混乱，成本费用支出居高不下，企业权益严重受损。

（四）成本费用核算和信息失真风险

企业物化劳动和活劳动消耗的过程，也是成本费用形成的过程，这个过程需要严密的流程来制约，需要各部门、各环节的密切配合来实现，特别是需要科学、完善的成本费用管理制度来规范。如果企业成本费用管理不善，成本费用核算和相关会计信息失真，有关成本费用账目或存货类账目账账不符、账实不符，就可能导致企业资产流失、潜亏严重，甚至给企业带来破产倒闭的后果。

二、成本费用的关键控制点、控制目标和控制措施

成本费用内部控制的关键控制点、控制目标和控制措施如表7-1所示。

表7-1　成本费用内部控制的关键控制点、控制目标和控制措施

关键控制点	控制目标	控制措施
1. 提出成本费用目标	成本费用目标具备先进性、合理性和可行性	（1）运用本量利、投入产出等定量、定性分析方法，科学预测成本费用目标 （2）制定成本费用定额标准，夯实成本费用控制基础工作 （3）成本费用预测和目标的确定要服从企业整体战略目标，考虑各种成本降低方案，从中选择最优成本费用方案 （4）明确成本费用预测、目标制定和决策审批的责任部门、责任人和工作流程 （5）成本费用目标必须与企业总体经营目标相衔接

续表

关键控制点	控制目标	控制措施
2. 编制成本费用预算	成本费用预算切实可行	(1) 建立成本费用预算制度，将企业的成本费用目标具体化 (2) 明确企业各部门的预算编制责任，使企业各项业务活动发生的成本费用全部纳入预算管理 (3) 重视和加强预算编制基础管理工作，确保预算编制以可靠、翔实、完整的基础数据为依据 (4) 选择或综合运用固定预算、弹性预算、滚动预算等方法编制预算 (5) 严格履行预算审议批准程序
3. 目标分解与责任落实	(1) 将成本费用目标和成本费用预算细化为具体的成本费用控制标准 (2) 将目标与责任落实到企业内部各责任部门	(1) 层层分解，从横向和纵向两个方面将成本费用目标和成本费用预算细化为具体的成本费用控制标准 (2) 通过决定、计划、协议等形式，将成本费用目标细化落实到企业内部各责任部门 (3) 建立全方位、全过程、全员成本费用控制体系 (4) 分解成本费用指标，落实成本费用责任主体，保证成本费用预算的有效实施
4. 执行成本费用预算	以成本费用预算为依据，开展经营业务活动	(1) 建立规范的成本费用支出申请制度 (2) 严格按计划、按预算标准申请成本费用事项 (3) 建立并严格执行成本费用授权审批制度 (4) 建立预算外及超预算标准成本费用审批制度 (5) 建立严格的费用支出报销结算制度
5. 实施日常控制	以成本费用预算为标准控制成本费用的发生	(1) 建立成本费用业务的岗位责任制，确保办理成本费用业务的不相容职务相互分离、制约和监督 (2) 配备合格人员办理成本费用的核算业务 (3) 审批人根据成本费用授权审批制度规定，在授权范围内进行审批，不得超越审批权限
6. 调整成本费用差异	明确形成差异的原因，落实差异调整措施	(1) 落实成本费用差异分析、调整责任制 (2) 制定成本费用差异调整预案 (3) 建立成本费用差异考核制度
7. 进行成本费用核算	实现成本费用核算的准确性和及时性	(1) 制定成本费用管理制度 (2) 加强原始记录、定额管理、计量管理、价格管理、物资管理等基础工作 (3) 制定成本核算规程和期间费用核算制度并严格执行 (4) 根据企业生产经营特点和管理要求，选择合理的成本费用核算方法
8. 成本费用报告	保证成本费用报告的准确性和及时性	(1) 建立成本费用信息报告反馈制度 (2) 落实成本费用报告责任人 (3) 建立成本费用报告质量考核制度

续表

关键控制点	控制目标	控制措施
9. 成本费用分析	(1) 正确评价成本费用指标完成情况 (2) 及时发现成本费用管理中存在的问题	(1) 建立成本费用分析制度 (2) 建立成本费用日常监控机制，实时监控成本费用支出 (3) 灵活运用比较分析法、比率分析法、趋势分析法和因素分析法分析产品成本和各项费用，提高分析结论的准确性
10. 成本费用考核与奖惩	(1) 正确评价成本费用预算完成情况 (2) 正确评价各部门成本费用控制情况	(1) 建立成本费用考核制度 (2) 通过目标成本节约额、节约率等指标和方法，综合考核各责任部门成本费用预算或开支标准的执行情况 (3) 制定成本费用考核与奖惩制度，将成本费用考核结果与奖惩制度挂钩

三、成本费用的会计系统控制

企业应当建立健全记录成本费用业务的会计凭证和账簿，正确核算产品成本和期间费用的发生情况，妥善保管成本费用支出凭证等资料，财务部门要按月与业务部门进行成本费用业务核对、与仓库保管员的保管账目以及实存货物进行核对，全面真实地记录和反映企业成本费用业务各环节的资金流和实物流情况。成本费用的会计系统控制具体措施包括以下四个方面：

（一）准确核算成本费用

企业应按照国家统一的会计准则和《企业产品成本核算制度（试行）》的规定，结合本企业生产经营特点和管理要求，设计成本核算规程，采用品种法、分批法或分步法核算产品成本，科学归集期间费用，对成本费用进行准确的会计核算与账务处理，要通过相应的会计账户和成本计算单准确计算产品成本和期间费用，确保成本费用核算的准确性和及时性。

（二）妥善保管成本费用业务的凭证、资料

财务部门要对涉及成本费用业务的合同、协议、发票、凭证、成本核算资料等文件资料登记造册，派专人负责，妥善保管，以备查用。

（三）实行成本费用预算管理制度

财务部门要实行成本费用预算管理制度，严格按预算、按审核无误的付款凭证和付款审批制度办理成本费用业务的资金支付，控制生产领料及人工费用、制造费用和期间费用支出。

（四）定期核对成本费用支出账目

财务部门的成本费用核算岗位要定期与生产部门负责人、各业务部门及管理部门负责人核对成本费用支出账目，确保会计记录与各业务部门、管理部门的实际支出核对一致，账账相符、账实相符。

案例分析

为确保公司倒逼成本法的成功实施，建立与倒逼成本法相配套的绩效考核体系，蓝天公司制定了以下方案。

倒逼成本考核体系的基本内容是：以销售收入为起点，以目标利润为核心，通过倒逼成本的方式，将成本、费用及价格指标分解落实到有关生产分厂和职能部门。具体操作方式和程序如下：

（1）销售部申请生产的每一批产品，在安排生产前，首先填写产品销售收入及成本、利润预算表，表中填写产品名称、数量、售价、销售客户等内容，然后将填好的表格报财务部测算成本、费用及材料采购价格。

（2）财务部对销售部报来的预算表进行认真分析计算，按照如下步骤分解成本、费用及价格指标：

1）计算期间费用和销售利润。

按照公司的既定政策（针对不同性质的产品，公司制定了不同的价格水平、费用率及毛利率政策），计算目标产品应分担的期间费用（销售费用、管理费用、财务费用）和销售税费，并计算目标产品的销售利润。

2）倒逼成本、费用及材料采购价格。

首先，依据“收入－税费－期间费用－利润＝成本”的公式，计算出目标产品的目标成本。

其次，根据成本构成将目标成本分解为直接材料成本、直接人工成本和制造费用成本。

最后，将直接材料成本分解为直接材料消耗量和采购价格。

（3）财务部测算的成本、费用及材料采购价格经生产分厂、采购部确认后，由制造部下达生产任务指令。

1）财务部核定的材料采购价格系考核采购部工作业绩的依据之一，采购部实际采购的材料价格低于核定的价格，公司给予一定比例的奖励；高于核定的价格采购，必须说明理由，经公司总经理批准，并给予采购部一定比例的罚款。

2）财务部核定的目标成本作为考核生产分厂工作业绩的依据。同时，生产分厂需要将财务部核定的人工成本分解到各个生产工序。生产分厂生产产品的实际成本低于核定的目标成本，公司给予一定比例的奖励；高于核定的目标成本，给予一定比例的罚款。

（4）财务部每月将销售费用、管理费用、财务费用指标分解落实到各个部门。上述费用的支出，严格按预算进行，月末考核，节奖超罚。倒逼成本考核体系如图7-3所示。

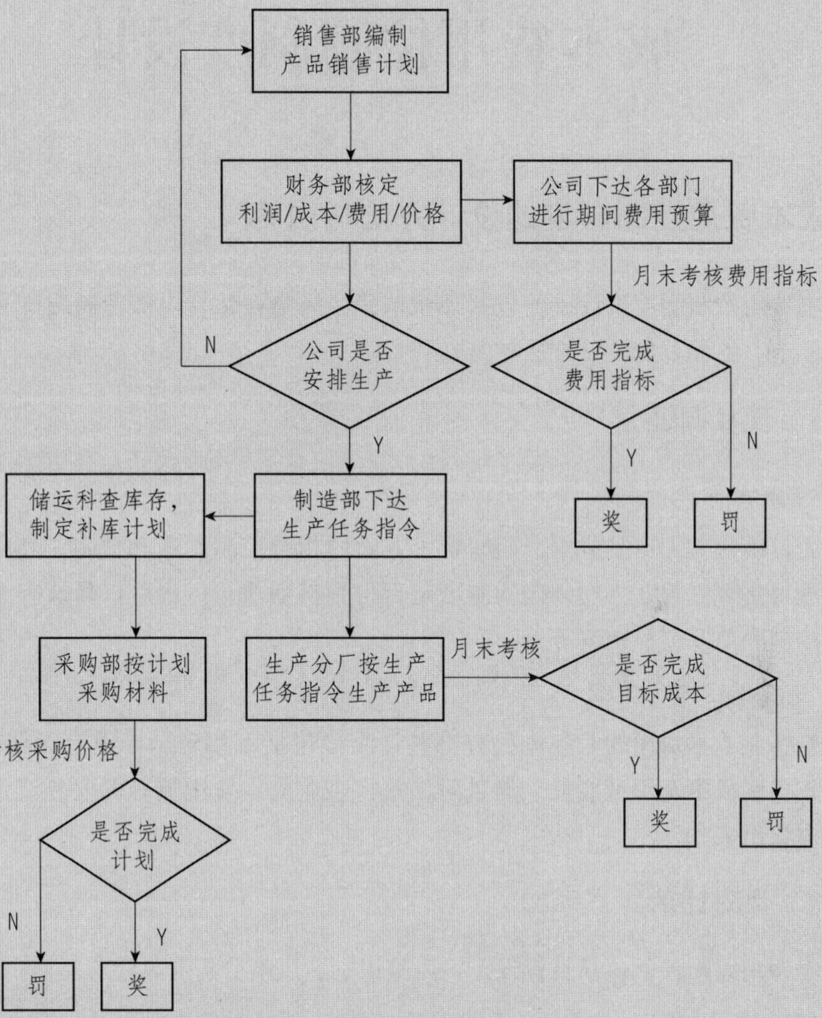

图7-3 倒逼成本考核体系图

分析要求：蓝天公司实施倒逼成本法符合内部控制的要求吗？建立倒逼成本考核体系需要具备哪些条件？

分析提示：蓝天公司倒逼成本法实施方案实现了生产分厂的制造成本与奖惩挂钩，采购部的采购价格与奖惩挂钩，销售部的销售费用与奖惩挂钩，各管理部门的管理费用与奖惩挂钩。该措施符合内部控制“应当实行全部、全员和全过程的成本费用控制”的要求，能够调动所有员工参与成本费用控制的积极性。另外，可以将生产分厂资金占用的多少纳入考核的范围（即按月收取生产分厂占用资金的利息，将利息并入目标成本考核），以达到促使生产分厂自觉降低中转库存的目的。

任务四
成本费用控制制度设计

一、成本费用控制制度的设计方法与内容

成本费用控制制度设计主要包括现状调研、风险评估、内部控制测试和制度设计四大基本环节。各环节的设计方法与内容是：

（一）现状调研

1. 了解内部控制现状

首先，确认有无产品成本、期间费用方面的相关控制制度和规定；其次，确认现行制度设计得是否完善；再次，确认制度是否得到贯彻执行；最后，确认有无具体的操作文件、控制表单及监控档案等。

2. 梳理描述业务流程

分析企业成本费用的业务流程有哪些，流程包括哪些环节，设有哪些关键控制点，能否有效控制成本费用可能发生的风险，并将企业成本费用控制的业务流程现状用图表的形式描绘出来。

（二）风险评估

成本费用风险评估包括目标设定、风险识别、风险分析和风险应对四个环节。

1. 目标设定

首先，根据企业成本费用管理的目标、要求设定成本费用的总体控制目标；然后，根据成本费用管理流程，分别设定成本费用目标、成本费用预算、目标分解与责任落实、预算执行与控制、成本费用调整、成本费用核算、成本费用报告、成本费用分析、成本费用考核等环节的具体控制目标。

2. 风险识别

成本费用可能发生的风险具有多样性，又会因企业的不同而不同。企业应根据《企业内部控制应用指引》中有关成本费用风险的提示，结合企业成本费用支出的实际情况，识别并具体描述各项成本费用在各个环节可能遇到或发生的各种风险。要关注引起成本费用风险的主要因素，准确识别与实现成本费用控制目标有关的内部风险和外部风险。

3. 风险分析

首先，从内部因素和外部因素两方面分析企业成本费用风险产生的原因；然后，对照成本费用风险评估标准进行风险评估，并编制成本费用风险评价表。

4. 风险应对

成本费用风险应对是选择成本费用风险应对策略的过程。要结合企业实际情况，统筹安排成本费用预算，明确各部门在预算、审批、执行、控制、核算、分析、考核等环节的职责和权限，按照规定的权限和程序办理成本费用业务，建立成本费用监督机制，定期检查和评估成本费用支出过程中的薄弱环节，采取有效控制措施，确保成本费用支出的合法性、必要性和效益性。要根据风险分析和评估结果，针对不同等级的成本费用风险，相应采取风险规避、风险降低、风险分担和风险承受四种应对策略，并编制成本费用风险应对表。

（三）内部控制测试

成本费用内部控制测试在现状调研和风险评估的基础上进行，主要包括根据内部控制缺陷评价标准进行内部控制缺陷测试和编制内部控制缺陷评价表两项工作。

（四）制度设计

成本费用控制制度设计的基本程序包括确定关键控制点、编制风险控制矩阵、完善内部控制制度和绘制控制流程图四个环节。

1. 确定关键控制点

成本费用关键控制点的确定应根据成本费用风险评估的结果，结合内部控制缺陷评价结论进行。一般来说，成本费用的关键控制点应当包括预算、审批、执行、控制、核算、分析、考核等影响成本费用控制目标实现的关键环节。

2. 编制风险控制矩阵

成本费用风险控制矩阵是对成本费用管理流程中的控制目标、各种风险、关键控制点、责任主体、应对策略等的简要说明与描述，是成本费用内部控制制度设计要素的集中体现和纲领性文件，也是企业成本费用内部控制制度的重要组成部分。

3. 完善内部控制制度

根据成本费用内部控制的要求、现行成本费用控制制度的设计运行情况，以及风险评估结论，修订、完善、补充或重新制定成本费用内部控制制度，要将内部控制的原则、要求、方法和措施嵌入成本费用管理制度之中。

4. 绘制控制流程图

根据成本费用风险控制矩阵和成本费用控制制度，结合成本费用发生的实际情况绘制各种成本费用控制流程图，标明风险控制点和关键控制点，并编写控制流程说明。

二、成本费用控制制度的设计目标

成本费用控制制度的设计目标要围绕企业内部控制的战略目标、经营目标、资产目标、报告目标和合规目标，根据成本费用内部控制的总体要求来确定。一般而言，成本费用内部控制的基本目标是规范成本费用行为，控制成本费用风险，提供成本费用的投入产出比，实现成本费用的计划性、合法性、安全性和效益性。为此，成本费用控制制度设计应能实现如下控制目标：

（一）健全成本费用管理制度，保证成本费用业务的规范性

企业应当建立成本费用业务的岗位责任制，明确企业内部相关部门和岗位的职责权限，确保办理成本费用业务的不相容职务相互分离、制约和监督；要对成本费用业务建立严格的授权批准制度，明确审批人对成本费用业务的授权批准方式、权限、程序、责任和相关控制措施，规定经办人办理成本费用业务的职责范围和工作要求，从制度和流程上规避成本费用风险，有效规范企业的成本费用业务行为。

（二）科学制定成本费用预算，保证成本费用支出的计划性

企业要以经营目标和成本战略为指引，依据企业生产经营计划和市场情况制定科学、合理、可行的成本费用预算，为企业成本费用的支出项目和发生数额制定标准，从而保证成本费用支出的计划性。

（三）严格遵守法规制度，保证成本费用支出的合法性

企业各项成本费用的发生必须符合国家有关财经法规的要求，要严格遵守国家规定的成本费用支出范围和支出标准，不准随意扩大成本费用的支出范围和提高支出标准。在计算产品成本费用时严格执行《企业财务通则》和《企业产品成本核算制度（试行）》中的有关规定，严格划分成本费用的界限，保证成本费用支出的合法性。

（四）严密控制业务活动，保证成本费用支出的合理性

成本费用是业务活动的产物，因此，控制成本费用必须首先严格控制设计、采购、生产、销售、管理等业务活动，企业的各项成本费用支出必须符合企业生产经营活动的实际需要，体现收入与费用的配比原则，保证成本费用支出的合理性。

（五）严格核算成本费用，保证成本费用信息的准确性

成本费用核算是一种数据信息处理加工的转换过程，是将日常已发生的各种资金的耗费，按照一定的方法和程序，按照已经确定的成本计算对象或收益范围进行费用汇集和分配的过程。通过控制制度设计，要科学确定成本费用核算的对象、期间以及成本计算方法和费用归集分配方法，全面而准确地核算成本费用。要按照成本费用核算的政策

规定，设置专门的会计科目，科学、合理、清晰地设置明细科目和成本项目，保证成本费用核算和会计信息的准确性和及时性。

（六）加强成本费用管理，保证成本费用支出的有效性

成本费用控制关乎企业的经济效益，必须实行全面成本费用管理、全过程成本费用管理和全员成本费用管理。全过程成本费用管理要求从产品设计、工艺制定、材料供应、产品生产和销售，一直到产品售后服务等的整个过程都进行成本费用的核算和管理，要将成本费用管理同生产技术、生产经营活动结合起来，从整个生产经营过程的各个方面挖掘降低成本费用的潜力。全员成本费用管理要求企业各职能部门、生产组织都参与成本费用管理，从企业领导到管理人员，从技术人员到生产工人，人人都要参与成本费用控制，实现节约成本费用支出，减少损失和浪费，降低成本，提高经济效益。

三、成本费用控制制度设计案例

哈工大首创科技股份有限公司成本费用控制制度

第一章　总则

第一条　为了加强哈工大首创科技股份有限公司（以下简称“公司”）成本费用的内部控制，降低成本费用耗用水平，提高公司经济效益，根据国家有关法律法规和《企业内部控制基本规范》制定本制度。

成本费用内控制度文本

第二条　本制度所称成本，是指可归属于产品成本、劳务成本的直接材料、直接人工和其他直接费用，以及商品采购成本和采购费用，不包括为第三方或客户垫付的款项。费用，是指公司在日常活动中发生的、会导致所有者权益减少的、与所有者分配利润无关的、除成本之外的其他经济利益的总流出。

公司应合理划分期间费用和成本的界限。期间费用应直接计入当期损益；成本应计入所生产产品、出售商品、提供劳务的成本。

第三条　公司在成本费用管理过程中，至少应关注涉及成本费用的下列风险：

（一）成本费用支出违反国家法律法规，可能遭受外部处罚、经济损失和信誉损失。

（二）成本费用支出未经适当审批或超越授权审批，可能因重大差错、舞弊、欺诈而导致损失。

（三）成本费用预测不科学、不合理，可能因成本费用支出超预算或者预算外支出导致公司权益受损。

（四）成本费用的核算和相关会计信息不合法、不真实、不完整，可能导致公司财务报告失真。

第四条　公司在建立与实施成本费用内部控制过程中，至少应强化对下列关键方面或关键环节的控制：

（一）职责分工、权限范围和审批程序应明确规范，机构设置和人员配备应科学合理。

（二）成本费用定额、成本计划编制的依据应充分适当，成本费用事项和决策过程应明确规范。

（三）成本费用预测、决策、预算、控制、核算、分析、考核的控制流程应清晰严密，对成本费用核算、内部价格的制定和结算办法、责任会计及有关成本费用考核等应有明确的规定。

第二章　岗位分工及授权批准

第五条　公司应建立成本费用业务的岗位责任制，明确内部相关部门和岗位的职责、权限，确保办理成本费用业务的不相容岗位相互分离、制约和监督。同一岗位人员应定期做适当调整和更换，避免同一人员长时间负责同一业务。

成本费用业务的不相容岗位至少包括：

（一）成本费用定额、预算的编制与审批。

（二）成本费用支出与审批。

（三）成本费用支出与相关会计记录。

第六条　公司应配备合格人员办理成本费用的核算业务。办理成本费用核算的人员应具备良好的业务知识和职业道德，遵纪守法，客观公正。公司应通过培训，不断提高他们的业务素质和职业道德水准。

第七条　公司应对成本费用业务建立严格的授权批准制度，明确审批人对成本费用业务的授权批准方式、权限、程序、责任和相关控制措施，规定经办人办理成本费用业务的职责范围和工作要求。

第八条　审批人应根据成本费用授权批准制度的规定，在授权范围内进行审批，不得超越审批权限。

经办人应在职责范围内，按照审批人的批准意见办理成本费用业务。

第三章　成本费用预测、决策与预算控制

第九条　公司应根据本单位历史成本费用数据、同行业同类型标杆公司的有关成本费用资料、料工费价格变动趋势、人力、物力的资源状况，以及产品销售情况等，运用量本利分析、投入产出分析、变动成本计算和定量、定性分析、价值链成本比较分析等专门方法，对未来公司成本费用水平及其发展趋势进行科学预测，制定科学、合理的成本费用管理目标。

第十条　开展成本费用预测，应本着费用最少、效益最大的原则，明确合理的期限，充分考虑成本费用预测的不确定因素，确定成本费用定额标准。

第十一条　成本费用预测应服从公司整体战略目标，考虑各种成本降低方案，从中选择最优成本费用方案。

第十二条　公司对成本费用预测方案进行决策，应对产品设计、生产工艺、生产组织、零部件自制或外购等环节，运用价值分析、生产工序、生产批量等方法，寻找降低成本费用的有效措施。

第十三条　公司应根据成本费用预测决策形成的成本目标，建立成本费用预算制度。通过编制成本费用预算，将公司的成本费用目标具体化，加强对成本费用的控制管理。

成本费用预算编制程序应符合公司全面预算管理制度的有关规定。

第四章　成本费用执行控制

第十四条　公司应按照公司采购业务控制制度的有关规定合理确定材料供应商和采购价格，并运用经济批量法确定材料采购批量，控制材料采购成本和储存成本。

公司应根据成本费用预算、定额和支出标准，分解成本费用指标，落实成本费用责任主体，保证成本费用预算的有效实施。

公司应明确制造费用支出范围和标准，采用弹性预算等方法，加强对制造费用的控制。

第十五条　公司应建立成本费用支出审批制度，根据费用预算和支出标准的性质，按照授权批准制度所规定的权限，对费用支出申请进行审批。

财会部门会同相关部门对成本费用开支项目和标准进行复核。

第十六条　公司应指定专人分解成本费用目标，记录有关差异，及时反馈有关信息。

第十七条　公司应规范成本费用开支项目、标准和支付程序，从严控制费用支出。对未列入预算的成本费用项目，如确需支出，应按照规定程序申请追加预算。

对已列入预算但超过开支标准的成本费用项目，应由相关部门提出申请，报上级授权部门审批。

第十八条　公司内部相互提供劳务和转移产品零部件等，其成本费用确认方法，应本着有利于转出、转入双方和公司整体利益的原则，制定相应的控制制度。

第十九条　公司会计机构或人员在办理费用支出业务时，应根据经批准的成本费用支出申请，对发票、结算凭证等相关凭据的真实性、完整性、合法性及合规性进行严格审核。

第五章　成本费用核算

第二十条　公司应建立成本费用核算制度，制定必要的消耗定额，建立和健全材料物资的计量、验收、领发、盘存以及在产品的移动管理制度，制定内部结算价格和结算方法，明确与成本费用核算有关的原始记录及凭证的传递流程和管理制度等。

第二十一条　成本费用的归集、分摊应遵循下列要求：

（一）成本的确认和计量应符合《企业会计准则》和《企业会计准则——应用指南》的规定。

（二）成本费用核算应与客观经济事项相一致，以实际发生的金额计价，不得人为降低或提高成本。

（三）成本费用核算应为公司未来决策提供有用信息。

（四）成本费用应分期核算。

（五）一定期间的成本费用与相应的收入应配比。

（六）成本费用的核算方法应前后一致。

（七）成本费用归集、分摊、核算应考虑重要性原则。

第二十二条　公司应根据本单位生产经营特点和管理要求，选择合理的成本费用核算方法。成本费用核算方法一般有品种法、分批法、分步法等。

第二十三条　公司应建立合理的成本核算、费用确认制度。成本费用核算应符合《企业会计准则》和《企业会计准则——应用指南》的规定，对生产经营中的材料、人工、间接费用等进行合理的归集和分配，不得随意改变成本费用的确认标准及计量方法，不得虚列、多列、不列或者少列成本费用。

成本计算方法应在各期保持一致。变更成本计算方法应经过有效审批。

第六章　成本费用分析与考核

第二十四条　公司应建立成本费用分析制度。

公司可以运用比较分析法、比率分析性、因素分析法、趋势分析法等方法开展成本费用分析，检查成本费用预算完成情况，分析产生差异的原因，寻求降低成本费用的途径和方法。

第二十五条　公司应建立成本费用内部报告制度，实时监控成本费用的支出情况，发现问题应及时上报有关部门。

第二十六条　公司应建立成本费用考核制度，对相应的成本费用责任主体进行考核和奖惩。通过成本费用考核促进各责任中心合理控制生产成本及各种耗费。

成本费用考核工作主要包括修订成本费用预算、确定成本考核指标和分析、评价业绩等。

第二十七条　公司在进行成本费用考核时，可以通过目标成本节约额、目标成本节约率等指标和方法，综合考核责任中心成本费用预算或开支标准的执行情况，保证业绩评价公正、合理。

第二十八条　公司应加强对成本费用的监督检查，制定制度，明确监督检查人员的职责权限，定期和不定期地开展检查工作。检查内容包括：

（一）成本费用业务相关岗位及人员的设置情况。

（二）成本费用授权批准制度的执行情况。

（三）成本费用预算制度的执行情况。

（四）成本费用核算制度的执行情况。

第二十九条　公司应通过宣传培训和奖惩措施，增强全体员工自觉节约成本费用的意识。

第七章　附则

第三十条　本制度适用于公司及所属公司，包括公司总部、各分公司及全资子公司、控股子公司。

第三十一条　公司及所属公司可以参照本制度制定相关实施细则或具体执行办法，实施细则或执行办法不得违反本制度相关规定。实施细则或执行办法经公司总经理办公会批准后执行，并上报公司备案。

第三十二条　本制度由公司董事会负责解释和修订。

第三十三条　本制度自公司董事会审议批准之日起执行，修改时亦同。

项目小结

本项目讲解企业成本费用控制，包括成本费用控制概述、成本费用业务流程、成本费用主要风险与控制措施、成本费用控制制度设计四部分内容。成本费用不仅是企业为了获得利润而付出的代价，而且是对社会资源的综合耗费。在收入一定的情况下，降低成本费用不仅可以增加企业利润，还会降低对社会资源的消耗，增加社会财富。如果企业在成本费用的支出上失控，轻则减少利润，重则造成亏损，甚至导致企业破产。因此，学习成本费用控制要重点理解成本费用的含义、内容、主要风险、关键控制点、控制目标和控制措施，了解掌握成本费用控制制度设计的方法和内容。

项目练习

一、单选题

1. 广义的成本是指企业为取得资产或提供劳务而付出的（　　）。

A. 各种资金　　B. 各种费用　　C. 各种耗费　　D. 各种投入

2. 成本费用业务活动的基本程序包括确定成本费用目标、控制成本费用形成和（　　）三大基本环节。

A. 进行成本费用分析　　B. 进行成本费用核算

C. 进行成本费用考核　　D. 编制成本费用报告

3. 成本费用目标是企业一定时期内所要达到的某一水平的（　　），它可以是定量指标，也可以是定性指标。

A. 成本费用指标　　B. 成本费用定额

C. 成本费用标准　　D. 成本费用预算

4. 一般来说，成本费用的关键控制点至少应当包括预算、审批、执行、（　　）、核算、分析、考核等环节。

A. 落实　　B. 反馈　　C. 控制　　D. 流程

二、判断题

1. 狭义的成本是指企业为生产经营产品或提供劳务而发生的各种耗费。（　）

2. 成本费用目标是企业在一定时期内所要达到的某一水平的成本费用指标，由一个或多个定量指标构成。（　）

3. 成本费用业务流程中，各关键控制点的具体控制目标应根据经营目标来设计。（　）

三、简答题

1. 什么是成本费用？企业成本费用至少应当关注哪些风险？
2. 简述成本费用内部控制的总体要求。
3. 企业成本费用业务流程是怎样的？
4. 简述成本费用核算环节的控制目标和主要控制措施。
5. 简述成本费用业务有哪些关键控制点。

项目实训

新奇公司是一个小企业，财务部门进行产品成本核算的程序和方法如下：

（1）每年制定公司各种产品的标准单位成本；

（2）每个月的各种产品成本按照如下公式计算：

产品成本＝当月完工产品数量×产品标准单位成本

（3）每年12月末，按如下公式计算各种产品实际材料成本与标准材料成本的差额：

产品实际材料成本与标准材料成本的差额＝12月末仓库物资盘点数量及金额－（年初物资库存数量及金额＋当年物资入库数量及金额－当年按标准出库的数量及金额）

（4）将各种产品实际材料成本与标准材料成本的差额，以及12月末制造费用科目余额结转到营业成本科目，并体现在利润表中。

【分析要求】根据所学知识回答如下问题：

（1）按照新奇公司产品成本核算程序和方法核算出来的产品成本是否准确并说明原因。

（2）新奇公司的产品成本核算程序和方法存在哪些成本费用主要风险？

项目八

资产管理控制

教学目标

知识目标

了解资产管理的业务流程

掌握资产管理的主要风险、关键控制点和控制措施

能力目标

理解资产管理控制制度设计的目标

能够为中小企业设计资产管理控制制度

素养目标

具有防范资产管理主要风险的意识

初步掌握资产管理控制制度的设计方法

资产管理控制概述

学习指南

学习任务	知识概要
任务一 资产管理控制概述	资产管理的含义 资产管理内部控制的总体要求
任务二 资产管理业务流程	存货管理业务流程 固定资产管理业务流程 无形资产管理业务流程
任务三 资产管理主要风险与控制措施	存货管理主要风险与控制措施 固定资产管理主要风险与控制措施 无形资产管理主要风险与控制措施
任务四 资产管理控制制度设计	资产管理控制制度的设计方法与内容 资产管理控制制度的设计目标 资产管理控制制度设计案例

教学引导

存货管理失控，科翰公司破产

资产是企业从事生产经营活动的物质基础，它本身具有价值，而且能给企业、个人带来经济利益。因此，企业资产具有被偷盗、被侵占、被浪费、被减值、被毁损、被舞弊等风险。这些风险一旦发生，轻者给企业造成经济损失，重者危害企业生产经营活动、造成人身伤亡和重大财产损失，甚至导致企业破产倒闭。鉴于资产的重要性，《企业内部控制基本规范》将合理保证资产安全作为内部控制目标之一，本案例就充分说明了这一点。

科翰公司是一家生产精细化工产品的外资企业。自 2018 年 10 月成立以来，存活了不到四年，于 2022 年 6 月份破产。一家外资企业存活不到四年，原因很多，但最根本的原因就是内部管理混乱、经营管理失控。破产清算中发现：该公司的产品成本、费用核算很不准确，存货的采购、验收入库、领用、保管极不规范，归根结底是缺乏良好的内部控制制度。其存货管理上存在的问题如下：

（1）存货采购、验收、核算严重脱节。该公司董事长是一个外籍华人，常年在国外，但材料采购由他个人负责。采购的物资到达、入库后，因为保管员见不到采购计划和采购合同，所以无法对物资进行核对验收，只能见货入库，有多少算多少。而物资采购发票往往需要几个月甚至一年以后才能到达财务部门，会计人员只好采取每月估价入账的办法核算材料数量和成本，因而造成材料成本忽高忽低、严重失真。

（2）期末盘点由保管员自己点数，没人监盘。盘点结果与会计账簿核对不一致的，既不查找原因，也不进行处理，使存货盘点流于形式。

（3）材料领用没有建立规范的领用制度。车间在生产中对材料随用随领，没有计划，多领不办理退库手续；生产过程中产生的废料随处可见。

很显然，内部管理失控是科翰公司倒闭的主要原因。具体来说，主要有以下几点：

第一，企业内部控制环境极差，董事长不懂内部控制或者故意为之。按照公司治理规定，董事长作为最高决策层，绝对不能负责具体的采购业务，更不能由一个人随心所欲地从事采购活动。董事长的所作所为，已经为企业的倒闭埋下了伏笔。

第二，企业没有规范的内控制度，更谈不上规范的控制流程。无论是生产企业还是流通企业，存货取得、验收入库、仓储保管、领用发出、盘点清查、销售处置是存货业务流程的共有环节，而且每个环节都有严格的控制目标和控制措施，以确保各环节之间既相互衔接配合，又相互牵制制约。然而，这一切放到本案例中却都显得风马牛不相及。

第三，企业财务负责人的管理素质较弱。在企业内部控制体系建设中，财务负责人的作用是不可忽视的。在本案例中，存货采购、入库、入账、领用、盘点、核对等环节的内部控制严重缺失，足以说明该公司财务负责人的管理素质和掌控能力。

【问题思考】

（1）科翰公司的存货管理在哪些环节出现了舞弊或不规范行为？

（2）企业应采取哪些控制措施来有效规避存货管理失控风险？

任务一

资产管理控制概述

一、资产管理的含义

资产是指企业过去的交易或者事项形成的、由企业拥有或者控制的、预期会给企业带来经济利益的资源。[①]《企业内部控制应用指引第 8 号——资产管理》所定义的资产是

① 财政部．企业会计准则——基本准则（2014 年）．

指企业拥有或控制的存货、固定资产和无形资产。

资产管理是企业通过一系列方法措施，对资产的物质运动和价值运动实施全过程的管理控制活动。所谓全过程，是指从资产进入企业到资产退出企业的整个过程。

（一）存货

存货是指企业在日常活动中持有以备出售的产成品或商品、处在生产过程中的在产品、在生产过程或提供劳务过程中耗用的材料和物料等。主要包括原材料、在产品、产成品、半成品、商品及周转材料等。企业代销、代管、代修、受托加工的存货，虽然所有权不归企业，也应纳入企业存货管理的范畴。

为了保证生产经营活动持续不断地正常进行，企业必须不断地购置、耗用、销售存货。因此，存货总是处于不断流转过程之中，具有较强的流动性，是企业流动资产的重要组成部分，也是企业生产循环中最重要的环节。与其他资产相比，存货具有以下四个特点：

1. 较强的流动性

存货处于不断购置、耗用和销售之中，一般在一个经营周期内被耗用或被销售而转换为新的资产。各种存货的形态在不断地转换，从而保持生产经营活动持续不断地进行。

2. 种类、数量繁多

从大类上划分，存货可以划分为原材料、在产品、半成品、产成品、商品、周转材料，原材料则又可以划分为原料及主要材料、辅助材料、外购件、备品备件、包装材料、燃料、低值易耗品、委托加工物资；同时，每类材料又可以划分为不同的种类、品名和规格型号。由于存货属于企业的劳动对象或劳动成果，因此，一般情况下，企业规模越大，存货的数量越多。

3. 计价方法较多

由于存货的种类、数量繁多，性质用途各不相同，为使存货成本能够恰当反映存货的实际价值，满足成本核算和经营管理需要，《企业会计准则》对存货计价规定了实际成本法、计划成本法、成本与市价孰低法等多种计价方法。企业需要根据《企业会计准则》，结合存货性质和管理需要进行合理选择，并保持会计政策的连续性，保证会计信息的真实性和可靠性。

4. 潜在风险较大

存货分散在企业生产经营活动的各个环节，它不仅可以用于生产经营过程，而且可以用于投资或者直接转换为现金及其他资产。如果管理不善，存货很容易发生损坏、变质、短缺、被盗等事故；存货长期存放，还可能变成积压物资或报废、减值，给企业造成经济损失。因此，存货管理的潜在风险较大。

（二）固定资产

固定资产是指为生产商品、提供劳务、出租或经营管理而持有的，使用寿命超过一个会计年度的有形资产。主要包括房屋、建筑物、机器、机械、运输工具以及其他与生产经营活动有关的设备、器具、工具等。

固定资产是企业进行生产经营活动的必要物质条件，是用来改变或者影响劳动对象的劳动资料。它可以在生产经营过程中长期发挥作用，长期保持原有的实物形态，其价值则随着企业生产经营活动而逐渐转移到产品成本中去，并构成产品价值的一个组成部分。与其他资产相比，固定资产具有以下五个特点：

1. 固定资产属于劳动资料

固定资产是企业从事生产经营活动的劳动资料，是用来影响和改变劳动对象的劳动手段。企业持有固定资产的目的是生产商品、提供劳务、出租或经营管理，而不是改变固定资产自身或将其销售出去。这是固定资产与各类存货的本质区别。

2. 固定资产使用周期长

固定资产的使用寿命超过一个生产经营周期（一年或一年以上），能够在一年以上的时间里为企业创造经济利益，而且最终要被废弃或重置。这一特征说明，企业为了获得固定资产并把它投入生产经营活动所发生的支出，属于资本性支出而非收益性支出。这是固定资产支出与流动资产支出的重要区别。

3. 固定资产单位价值高

从性质上讲，属于劳动资料的物品有很多，如计算器、电话机、订书机等，但是，如果将其作为固定资产来管理，则会大大增加固定资产的管理难度。因此，根据企业经营规模、固定资产性质和管理要求，企业一般都要给各类固定资产制定一个单位价值标准，只有达到这个价值标准的才能作为固定资产管理。这是固定资产与低值易耗品的重要区别。

4. 固定资产属于有形资产

固定资产一般表现为房屋、建筑物、机器、机械、运输工具以及其他与生产经营活动有关的设备、器具、工具等。也就是说，固定资产具有实物形态，可以看得见、摸得着。这是固定资产与无形资产、有关债权的本质区别。

5. 固定资产资金占用大

现代企业需要现代化的劳动资料。随着生产技术和科技水平的快速发展，越来越多的传统手工业、半手工业被机械业取代，而且传统机械业也越来越多地向设备自动化、智能化发展。因此，固定资产占企业资产总额的比重越来越大。固定资产的这一特征表明，固定资产控制是企业内部控制的重要内容。

（三）无形资产

无形资产是指企业拥有或控制的没有实物形态的可辨认的非货币资产，即能够从企业中分离或划分出来，并能够单独或者与相关合同协议、资产、负债一起用于出售、转移、授权许可、租赁或交换的，以及源自合同协议性权利或其他法律权利的非货币性资产。无形资产通常包括专利权、非专利技术、商标权、著作权、特许权、土地使用权等。

专利权是指国家专利主管机关依法授予发明创造专利申请人对其发明创造在法定期限内所享有的专有权利，包括发明专利权、实用新型专利权和外观设计专利权；非专利技术又称专有技术，是指不为外界所知，在生产经营活动中应用了的，不享有法律保护的，可以为企业带来经济效益的各种技术和诀窍；商标权是指专门在某类指定的商品或产品上使用特定的名称或图案的权利；著作权是指作者对其创作的文学、科学和艺术作品依法享有的某些特殊权利；特许权又称经营特许权、专营权，是指企业在某一地区经营或销售某种特定商品的权利或是一家企业接受另一家企业使用其商标、商号、技术秘密等的权利；土地使用权是指国家准许某企业在一定期间内对国有土地享有开发、利用、经营的权利。

与有形资产相比，无形资产具有三个基本特征：一是不具有实物形态，二是能够在多个会计期间为企业带来经济利益，三是能够提供的未来经济效益具有高度的不确定性。

随着科学技术的不断发展，无形资产已经成为企业以知识形态存在的重要经济资源，在企业发展壮大中发挥着越来越大的作用。加强无形资产的内部控制，对于有效开发、利用和保护无形资产，促进企业发展战略和经营目标的实现具有十分重要的意义。

二、资产管理内部控制的总体要求

为促进实现资产管理目标，企业应当加强各项资产管理，全面梳理资产管理流程，及时发现资产管理中的薄弱环节，切实采取有效措施加以改进，并关注资产减值迹象，合理确认资产减值损失，不断提高企业资产管理水平。

（一）全面梳理资产管理流程

梳理资产管理流程要贯穿于各类存货、固定资产和无形资产从进入到退出的各个环节。存货从验收入库、仓储保管、出库、盘点和处置等环节进行梳理；固定资产从购建、验收、使用、维护、改造、盘点和处置等环节进行梳理；无形资产从投资、开发引进、申请、维护、应用和处置等环节进行梳理。努力实现资产管理流程的科学合理、有效运行。

（二）查找资产管理薄弱环节

在全面梳理资产管理流程的过程中，要着力关注各项资产的主要风险：一是存货积压或短缺导致的风险；二是固定资产更新改造不够、使用效能低下、维护不当、产能过剩导致的风险；三是无形资产缺乏核心技术、权属不清、技术落后、存在重大技术安全隐患导致的风险。要着重围绕上述三个方面的主要风险，细化、查找资产管理中的薄弱环节和主要问题，确保资产管理处于优化状态。

（三）健全和落实资产管理措施

企业应当对发现的薄弱环节和主要问题进行归类整理，深入分析，查找原因，建立健全各项资产管理措施。属于缺乏资产管理制度的，应当建立健全相关制度；属于制度执行不到位的，应当加大制度执行力；属于设施落后、老化的，应当及时更新、改造；

属于人员素质低下的，应加强员工培训，实行持证上岗；等等。同时，企业应当重视和加强各项资产的投保工作，采用招标等方式确定保险人，降低资产损失风险，防范各种资产舞弊行为的发生。

任务二
资产管理业务流程

一、存货管理业务流程

无论是生产企业还是商品流通企业，存货管理的业务流程都可以分为存货取得、验收入库、仓储保管、领用发出、销售处置、盘点清查等主要环节。

（一）存货取得

企业一般通过外购、自行生产或委托加工等多种方式取得存货。企业应当根据行业特点、生产经营计划、预算安排和市场因素等综合考虑，按照成本效益原则，确定不同类型存货的最佳取得方式，并严格按照库存定额、采购计划、生产计划和销售计划储存、采购、生产各种存货。

（二）验收入库

无论是外购原材料或商品，还是本企业生产的产品，都必须经过验收环节。它既包括计量验收，又包括质量、数量验收，还包括价格、成本的审核，以保证存货在数量、质量、价格和成本等方面符合采购计划、采购合同、质量标准等规定的要求。

（三）仓储保管

一般而言，生产企业为保证生产过程的连续性，需要对存货进行仓储保管；商品流通企业的存货从购入到销往客户之间也需要仓储保管环节。存货仓储保管的基本要求是按定额储存、按计划储存，要根据存货的不同性质和特点分门别类地进行妥善保管，采取各项措施，确保存货的仓储安全。

（四）领用发出

各类存货进行仓储保管的目的是领用发出。存货的用途不同，有的用于生产制造，有的用于设备维修，有的用于产品销售。不管存货用在什么地方，其基本原则是亘古不变的，即必须严格履行存货出库手续。由于存货的性质、价值、用途、用量不同，因此企业在存货领用发出的规定上会有所不同，领用人员和保管员都必须严格遵守相关规定，确保存货领用发出的准确无误。

（五）销售处置

销售处置是指存货退出企业生产经营活动的环节，包括商品和产成品的正常对外销售以及存货因变质、毁损等原因进行的变价处理。仓储管理人员要与销售人员、采购人员、审计人员密切配合，准确掌握各种存货的储存状况，及时处置积压、变质和毁损存货，按照销售计划组织产品或商品的出库业务。

企业存货管理业务流程如图 8－1 所示。

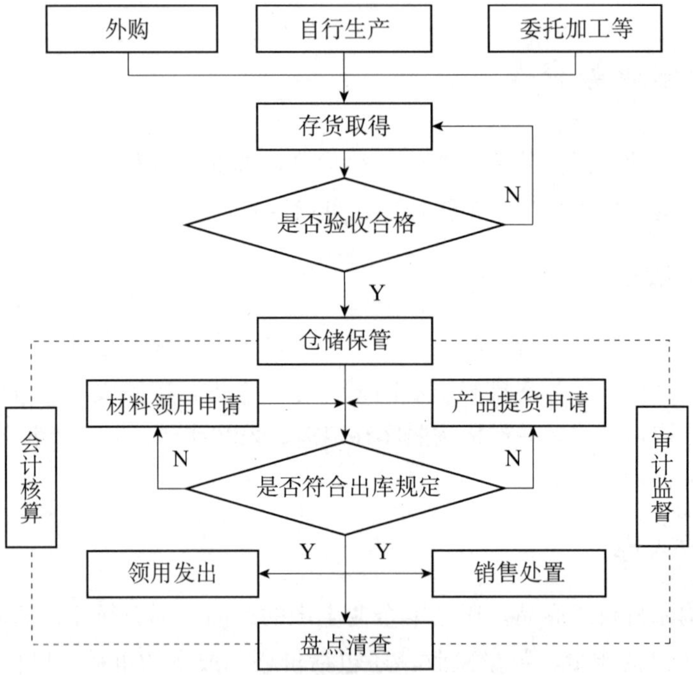

图 8－1　存货管理业务流程图

（六）盘点清查

存货盘点清查是存货管理的重要内容。通过盘点清查，一要核对存货的实物数量，核实账账相符、账实相符情况；二要关注存货的保存质量，看其是否有减值、损坏、过期变质情况；三要摸清存货有无超储、积压和报废情况。盘点清查一般采取定期与不定期相结合的方式，年度终了必须开展全面的存货盘点清查，并将盘点清查结果形成书面报告。

二、固定资产管理业务流程

固定资产管理的业务流程，一般包括固定资产取得、验收、账卡登记、运行管理、盘点清查、更新改造、资产处置和会计系统控制等环节。

（一）固定资产取得

企业一般通过外购、自行建造、非货币性资产交换等方式取得固定资产。企业应当根据行业特点、发展规划、投资计划、预算安排和市场因素等综合考虑，认真进行固定资产项目的可行性研究，做好固定资产投资决策，确定不同类型固定资产取得的最佳方式。

（二）验收

通过各种渠道取得的固定资产在交付使用前都要进行严格的检查验收，确保固定资产的种类、数量、质量、性能符合使用要求。外购固定资产应当根据合同协议、供应商发货单等对所购固定资产的品种、规格、数量、质量、技术要求及其他内容进行验收；自行建造的固定资产应由制造部门、固定资产管理部门、使用部门共同填制固定资产移交使用验收单，验收合格后移交使用部门投入使用；对投资者投入、接受捐赠、债务重组、企业合并、非货币性资产交换、外企业无偿划拨转入以及其他方式取得的固定资产均应办理相应的验收手续。

（三）账卡登记

企业从各种渠道取得的固定资产除需要纳入会计核算系统进行明细核算外，还需要编制固定资产目录，对每项固定资产进行编号，登记固定资产台账和建立固定资产卡片，详细记录各项固定资产的来源、购建日期、原始价值、使用地点、责任单位和责任人，以及日常运转、维修、改造、折旧、盘点等相关内容。

（四）运行管理

固定资产运行管理的内容主要包括定期检查、日常维修、定期保养、资产保险、运行记录、资产抵押等事项。搞好固定资产运行管理，是实现固定资产正常运行的基础和条件，而只有实现固定资产的正常运行，才能充分发挥固定资产的效能。

（五）盘点清查

固定资产在使用过程中会发生调拨、转移、流失、盘盈、盘亏、毁损等情况，因此企业需要定期对固定资产进行盘点清查，及时发现和处理固定资产管理中存在的问题，确保会计核算系统的固定资产明细账与使用部门的固定资产台账、固定资产卡片、固定资产实物之间核对相符。

（六）更新改造

更新改造是指以新的固定资产替换旧的固定资产，或以新的技术装备对原有的技术装备进行升级改造。企业只有适时进行固定资产更新改造，不断提高企业的技术装备水平，才能有效提升企业的市场竞争力，满足产品质量、产品性能、产品生产对技术装备的匹配要求。因此，企业应当组成专门班子定期或不定期地对固定资产的性能、状态和运行情况进行评估，及时进行固定资产的更新换代或技术改造。

（七）资产处置

当固定资产因为报废、毁损、淘汰、闲置、转让、投资、置换等原因需要退出企业时，企业固定资产管理部门要认真履行固定资产处置审批程序。重大固定资产处置需要经过公司董事会的审查批准。

（八）会计系统控制

固定资产的取得、验收、运行管理、更新改造、清查盘点和处置各个环节都离不开会计系统的控制。会计核算系统要确保固定资产增加、减少和结存记录与实际情况的一致性；要依据《企业会计准则》和固定资产核算制度的规定，合理确定折旧方法、折旧年限、净残值率和固定资产减值准备；保护固定资产的安全与完整。

企业固定资产管理业务流程如图 8－2 所示。

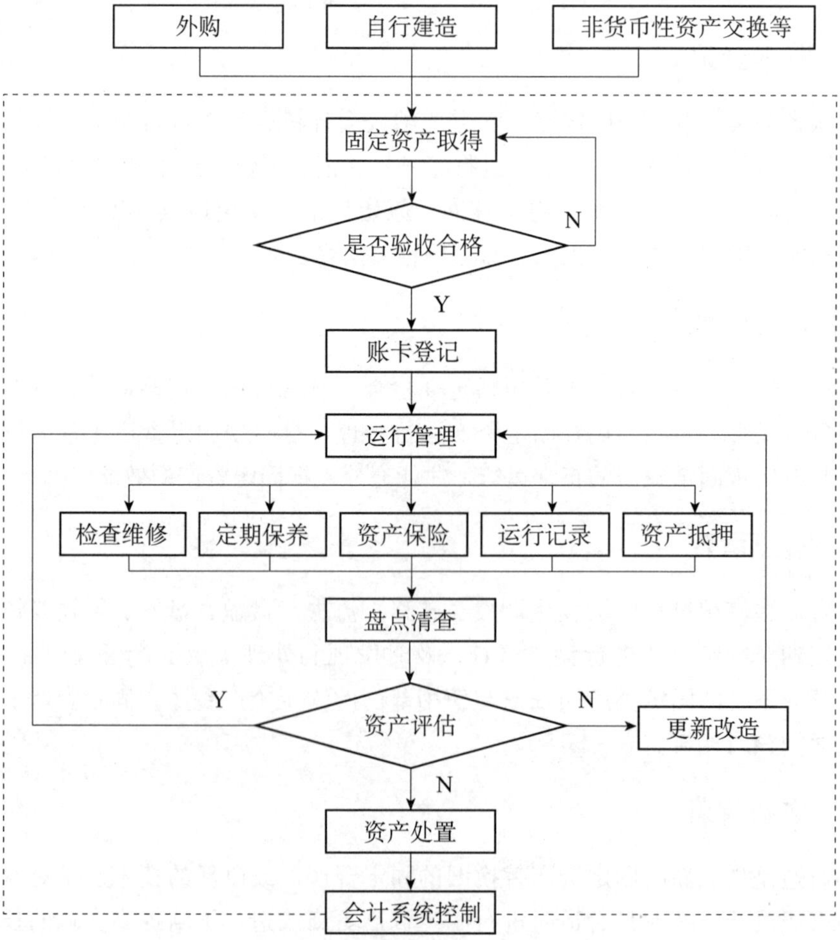

图 8－2　固定资产管理业务流程图

三、无形资产管理业务流程

无形资产管理的业务流程主要包括无形资产取得、验收与落实权属、使用与保全、技术升级与更新换代、无形资产处置等环节。

（一）无形资产取得

企业无形资产主要通过外部取得和内部自创取得。外部取得方式包括外购无形资产、通过非货币性交易换入无形资产、投资者投入无形资产、债务重组取得无形资产、接受捐赠取得无形资产；内部自创取得是指企业自行研究、开发取得无形资产。

（二）验收与落实权属

企业无论通过哪种方式取得的无形资产，都要经过专门机构和人员的鉴定验收，确认其技术的先进性和适用性。外购无形资产要仔细审核有关合同协议等法律文件，及时取得无形资产所有权的有效证明文件；企业自行开发的无形资产，要及时填制无形资产移交使用验收单；企业取得的土地使用权，必须取得土地使用权的有效证明文件；当无形资产权属关系发生变动时，应当按照规定及时办理权证转移手续。

（三）使用与保全

企业所拥有的无形资产应当得到充分、合理、有效的使用，充分发挥无形资产对提升企业产品质量和市场影响力的重要作用。同时，要加强无形资产管理，保证无形资产的安全与完整；对侵害本企业无形资产的行为，要积极取证，通过法律途径维护企业的合法权益。

（四）技术升级与更新换代

先进是一个相对的概念，“始终保持先进”的技术是不存在的，这是科学技术不断发展的必然结果。因此，企业应当定期对专利、专有技术等无形资产的先进性进行评估，及时淘汰落后技术，同时加大研发投入，不断推动无形资产的技术升级与更新换代，确保企业在市场竞争中始终处于优势地位。

（五）无形资产处置

企业应当建立无形资产处置的相关制度，确定无形资产处置的范围、标准、程序和审批权限等。对淘汰报废的无形资产，应按照无形资产管理规定进行报废清理；对拟出售或投资转出的无形资产，应由有关部门或人员提出处置申请，列明该项无形资产的原价、已提折旧、预计使用年限、已使用年限、预计出售价格或转让价格等，报经企业授权部门或人员批准后予以出售或转让。

企业无形资产管理业务流程如图 8-3 所示。

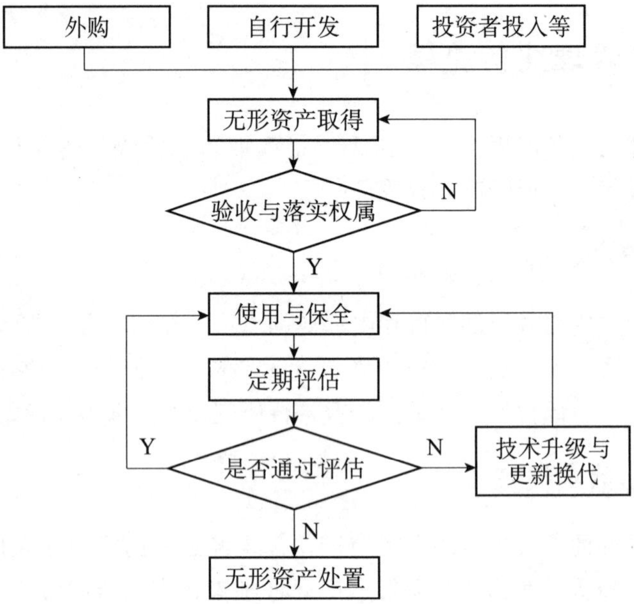

图 8-3 无形资产管理业务流程图

任务三

资产管理主要风险与控制措施

一、存货管理主要风险与控制措施

（一）存货管理的主要风险

企业存货管理至少应当关注下列风险：

1. 盲目采购风险

预算编制不科学、采购计划不合理，可能导致存货积压或短缺，甚至导致生产经营中断。

2. 验收不严风险

存货验收程序不规范、标准不明确，可能导致存货数量短缺、以次充好、账实不符。

3. 保管不当风险

仓储保管方法不适当、监管不严格，可能导致存货损坏变质、价值贬损、资源浪费。

4. 领用随意风险

领用发出手续不完备、审核把关不严格，可能导致存货浪费或流失。

5. 盘点不严风险

盘点清查制度不完善、清查计划不可行，可能导致盘点流于形式、无法查清存货的真实状况。

6. 处置失控风险

存货处置责任不明确、审批不到位、存在商业贿赂等舞弊行为，可能导致企业利益受损。

（二）存货管理的关键控制点、控制目标和控制措施

不同类型的企业有着不同的存货管理特征和管理模式，企业应当结合本企业的生产经营特点和管理要求，针对业务流程中的主要风险点和关键环节，制定有效的控制措施，确保存货管理全过程的风险得到有效控制。存货管理内部控制的关键控制点、控制目标和控制措施如表 8－1 所示。

表 8－1　存货管理内部控制的关键控制点、控制目标和控制措施

关键控制点	控制目标	控制措施
1. 存货取得	（1）存货取得合法合规 （2）满足生产经营活动需要 （3）保证存货处于最佳状态	（1）实施存货预算管理，制定科学严密的采购计划、生产计划和销售计划 （2）严格按照存货预算和各项计划采购、生产各类存货 （3）建立健全存货管理制度，并确保贯彻执行
2. 验收入库	严格按规定程序和验收标准办理存货入库	（1）建立健全存货验收入库制度，规范存货入库流程 （2）存货入库必须附有质量检验单、过磅单等凭证 （3）落实保管责任，杜绝不符合计划、合同、质量、数量要求的存货违规入库
3. 仓储保管	（1）加快存货周转，提高存货运营效率 （2）严加防范，保护库存物资安全完整	（1）建立存货管理岗位责任制，切实做到不相容岗位相互分离、制约和监督 （2）非库管人员未经授权不得接触库存物资 （3）严格执行存货库存定额，及时处理超储物资 （4）加强存货保险管理，合理降低存货意外损失风险 （5）落实安全责任，严肃处理安全责任事故
4. 领用发出	（1）严格履行存货出库手续 （2）确保存货出库合法合规	（1）建立健全存货出库制度，规范存货出库流程 （2）建立定额领料、限额领料、以旧换新等存货领用制度 （3）实行存货领用人员、发货人员定职定责管理 （4）严格出库凭证审核，序时登记存货出库记录 （5）保管人员要与有关部门定期核对有关凭证和账目 （6）实行发出存货跟踪反馈制度

续表

关键控制点	控制目标	控制措施
5. 销售处置	（1）存货销售合法合规 （2）存货处置及时合理	（1）建立并严格执行销售业务控制制度，落实各项销售业务控制措施 （2）制定并落实存货处置责任制度，明确存货处置审批权限，堵塞存货处置环节中的漏洞
6. 盘点清查	（1）严格执行存货盘点制度 （2）准确掌握存货种类、数量和质量 （3）实现存货账账相符、账实相符	（1）建立健全存货盘点清查制度 （2）存货定期盘点与不定期抽查相结合 （3）落实盘点清查工作责任制，防止盘点清查走过场 （4）及时编制盘点报告明细表，保管人员及盘点人员签字认可 （5）年度终了开展存货全面盘点清查，确保存货账账相符、账实相符 （6）分清、落实存货事故责任，分析原因，及时处理 （7）盘点清查中发现盘盈、盘亏、毁损、闲置以及需要报废的存货，应当查明原因，落实并追究责任，按照规定权限批准后处置

（三）存货管理的会计系统控制

企业应当按照《企业会计准则》的规定，准确进行存货业务的会计处理。要根据存货的特点及企业内部存货流转的管理方式，确定存货计价方法，防止通过人为调节存货计价方法操纵当期损益。计价方法一经确定，未经批准，不得随意变更。在资产负债表日，存货应当按照成本与可变现净值孰低计量。存货成本高于其可变现净值的，应当计提存货跌价准备，计入当期损益。存货管理的会计系统控制具体措施包括以下四个方面：

1. 制定存货核算制度

财务部门要根据《企业会计准则》的规定，结合本企业的实际情况和管理要求，制定本企业的存货核算制度，明确存货计价方法，实现存货核算有章可循、有法可依。

2. 严格审查、妥善保管存货凭证

财务部门应当安排专人负责存货核算工作，对存货业务的合同、协议、发票、出入库凭证等凭证资料登记严格审核、妥善保管，以备查用。

3. 准确核算存货业务

财务部门要按照《企业会计准则》和相关会计制度的要求，对存货的取得、保管、领用、销售等环节进行准确的会计核算，正确核算各类存货采购成本、生产成本和销售成本。

4. 及时核对存货账目

财务部门应当建立健全存货账目核对和财产盘点清查制度，会计人员每月和保管人员核对一次存货账目，年度终了对存货进行一次全面盘点，按照《企业会计准则》的要求合理计提存货跌价准备；同时，对盘点清查中发现盘盈、盘亏、毁损、闲置以及需要报废的存货，应当查明原因，及时、准确地进行会计账目处理。

二、固定资产管理主要风险与控制措施

（一）固定资产管理的主要风险

企业固定资产管理至少应当关注下列风险：

1. 固定资产取得、验收不当风险

新增固定资产计划不周、取得方式不当、验收程序不规范，可能导致新增固定资产质量、性能不符合企业生产经营活动要求，固定资产重复购置、产能过剩，影响固定资产的正常运行和效能发挥。

2. 固定资产使用维修不当风险

固定资产使用操作不当、设备失修或维护过剩，可能导致固定资产使用效率低下、产品生产合格率低下，甚至发生设备安全事故或资源浪费。

3. 固定资产更新改造不够风险

缺乏固定资产评估机制，固定资产更新改造不够，可能导致企业设备老化、资产价值贬损、使用效能低下、市场竞争力丧失。

4. 固定资产日常管理不善风险

固定资产账卡登记不及时、不完整，投保制度不健全，资产抵押不规范，账目核对、资产盘点清查流于形式，可能导致固定资产流失、信息失真、账实不符、索赔不力及资产被查封等风险，影响企业生产经营活动的正常进行，造成资产损失。

5. 固定资产处置不当风险

固定资产退出机制不完善，缺乏规范的固定资产淘汰处置评审决策制度，资产处置方式不科学、不公开、不合理，可能导致固定资产处置中的串通舞弊和商业贿赂行为，造成企业经济损失和有关人员经济犯罪。

（二）固定资产管理的关键控制点、控制目标和控制措施

固定资产管理内部控制的关键控制点、控制目标和控制措施如表 8－2 所示。

表 8－2　固定资产管理内部控制的关键控制点、控制目标和控制措施

关键控制点	控制目标	控制措施
1. 固定资产取得	（1）符合生产经营需要 （2）固定资产取得真实合法	（1）严格按照投资决策和预算安排购置、增加固定资产 （2）通过正规渠道、采取合法方式取得固定资产
2. 固定资产验收	保证固定资产质量和完整	（1）建立严格的固定资产交付使用验收制度 （2）根据合同、发货单等内容进行验收，出具验收单 （3）未通过验收的固定资产，一律不得接收

续表

关键控制点	控制目标	控制措施
3. 固定资产账卡登记	实现账、卡、物三相符	（1）建立健全固定资产账卡登记制度，落实固定资产岗位责任制 （2）编制固定资产目录，科学制定固定资产编码，建立固定资产卡片 （3）定期核对固定资产账、卡、物，确保账、卡、物三相符
4. 固定资产使用	（1）固定资产运转正常 （2）提高固定资产使用效率	（1）制定固定资产使用规范和操作手册 （2）对关键设备的操作人员进行岗前培训，要求其持资格证上岗 （3）加强设备的保养维护，杜绝设备带病运转 （4）建立健全固定资产运行管理档案
5. 固定资产维护	（1）保持固定资产性能 （2）提高设备完好率	（1）建立健全固定资产维修、保养制度，落实设备维护人员责任制 （2）定期检查维护，及时消除事故风险 （3）按年制定设备大修理计划，及时进行设备大修理
6. 固定资产更新改造	提升固定资产性能	（1）建立固定资产定期评估制度，正确做出固定资产更新改造决策 （2）及时实施固定资产更新改造方案，不断提升企业装备水平
7. 固定资产报废处置	（1）规范固定资产退出机制 （2）确保固定资产处置审批恰当	（1）建立固定资产报废处置管理制度，并严格执行 （2）及时处置多余、无用、报废的固定资产，盘活无效资金占用 （3）确保固定资产处置过程的公开、公平和公正，防止串通舞弊、商业贿赂行为的发生
8. 会计核算与管理	（1）规范固定资产核算 （2）加强固定资产管理	（1）严格执行固定资产投保政策，及时办理投保手续 （2）规范固定资产抵押管理，确定固定资产抵押程序和审批权限 （3）准确进行固定资产增减、折旧、减值核算 （4）定期进行固定资产盘点清查，及时、准确地处理固定资产盘盈、盘亏、毁损事项

（三）固定资产管理的会计系统控制

企业应当按照《企业会计准则》的规定，准确进行固定资产业务的会计处理。要根据固定资产的特点、企业性质、发展战略和管理需要，合理确定固定资产折旧方法，防止通过人为调整折旧方法操纵当期损益；要采取切实措施，准确、及时、完整地建立和登记固定资产明细账和管理卡片，定期清理核对固定资产账务，确保固定资产安全完整。固定资产管理的会计系统控制具体措施包括以下四个方面：

1. 制定固定资产核算制度

财务部门要根据《企业会计准则》的规定，结合本企业实际情况和管理要求，制定本企业的固定资产核算制度，确定计提折旧的固定资产范围、折旧方法、折旧年限、净残值率等折旧政策，明确固定资产减值准备核算方法，实现固定资产核算有章可循、有法可依。

2. 严格审查、妥善保管固定资产凭证

财务部门应当安排专人负责固定资产核算工作，对固定资产业务的合同、协议、发票、调拨单、盘点表、报废单等凭证资料登记严格审核、妥善保管，以备查用。

3. 准确核算固定资产业务

财务部门要按照《企业会计准则》和相关会计制度的要求，对固定资产的取得、保管、使用、维修保养、更新改造、报废处置等环节进行准确的会计核算，正确核算各类固定资产的原始价值、折旧、净值、减值准备和使用年限。

4. 及时核对固定资产账目

财务部门应当建立健全固定资产账目核对和盘点清查制度，每年至少进行一次固定资产盘点清查，按照《企业会计准则》的要求合理计提减值准备；对盘点清查中发现盘盈、盘亏、毁损、闲置以及需要报废的固定资产，应当查明原因，及时、准确地进行会计账目处理。

案例分析

鑫源公司是一个从家庭作坊发展起来的大型民营企业，主要生产机械铸造产品。董事长擅长经营，管理也不含糊，为了防范资产流失，制定了严格的物资出入厂制度，员工如有偷窃行为，一经发现，立即送交公安机关处置。然而，令董事长百思不得其解的是：公司的固定资产总是账实不符，每到年底盘点清查时，盘盈、盘亏、毁损比比皆是，换了几任财务总监也无济于事。无奈之下，董事长聘请了一位管理专家帮助会诊。管理专家经过调研发现，鑫源公司的固定资产管理存在以下问题：

(1) 固定资产重购置、轻管理。公司的固定资产购置都是由董事长亲自决策，并安排专门部门进行采购或建造。但是，固定资产投入使用后就放松了监督管理，只是在大门口严加盘查，平常的使用、转移、调拨则无人管理。

(2) 固定资产的会计核算与实物管理严重脱节。财务部门设有一个固定资产核算岗位，但只是按照凭证记账、按月计提折旧，年末根据盘点清查结果处理盘盈、盘亏。至于日常的固定资产则无人管理，公司下设的五个分厂也没有建立固定资产台账和卡片。

(3) 造成固定资产盘盈、盘亏的主要原因有两个：一是各分厂之间的设备经常调来调去，只要董事长或总经理一句话，设备就可以大搬家，因此造成有的分厂固定资产盘盈，有的盘亏；二是分厂的固定资产有很多是模具和周转箱，不仅流动性大，而且经常需要更新，分厂操作工人为了降低原料消耗、提高出铁率，就将这些报废的模具和周转箱直接化成铁水，变成了一个个铸件产品。

分析要求：根据内部控制的有关规范和原理，结合管理专家调研发现的问题，制定鑫源公司改进固定资产管理的方法和措施。

分析提示：鑫源公司固定资产管理出现的混乱状况，主要是由缺乏内部控制制度和管理不善造成的。因此，应重点采取以下方法和措施：

第一，建立健全固定资产内部控制制度。固定资产的购置、建造、验收、登记、使用、保养、维修、更新改造、调拨、报废处置等环节都要纳入内部控制管理范围，实现固定资产从决策、使用到报废处置全过程都有严格的控制制度。

第二，加强固定资产日常核算与管理。一是建立固定资产目录，将公司所有固定资产全部登记入账，并实行固定资产一物一卡和一物一编号制度，使每一件固定资产都有一个唯一的号码和管理卡片；二是在各分厂设置固定资产专职或兼职管理岗位，负责本部门固定资产的增加、转移、报废处置、盘点、核对等管理工作；三是建立严格的固定资产内部转移和报废处置管理制度，固定资产在各分厂之间的调拨、转移以及报废处置，一律填写固定资产调出、调入审批单和固定资产报废处置审批单，不仅公司领导要签字，使用部门，调出、调入部门负责人要签字，而且财务部门固定资产核算会计和分厂固定资产管理人员也要签字，并且要做好固定资产明细账、台账、卡片的登记处理，确保账、卡、物三相符。

第三，建立固定资产管理经济责任制。固定资产管理控制的重点是使用部门，因此，公司董事长或总经理要与各分厂厂长签订《固定资产安全责任书》，明确分厂厂长在固定资产管理中的经济责任。对于固定资产出现的盘盈、盘亏和非正常报废事件，一律追究分厂厂长的经济责任。同时，财务部门要担负起固定资产的综合管理责任，搞好日常核算与管理，实行每个季度核对一次固定资产账、卡、物的办法，及时发现固定资产在日常管理中存在的问题并及时处理。

三、无形资产管理主要风险与控制措施

（一）无形资产管理的主要风险

企业无形资产管理至少应当关注下列风险：

1. 无形资产取得不当风险

无形资产取得方式不当、违反国家法律法规，无形资产业务未经适当审批或超越授权审批，可能导致企业遭受法律与经济处罚、信誉受损、经济利益遭受损害。

2. 无形资产验收不严风险

无形资产验收程序不规范、权属不清，可能导致无形资产不符合企业需求、企业资源浪费或引发法律诉讼。

3. 无形资产使用管理不善风险

无形资产长期闲置或使用效率低下、效能发挥不到位、缺乏严格的保密制度、日常管理松懈，可能导致商业机密泄露、无形资产被侵权以及内外勾结、串通舞弊等行为，严重损害企业利益。

4. 无形资产升级换代不力风险

企业缺乏无形资产评估机制，无形资产内含的技术未能得到及时升级和更新换代，可能导致企业技术落后或存在重大技术安全隐患，使企业丧失市场竞争优势。

5. 无形资产处置不当风险

长期闲置或已经失去使用价值的无形资产，如果处置不及时或者处理方式不当，可能导致串通舞弊行为，造成企业资产流失和浪费。

6. 会计核算不当风险

对无形资产业务相关信息的会计核算不规范、不严密、不合法、不真实、不完整，可能导致企业无形资产账实不符或资产损失。

（二）无形资产管理的关键控制点、控制目标和控制措施

无形资产管理内部控制的关键控制点、控制目标和控制措施如表 8 - 3 所示。

表 8 - 3 无形资产管理内部控制的关键控制点、控制目标和控制措施

关键控制点	控制目标	控制措施
1. 无形资产取得	（1）取得方式合法有效 （2）符合公司要求	（1）严格按照发展战略和预算安排购买、研发无形资产 （2）通过正规渠道、采取合法方式取得无形资产
2. 验收与落实权属	（1）保证具有先进性 （2）权属明确	（1）建立严格的无形资产交付使用验收制度 （2）明确无形资产的权属关系，及时办理产权登记手续 （3）对无形资产技术的先进性进行鉴定、评审 （4）无形资产权属关系发生变动时，应当及时办理权证转移手续
3. 使用与保全	（1）发挥无形资产效能 （2）保证无形资产安全	（1）充分发挥无形资产效能，提高无形资产使用效率 （2）建立健全无形资产核心技术保密制度 （3）对无形资产的保管及接触应有记录，实行责任追究 （4）严厉打击无形资产侵权、泄密、串通舞弊行为
4. 技术升级与更新换代	保持无形资产的先进性	（1）定期对专利、专有技术等无形资产的先进性进行评估 （2）加大研发投入，不断推动企业自主创新与技术升级
5. 无形资产处置	保证授权审批	（1）建立无形资产处置管理制度，明确无形资产处置的范围、标准、程序和审批权限等要求 （2）按照不相容职务分离控制原则办理无形资产处置事宜 （3）合理确定无形资产处置价格，并实行授权审批控制 （4）重大无形资产处置，应当委托专业中介机构进行资产评估

（三）无形资产管理的会计系统控制

企业应当按照《企业会计准则》的规定，准确进行无形资产业务的会计处理。要根据无形资产的特点和管理需要，合理确定无形资产的使用寿命，正确选择无形资产摊销方法，并做好无形资产的减值处理，防止通过变更无形资产摊销操纵当期损益；要采取切实措施，准确、及时、完整地建立和登记无形资产明细账，定期清理核对无形资产账务，确保无形资产安全完整。无形资产管理的会计系统控制具体措施包括以下四个方面：

1. 制定无形资产核算制度

财务部门要根据《企业会计准则》的规定，结合本企业的实际情况和管理要求，制定本企业的无形资产核算制度，确定无形资产的摊销范围、摊销年限和摊销方法，明确无形资产减值准备核算方法，实现无形资产核算有章可循、有法可依。

2. 严格审查、妥善保管无形资产凭证

财务部门应当安排专人负责无形资产核算工作，对无形资产业务的合同、协议、权证、发票等凭证资料登记严格审核、妥善保管，以备查用。

3. 准确核算无形资产业务

财务部门要按照《企业会计准则》和相关会计制度的要求，对无形资产的取得、使用、保全、技术升级与更新换代、报废处置等环节进行准确的会计核算。

4. 及时核对无形资产账目

财务部门应当建立健全无形资产账目核对清查制度，每年至少进行一次无形资产核对清查，按照《企业会计准则》的要求合理计提减值准备；对核对清查中发现侵占、闲置以及需要报废的无形资产，应当查明原因，及时、准确地进行会计账目处理。

任务四
资产管理控制制度设计

一、资产管理控制制度的设计方法与内容

资产管理控制制度设计主要包括现状调研、风险评估、内部控制测试和制度设计四大基本环节。各环节的设计方法与内容是：

（一）现状调研

1. 了解内部控制现状

首先，确认有无存货、固定资产和无形资产管理方面的相关控制制度和规定；其次，确认现行制度设计得是否完善；再次，确认制度是否得到贯彻执行；最后，确认有无具体的操作文件、控制表单及监控档案等。

2. 梳理描述业务流程

分析企业资产管理的业务流程有哪些，流程包括哪些环节，设有哪些关键控制点，能否有效控制资产管理可能发生的风险，并将企业各类资产管理的业务流程现状用图表的形式描绘出来。

（二）风险评估

资产管理风险评估包括目标设定、风险识别、风险分析和风险应对四个环节。

1. 目标设定

首先，根据企业存货、固定资产和无形资产管理目的和要求设定各类资产管理的总体控制目标；然后，根据各类资产管理业务流程，分别设定资产增加、减少、使用、折旧或摊销、保管、盘点、报废、会计系统控制等环节的具体控制目标。

2. 风险识别

要对照《企业内部控制应用指引第 8 号——资产管理》中有关资产管理风险的提示，结合企业资产管理实际情况，识别并具体描述存货、固定资产和无形资产管理各环节可能遇到或发生的各种风险。要关注引起存货、固定资产和无形资产风险的主要因素，准确识别与实现各类资产管理控制目标有关的内部风险和外部风险。

3. 风险分析

首先，从内部因素和外部因素两方面分析企业存货、固定资产和无形资产管理风险产生的原因；然后，对照各类资产管理风险评估标准进行风险评估，并编制各类资产管理风险评价表。

4. 风险应对

资产管理风险应对是选择资产管理风险应对策略的过程。要结合企业实际情况，明确存货、固定资产和无形资产各环节的职责权限和岗位分离要求，落实责任追究制度，确保各类资产安全、有效运行。要根据风险分析和评估结果，针对不同等级的资产管理风险，相应采取风险规避、风险降低、风险分担和风险承受四种应对策略，并编制各类资产管理风险应对表。

（三）内部控制测试

资产管理内部控制测试在现状调研和风险评估的基础上进行，主要包括根据内部控制缺陷评价标准进行内部控制缺陷测试和编制内部控制缺陷评价表两项工作。

(四) 制度设计

资产管理控制制度设计的基本程序包括确定关键控制点、编制风险控制矩阵、完善内部控制制度和绘制控制流程图四个环节。

1. 确定关键控制点

资产管理关键控制点的确定应根据各类资产管理风险评估的结果，结合内部控制缺陷评价结论进行。一般来说，存货管理的关键控制点应当包括验收、入库、出库、盘点、报废等环节；固定资产管理的关键控制点应当包括购置、验收、使用、盘点、更新改造、处置等环节；无形资产管理的关键控制点应当包括无形资产取得、验收、权属、使用、保密、产权保护、处置等环节。

2. 编制风险控制矩阵

资产管理风险控制矩阵是对各类资产管理流程中的控制目标、各种风险、关键控制点、责任主体、应对策略等的简要说明与描述，是资产管理内部控制制度设计要素的集中体现和纲领性文件，也是企业各类资产管理内部控制制度的重要组成部分。

3. 完善内部控制制度

根据各类资产管理内部控制的要求、现行资产管理控制制度的设计运行情况，以及风险评估结论，修订、完善、补充或重新制定各类资产管理内部控制制度，要将内部控制的原则、要求、方法和措施嵌入资产管理制度之中。

4. 绘制控制流程图

根据各类资产管理风险控制矩阵和资产管理控制制度，结合各类资产管理的实际情况绘制各类资产管理控制流程图，标明风险控制点和关键控制点，并编写控制流程说明。

二、资产管理控制制度的设计目标

(一) 存货管理控制制度的设计目标

1. 科学供应，满足生产经营活动需要

无论是生产活动还是销售活动，都需要大量的存货供应。如果存货供应在时间、品种、质量、数量上出现问题，轻者会给企业带来经济损失，严重的会造成企业停产事故、安全事故，甚至威胁企业的持续经营和长久发展。因此，从时间、品种、质量、数量等方面保证生产经营活动的存货供应是存货内部控制的首要目标。

2. 加快周转，提高存货运营效率

如果存货储存不足，会影响生产和销售活动的正常进行；如果存货储备过多，会加大资金占用、降低存货运营效率，导致资金周转困难，最终影响企业的经济效益。因此，加快存货周转、提高存货运营效率是存货内部控制的重要目标。

3. 控制成本，提高经营效率和效果

存货成本不仅影响产品成本，而且影响产品的市场竞争力，并直接影响企业的经营效率和效果。因此，企业应当在存货采购、保管、使用、销售、运输各环节控制存货的订购成本、采购成本、储存成本、使用成本、运输成本和销售成本，以实现提高经营效率和效果的目标。

4. 严格核算，合理确认存货价值

企业要按照《企业会计准则》和相关会计制度的规定进行存货的会计核算，要根据存货的特点及管理需要，在《企业会计准则》允许的范围内确定存货计价方法，合理确认存货价值，防止通过人为调节存货计价方法操纵当期损益。存货计价方法一经确定，未经批准，不得随意变更。

5. 严加防范，保护存货安全完整

存货具有流动性大、分布面广、形态不断转换的特性，防止存货短缺、浪费、侵占、损毁、失窃，保护存货安全完整是存货管理中的重要内容。因此，企业应当加强存货制度建设，完善存货采购、验收、保管、领用、入库、出库、盘点和核算等方面的管理制度和业务流程，防止并及时发现和纠正存货业务中的各种差错和舞弊，确保存货的安全完整。

（二）固定资产管理控制制度的设计目标

1. 保证固定资产业务的合规性

固定资产内部控制的首要目标是保证各个环节的固定资产业务活动都符合国家的法律法规，符合企业制定的固定资产管理制度和业务流程。

固定资产管理制度文本

2. 保护固定资产的安全完整

固定资产以实物资产形态存在，易受到侵占、盗窃、破坏、流失、使用不当、保护不良等损害。固定资产一旦遭受损害，就会影响某个环节或者整个企业的生产经营活动，给企业造成的经济损失将远远超过一般的流动资产所带来的损失。因此，企业应当采取有效措施保护固定资产的安全完整。

3. 提高固定资产的利用率

固定资产利用率是指固定资产利用的有效性和充分性。固定资产利用率的高低、效果的好坏与企业经济效益的好坏息息相关。因此，企业应当合理配置固定资产的种类与数量，及时处置闲置固定资产，加强固定资产的日常维修与保养，保证固定资产的完好状态，努力提高固定资产利用率。

4. 确保固定资产核算的真实性和完整性

固定资产核算涉及固定资产的增加、减少、盘点清查、盘盈盘亏、计提折旧和资产减值等会计业务，企业应当制定科学规范的固定资产核算制度，必须严格划分资本性支出与收益性支出，正确提取折旧，定期进行固定资产的减值测试，对固定资产进行定期盘点，切实做到账账相符、账实相符，以保证会计信息的真实性和完整性。

（三）无形资产管理控制制度的设计目标

1. 保证无形资产业务的合规性

一是无形资产的取得、使用、保护和处置必须符合国家法律法规和国际惯例，二是无形资产的取得、使用、保护和处置必须符合企业有关无形资产管理制度的规定，三是防止无形资产业务中的串通舞弊、损公肥私等违法乱纪行为。

无形资产管理制度文本

2. 保证无形资产的先进性

无论是购买的无形资产，还是自行开发的无形资产，或者通过其他途径取得的无形资产，都必须进行鉴定验收，以保证其先进性。

3. 发挥无形资产的最大效能

资产是预期会给企业带来经济利益的资源，无形资产也不例外。企业通过使用无形资产，可以有效提升核心竞争力，给企业带来巨大的经济效益。但是，如果无形资产使用不当或长期闲置不用，不仅不能发挥无形资产的效能，而且自身价值也会丧失殆尽。因此，提高无形资产的使用效率，发挥无形资产的最大效能，是无形资产内部控制的重要目标。

4. 保护无形资产的安全完整

由于无形资产能够给企业带来经济效益，它也和其他资产一样时刻面临着泄密、侵权、侵占、毁损、诉讼等安全隐患，因此，企业需要采取恰当的应对策略，有效规避各种风险的发生，保护无形资产的安全完整。

三、资产管理控制制度设计案例

哈工大首创科技股份有限公司资产管理控制制度

第一章　总则

第一条　为了提高公司资产使用效能，保证资产安全，根据有关法律法规和《企业内部控制基本规范》《企业内部控制应用指引第8号——资产管理》的要求，制定本制度。

第二条　本制度适用于公司及其下属分公司及全资子公司、控股子公司［注：分公司及全资子公司、控股子公司，以下简称分（子）公司］。

第三条 本制度所称资产，是指企业拥有或控制的存货、固定资产和无形资产。

第四条 公司资产管理至少应当关注下列风险：

（一）存货积压或短缺，可能导致流动资金占用过量、存货价值贬损或生产经营能力减弱。

（二）固定资产购买、建造决策失误，可能造成公司资产损失或资源浪费。

（三）固定资产更新改造不够、使用效能低下、维护不当、产能过剩，可能导致企业缺乏竞争力、资产价值贬损、安全事故频发或资源浪费。

（四）无形资产缺乏核心技术、权属不清、技术落后、存在重大技术安全隐患，可能导致企业法律纠纷、缺乏可持续发展能力。

第五条 公司在建立与实施资产管理的内部控制过程中，应加强对下列关键方面或关键环节的控制：

（一）公司应当根据战略发展和资产安全目标，加强各项资产管理，提高公司资产管理水平。

（二）全面梳理资产管理流程，发现资产管理中的薄弱环节，应当及时采取有效措施加以改进，发挥资产效率。资产出现减值迹象，应当合理确认资产减值损失。合理配置资产，提高资产利用率。

（三）资产请购、审批、采购、验收、付款、保管（储存）、维护、处置等环节的职责权限和岗位分离要求应当明确，按照规定的审批权限和程序办理有关业务。

（四）应当重视和加强各项资产的投保工作，采用保价优惠与理赔质量比较方式确定保险人，降低资产损失风险，防范资产投保舞弊。

第六条 公司财务部负责制定有关制度和流程，经公司财务总监审核后报公司总经理室批准实施。

第二章 存货

第七条 公司存货通常包括各类商品、周转材料、低值易耗品等。

客户委托公司送往生产工厂的加工、定制、代修的商品也可参照实施。

第八条 公司应当建立存货业务的岗位责任制，明确存货管理部门和岗位的职责、权限，确保办理存货业务的不相容岗位相互分离、制约和监督。

第九条 公司内部除存货管理部门及人员外，其他部门和人员接触存货时，应当经过主管部门特别授权。公司对贵重物品应当规定更严格的接触限制条件，必要时，存货管理部门内部也应执行授权接触。

第十条 公司可以根据业务特点及成本效益原则选用信息系统技术对存货业务进行管理和控制，但应注意信息系统的有效性、可靠性和安全性，并制定防范意外事项的有效措施。

第十一条 公司应当重视存货验收工作，规范存货验收程序和方法，对入库存货的数量、质量、技术规格等方面进行查验，验收无误方可入库。

外购存货的验收，应当重点关注合同、发票等原始单据与存货的数量、质量、规格等核对一致。涉及技术含量较高的存货，必要时可委托具有检验资质的机构或聘请外部专家协助验收。

自制存货的验收，应当重点关注产品质量，经检验合格的才能办理入库手续，不合格的应及时查明原因、落实责任、报告处理。

其他方式取得存货的验收，应当重点关注存货来源、质量状况、实际价值是否符合有关合同协议的约定。

与厂方联营或受托代销商品的验收与保管，有协议的按协议办理。

第十二条　对于已售商品退货的入库，应当根据经批准后的退货凭证办理入库验收。因商品质量问题发生的退货，应当确定责任，妥善处理。

第十三条　公司应当建立存货保管制度，定期对存货进行检查，重点关注下列事项：

（一）存货在不同仓库之间流动时应当办理出入库记录。

（二）应当按仓储货物所要求的储存条件贮存，并健全防火、防潮、防鼠、防盗和防变质等措施。

（三）加强贵重商品、关键备件、检测仪器的管理，防止损坏、被盗。

（四）对代管、代销、暂存、受托加工的存货，应单独存放和记录，避免与本公司存货混淆。

（五）公司应当加强存货的保险投保，合理降低存货意外损失风险。

第十四条　公司对由独立设置的仓储部门直接向客户发货的，应当根据经审批的销售（出库）通知单发出货物，并详细记录存货出入库及库存情况，定期检查核对。

独立设置的仓储部门应当与采购部门沟通库存情况，保证最佳库存状态。

第十五条　公司应当建立存货盘点清查制度，确定盘点周期、盘点流程等相关内容，核查存货数量，及时发现存货减值迹象并提出处置意见。

公司至少应当在每年年终前开展全面盘点清查，盘点清查结果应当形成书面报告。

盘点清查中发现的存货盘盈、盘亏、毁损、闲置以及需要报废的存货，应当查明原因、落实并追究责任，按照规定权限批准后处置。

第三章　固定资产

第十六条　固定资产通常包括房屋建筑物（含投资性房地产）、机器设备、运输设备等满足以下两个条件的各类有形资产：一般单位价值在 3 000 元以上，且使用寿命超过一个会计年度。

第十七条　公司应当对固定资产业务建立严格的授权批准制度，严禁未经授权的机构或人员办理固定资产业务。

经办人在职责范围内，按照审批人的批准意见办理固定资产业务。对于审批人超越授权范围审批的固定资产业务，经办人员有权拒绝办理，并及时向上级部门报告。

第十八条　公司应当制定固定资产业务流程，明确固定资产预算编制、取得与验收、使用与维护、处置等环节的控制要求，并如实记载各环节业务开展情况，及时传递相关信息，确保固定资产业务全过程得到有效控制。

第十九条　公司应当严格执行固定资产投资预算，超预算或预算外固定资产投资项目，应当由固定资产相关责任部门提出申请，经审批后再办理相关手续。

第二十条　公司应当建立固定资产请购与审批制度。

日常一般固定资产采购，由采购部门（如办公室）通过了解和掌握供应商情况，采取比质比价的办法确定供应商，由采购部门提出采购申请，经审批后执行。

公司的固定资产采购应当纳入年度预算管理，按规定权限审批；重大（一般为500万元以上）的固定资产采购，应当由董事会集体决策审批，并采取招标或竞争性谈判方式进行。

第二十一条　公司应建立固定资产交付使用验收制度，验收合格后方可投入使用。固定资产交付使用的验收工作由固定资产管理部门、使用部门及相关部门共同实施。

第二十二条　公司应当制定固定资产目录，建立固定资产卡片，详细记录各项固定资产的来源、验收、使用地点、责任单位和责任人、运转、维修、改造、折旧、盘点等相关内容。

第二十三条　公司应当建立固定资产的维修、保养制度，规范审批流程，经规定权限批准后实施。

公司应当强化对生产经营设备运转的监控，严格操作流程，实行岗前培训和岗位许可制度，确保设备安全运转。

第二十四条　公司应当根据发展战略，充分利用国家有关自主创新政策，加大技改投入，不断促进固定资产技术升级，淘汰落后设备，切实做到保持固定资产技术的先进性和公司发展的可持续性。

第二十五条　公司应根据固定资产的性质和特点，明确固定资产投保范围、政策和审批流程。投保范围和政策应足以应对固定资产因各种原因发生损失的风险。

第二十六条　公司将固定资产用作抵押的，应当由相关部门提出申请，经公司授权部门或人员批准后，由资产管理部门办理抵押手续。

公司应当加强对接收的抵押资产的管理，编制专门的资产目录，合理评估抵押资产的价值。

第二十七条　公司应当建立固定资产清查制度，至少每年进行全面清查。对固定资产清查中发现的问题，应当查明原因，追究责任，妥善处理。

第二十八条　公司应当加强对固定资产处置的控制，关注固定资产处置中的关联交易、处置定价和审批流程，防范资产流失。

第二十九条　公司出租、出借固定资产，应当由固定资产管理部门会同财务部门按规定报经批准后予以办理，并签订合同或协议，对固定资产出租、出借期间所发生的维护保养、税负责任、租金、归还期限等相关事项予以约定。

第三十条 公司对于固定资产的内部调拨，应填制固定资产内部调拨单，明确固定资产调拨时间、调拨地点、编号、名称、规格、型号等，经有关负责人审批通过后，及时办理调拨手续。

第三十一条 公司及其下属分（子）公司的负责资产管理的部门应当制定固定资产请购与采购、交付与验收、维修与保养、清查与评估、出租与出借，以及投保、处置等事项的具体管理规定和流程，经规定权限批准后实施。

第四章 无形资产

第三十二条 无形资产通常包括专利权、非专利技术、商标权、著作权、特许权、土地使用权等。

第三十三条 公司应当加强对品牌、商标、专利、专有技术、土地使用权等无形资产的管理，制定无形资产管理办法，落实无形资产管理责任，促进无形资产有效利用，充分发挥无形资产对提升公司核心竞争力的作用。

第三十四条 公司应当全面梳理外购、自行开发以及其他方式取得的各类无形资产的权属关系，加强无形资产权益保护，防范侵权行为和法律风险。无形资产具有保密性质的，应当采取严格保密措施，严防泄露商业秘密。对技术资料等无形资产的保管及接触应保留记录，对重要的无形资产应及时申请法律保护。

公司购入或者以支付土地出让金等方式取得的土地使用权，应当取得土地使用权有效证明文件。

第三十五条 公司应当定期对专利、专有技术等无形资产的先进性进行评估，淘汰落后技术，加大研发投入，促进技术更新换代，不断提升自主创新能力，努力做到核心技术处于同行业领先水平。

第三十六条 公司应当重视品牌建设，加强商誉管理，通过提供高质量商品和优质服务等多种方式，不断打造和培育主业品牌，切实维护和提升公司品牌的社会认可度。

第三十七条 公司应当根据无形资产的性质确定无形资产的保全范围和政策。保全范围和政策应足以应对无形资产因各种原因发生损失的风险。

第三十八条 公司应当建立无形资产处置的相关制度，确定无形资产处置的范围、标准、程序和审批权限等。

对于重大无形资产的处置，可以委托具有资质的中介机构进行资产评估，并由公司总经理室或公司董事会集体决策审批，并建立集体审批记录机制。

第五章 资产减值准备控制

第三十九条 公司各项资产未来可收回金额或期末市价低于账面价值的，应当计提资产减值准备。公司应当明确计提资产减值准备的标准和审批权限及流程。

第四十条 公司期末资产可收回金额按《企业会计准则》及《企业会计准则——应用指南》规定的原则确定。预计的资产减值损失计入当期损益。

第四十一条 公司期末应当对存货进行检查，按存货可收回金额低于账面价值的差额计提存货跌价准备，已计提跌价准备的存货价值以后又得以恢复，应在原已确认的存货跌价准备的金额内转回。

领用、出售已计提跌价准备的存货，应当相应调整已计提的跌价准备。

第四十二条 公司期末应当对固定资产逐项进行检查，按单项固定资产或某项资产组可收回金额低于账面价值的差额计提减值准备，减值准备一经计提，不予转回。

第四十三条 公司期末的无形资产应当逐项进行检查，按单项无形资产可收回金额低于账面价值的差额计提减值准备，减值准备一经计提，不予转回。

第四十四条 公司应当在年度财务报告中根据信息披露的要求披露资产减值准备。必要时由总经理室向董事会提交计提资产减值准备的专题书面报告，详细说明计提减值准备的依据、方法、比例和数额，以及对公司财务状况和经营成果的影响等。涉及重大资产减值准备专题报告经董事会审议通过后，还应上报股东大会审批。

第六章 资产损失处理控制

第四十五条 公司应当明确资产损失的审批与核销程序，合理确认各项资产损失。

资产损失金额重大（一般为 50 万元以上）或性质严重的，公司总经理应以书面报告方式提交董事会审批，经董事会审议批准后核销。

资产损失金额或计提金额在 1 000 万元以上，公司董事会应向股东大会书面报告，经批准后实施。

董事会提交的书面报告应当明确反映独立董事发表的独立意见。

第七章 附则

第四十六条 公司及其下属各分（子）公司应当按照本制度所规定的要求制定相关实施细则或具体执行办法。实施细则或执行办法经所在单位总经理室办公会议批准后执行，并报公司办公室备案。

第四十七条 本制度由公司董事会负责解释和修订。

第四十八条 本制度自公司董事会审议批准之日起正式施行，修改时亦同。

项目小结

本项目讲解企业资产管理控制，包括资产管理控制概述、资产管理业务流程、资产管理主要风险与控制措施、资产管理控制制度设计四部分内容。内部控制所定义的资产是指企业拥有或控制的存货、固定资产和无形资产。资产作为企业重要的经济资源，是企业从事生产经营活动并实现发展战略的物质基础。如果企业资产管理失控，不仅会导致存货损失、浪费，固定资产贬损、流失，无形资产缺失、落后，还会危及企业的生存和发展。学习资产管理控制要重点理解各类资产的含义、内容、主要风险、关键控制点、控制目标和控制措施，了解掌握资产管理控制制度设计的方法和内容。

项目练习

一、单选题

1.《企业内部控制应用指引第 8 号——资产管理》所定义的资产是指企业（　　）的存货、固定资产和无形资产。

A. 拥有　　B. 拥有或控制　　C. 控制　　D. 管理或使用

2. 无形资产管理的业务流程主要包括无形资产取得、验收与落实权属、（　　）、技术升级与更新换代、无形资产处置等环节。

A. 明确责任　　B. 使用与保全　　C. 登记造册　　D. 妥善保存

3. 存货管理的关键控制点包括存货取得、验收入库、仓储保管、领用发出、（　　）、销售处置等。

A. 核对账目　　B. 配料送货　　C. 定额管理　　D. 盘点清查

4. 固定资产管理的业务流程一般包括固定资产取得、验收、账卡登记、运行管理、盘点清查、（　　）、资产处置和会计系统控制等环节。

A. 更新改造　　B. 维修保养　　C. 大修小修　　D. 设备升级

二、判断题

1. 无论是生产企业还是商品流通企业，其存货管理业务流程的主要环节是一致的。（　　）

2. 存货取得环节的控制目标有三个：一是存货取得合法合规，二是满足生产经营活动需要，三是保证存货处于最高储备状态。（　　）

3. 企业对无形资产进行技术升级与更新换代的目的是保持无形资产的先进性。（　　）

三、简答题

1. 资产管理内部控制的总体要求是什么？

2. 存货管理的主要风险和关键控制点有哪些？

3. 固定资产管理的主要风险和关键控制点有哪些？

4. 无形资产管理的主要风险和关键控制点有哪些？

5. 固定资产使用的控制目标和控制措施有哪些？

项目实训

案例见资产管理控制制度设计案例《哈工大首创科技股份有限公司资产管理控制制度》。

【分析要求】根据资产管理控制的总体要求和各类资产控制制度设计的目标，分析、评价上述资产管理制度是否符合资产管理内部控制的要求，并重点思考以下两个问题：

（1）该资产管理控制制度是否充分考虑到了企业资产管理应当关注的主要风险？

（2）该资产管理控制制度还存在哪些缺陷需要改进和完善？

项目九

工程项目控制

教学目标

知识目标

了解工程项目的业务流程

掌握工程项目的主要风险、关键控制点和控制措施

能力目标

理解工程项目控制制度设计的目标

能够为中小企业设计简单的工程项目控制制度

素养目标

具有防范工程项目主要风险的意识

初步掌握工程项目控制制度的设计方法

工程项目控制概述

学习指南

学习任务	知识概要
任务一 工程项目控制概述	工程项目的含义及特点 工程项目内部控制的总体要求
任务二 工程项目业务流程	工程项目业务流程概述 工程项目业务流程的环节与内容
任务三 工程项目主要风险与控制措施	工程项目的主要风险 工程项目的关键控制点、控制目标和控制措施 工程项目的会计系统控制
任务四 工程项目控制制度设计	工程项目控制制度的设计方法与内容 工程项目控制制度的设计目标 工程项目控制制度设计案例

教学引导

中远海运：严查工程领域违纪违法问题

二十届中央纪委二次全会强调，要突出重点领域，深化整治国有企业等权力集中、资金密集、资源富集领域的腐败。中国远洋海运集团纪检监察组紧盯工程招投标、采购、费用列支、验收、结算等关键环节，持续治理工程领域违纪违法问题。

各司其职、各负其责，“两个责任”贯通协调形成治理合力。集团各级党委从讲政治的高度看待治理工程领域违纪违法问题的极端重要性，将党风廉政建设工作与工程项目管理工作同研究、同部署、同落实、同考核，切实发挥好把方向、管大局、促落实的领导作用。集团各级纪检监察机构透过业务看政治，以强有力的政治监督推动管党治党政治责任在工程项目中落实。加强对“关键少数”的监督，紧盯“一把手”和领导班子，保障“三重一大”集体决策机制规范运行，让领导干部手中的决策权、审批权、验收权有界受控。

集团各级纪检监察机构结合行业特点，将与施工分包方有直接交往的相关人员列为重点人群，以零容忍态度惩治涉及利用职权从施工分包方处获取个人利益的违纪违法问题，既注重抓早抓小，防止工程“建起来”，干部“倒下去”，又形成强烈震慑，阻止党员干部滑向违法犯罪深渊，取得了良好的政治效果、纪法效果和社会效果。为了消除隐患，研究制定了权力清单和负面清单，进一步强化施工分包方引入、内控流程、费用结算等方面的监督检查，大力倡导清清爽爽的内外部关系，坚决铲除腐败滋生土壤。

工程领域违纪违法行为较为隐蔽，有的背后“一对一”进行利益交换，形成攻守同盟；有的表面程序完备，给腐败行为披上了“合法外衣”。集团各级纪检监察机构通过全面梳理、组织培训、整合力量等举措，着力打破工程领域违纪违法问题的专业壁垒，同时注重统筹推进，既查从施工分包方处获取个人利益，又查是否在工程分配、款项结算等方面给予施工分包方照顾，确保问题不查清不放过，处理不到位不放过，保持惩治工程领域违纪违法问题高压态势。

2023 年 1 月，集团纪检监察组印发《关于招标投标的九条禁令》，列出招标投标环节易发违纪违法行为的红线清单，进一步提升招标投标关键岗位人员及其分管、主管领导的纪律规矩意识。各下属单位在加强“九条禁令”的宣传和执行的基础上，也纷纷结合自身业务实际，着眼于长远解决问题，围绕工程项目全过程，以管根本、管全局的高标准不断完善工程领域制度建设，定期对现行制度进行有效性评估，及时开展废改立工作，明确权、责之间的关系。

“集团和各单位要进一步重视工程领域违纪违法问题，加大查处和防治力度，加强典型案例通报，引导党员干部将‘廉洁工程’的思想自觉转化为‘工程廉洁’的行动自觉，保障集团各项工程项目廉洁高效运行。”集团纪检监察组组长表示。

【问题思考】中远海运采取哪些措施防止工程“建起来”，干部“倒下去”？

任务一

工程项目控制概述

一、工程项目的含义及特点

工程项目是指企业自行或者委托其他单位所进行的建造、安装工程。工程项目可以分为基本建设项目和技术改造项目两大类。

基本建设项目是形成新的固定资产，或者说，是以扩大生产能力或新增工程效益为主要目的，以建设或购置固定资产为主要内容的经济活动。基本建设项目的形式包括新建、改建、扩建、恢复工程及与之相联系的其他经济活动，它不是零星的、少量的固定资产建设，而是具有整体性、需要一定量投资额以上的固定资产建设。技术改造项目是对企业现有生产线的工艺、设备、工程设施的改造，为改进交通运输设施和运输条件而进行的更新改造工程，为节约能源和原材料、治理“三废”污染而对现有企业进行的技术改造工程，对现有供热、供气、供排水和道路、桥梁等市政设施进行改造等。

工程项目具有以下五个特点：

（一）工程项目具有很大的风险性

与其他业务活动相比，工程项目的根本特征是投资大、建设周期长、各种风险高。毋庸置疑，筹集巨额资金具有财务风险；由于建设周期长，很多因素都可能发生变化，会给工程项目带来经营风险；工程项目投入资源多、涉及环节多、多种利益关系错综复杂，是构成经济犯罪和腐败问题的“高危区”，引发经济犯罪和腐败案的风险大；工程项目一旦建成，在短时间内几乎没有重新建造的可能性，如果工程项目建设失败会给企业带来巨大甚至毁灭性的损失。因此，工程项目投资是一项高风险的投资行为。

（二）工程项目具有较高的综合性

工程项目的综合性是工程项目的内在要求，综合性表现为工程项目建设过程中工作关系的广泛性及项目操作的复杂性。工程项目建设经历的环节多，涉及的关系复杂，涉及规划、设计、施工、供电、供水、电信、交通、教育、卫生、消防、环境和园林等部门。工程项目的综合性还体现在企业的工程项目建设必须与本国、本地区各产业部门的发展相协调，脱离了国情、区情，发展速度过快或过缓，规模过大或过小都会给企业及社会发展带来不良影响。

（三）工程项目具有较强的地域性

工程项目建成后位置是固定的，一般是不可移动的。因此，工程项目的投资建设和效益发挥具有强烈的地域性。在工程项目投资决策、勘探设计和可行性研究的过程中，必须充分考虑工程项目所在地区和区域的各项影响因素。从微观来看，这些因素牵涉诸如交通运输、地形地质、升值潜力等很多与工程有关的因素，对工程项目的选址影响极大；从宏观来看，工程项目的地域性因素主要表现在投资地区的社会经济特征对项目的影响。每一个地区的投资开发政策、市场需求状况、消费者的支付能力等都不一样，这就需要工程项目投资决策者认真研究当地市场，制定相应的工程项目建设方案。

（四）工程项目具有明显的特定性

不论是生产性建设还是非生产性建设，也不论其规模大小，工程项目都是根据特定的用途进行的，每一项工程都是为发挥其特定的用途而设计的。因此，对每项拟建工程都要在事先有明确的概念，即产品或建设的规模多大，选用什么设备、生产流程或标准，建造什么样的建筑物和构筑物等，都要预先设计，才能进行施工和购置。

（五）工程项目控制具有阶段性

工程项目控制是全过程的综合控制。依据工程项目的活动规律和控制管理要求，工程项目周期可分为施工准备阶段、施工阶段和竣工后阶段。施工准备阶段包括工程决策、工程招投标、合同签订管理，施工阶段包括施工进度、施工质量、施工成本及风险管理，竣工后阶段包括工程竣工验收、竣工结算、竣工决算和项目后评价。各阶段之间既有界限又有联系，而且各阶段的业务特点不同，内部控制重点也有所不同。因此，工程项目内部控制是分阶段进行控制的。

工程项目往往体现着企业的发展战略和中长期发展规划，对于提高企业生产能力、促进产业升级和技术进步、促进企业可持续发展具有关键作用。国有及国有控股大型企业的重大工程项目，在调整经济结构、转变经济发展方式、促进产业升级和技术进步中更是举足轻重。工程项目具有投入资源多、占用资金大、建设工期长、涉及环节多、多种利益关系错综复杂和建成后一般无法改变的特点，决定了其具有较大的风险性，也是构成经济犯罪和腐败问题的“高危区”。因此，加强工程项目内部控制，对于提高工程质量、保证工程进度、控制工程成本、防范商业贿赂等违法乱纪和舞弊行为，促进企业实现发展战略具有十分重要的意义。

二、工程项目内部控制的总体要求

企业应当建立和完善工程项目各项管理制度，全面梳理各个环节可能存在的风险，规范工程立项、招标、造价、建设、验收等环节的工作流程，明确相关部门和岗位的职责权限，做到可行性研究与决策、概预算编制与审核、项目实施与价款支付、竣工决算与审计等不相容职务相分离，强化对工程项目建设的全过程监控，确保工程项目的质量、进度和资金安全。

（一）搞好项目决策

工程项目决策正确与否，直接关系到工程项目的成败，关系到企业可持续发展能力的强弱。因此，企业在进行工程项目决策之前，必须对拟投资的工程项目进行可行性研究，以确保工程项目在经济上合理、技术上先进、条件上具备、实施上可行；要严格按照分级授权审批原则对工程项目进行决策审批，重大工程项目要经过董事会或股东大会的审议批准。

（二）确保工程质量

百年大计，质量第一。质量是工程项目的生命，工程项目质量不仅直接关系到项目本身的运行寿命和运行安全，而且关系到工程项目交付使用后的正常运行和效能发挥。因此，要采取一切必要措施，确保工程项目的建设质量。

（三）保证工程进度

工程项目建设周期长、流程环节多、协调任务重，一旦一个环节出现工作、进度延误，就会引发连锁反应，影响整个工程项目的建设工期。因此，必须搞好工程项目的组织管理，协调好人力、物力、财力的投入、数量，搞好各因素之间的相互衔接和配合，确保工程项目如期竣工。

（四）控制工程成本

控制工程成本要从工程项目的源头，即项目决策和设计阶段做起；在工程施工阶段要实行严格的预算管理和投资控制，确保工程投资不突破工程预算。

（五）防范舞弊行为

工程项目投资大、环节多，是职务犯罪、商业贿赂、串通舞弊的高发、多发领域，特别是工程项目的招投标、工程项目的发包分包、施工图纸设计、土建施工、装潢及安装工程、建筑材料及设备采购、建筑项目预算和决算、工程建设项目验收、追加投资等环节过程中，商业贿赂无孔不入，串通舞弊屡见不鲜，必须采取有效措施严加防范。

（六）保护资产安全

工程项目投入资金多、设备物资多、参与人员多，管理难度较大，必须采取有效措施保护资金、物资、设备的安全，同时要确保施工人员的人身安全，杜绝重大人身伤亡事故的发生。

任务二 工程项目业务流程

一、工程项目业务流程概述

工程项目业务流程是指工程项目从策划、评估、决策、设计、施工到竣工验收、投入生产或交付使用的整个建设过程中，各项工作必须遵循的先后工作次序。工程项目业务流程是工程建设过程客观规律的反映，是工程项目建设科学决策和顺利进行的重要保证。

工程项目涵盖的内容较多，不同的工程项目可以划分为内容和个数不同的若干阶段。从总体上来说，工程项目按其实施过程一般可以分为决策阶段、设计阶段、实施阶段、竣工阶段和项目后评价阶段。《企业内部控制应用指引第 11 号——工程项目》将工程项目业务流程界定为工程立项、工程招标、工程造价、工程建设、工程验收等环节。企业在进行工程项目内部控制设计时，应将工程项目业务范围统一到《企业内部控制应用指引第 11 号——工程项目》的要求上来。当然，企业工程项目复杂多样，工程项目内部管理制度、业务流程千差万别，在具体业务流程的设计上一定要体现不同企业工程项目的自身特点，不能简单照抄照搬。

二、工程项目业务流程的环节与内容

一般来说，工程项目的业务流程主要包括工程立项、工程设计、工程招标、工程建设、工程验收和项目后评估六大环节。

（一）工程立项

工程立项是对拟建项目的必要性和可行性进行技术经济论证，对不同建设方案进行技术经济比较并做出判断和决定的过程。工程立项阶段主要包括编制项目建议书、可行性研究、项目评审和立项决策四项工作。

1. 编制项目建议书

项目建议书是对拟建项目提出的框架性总体设想。项目建议书的主要内容包括：项目的必要性和依据，产品方案、拟建规模和建设地点的初步设想，投资估算、资金筹措方案设想，项目的进度安排，经济效益和社会效益的初步估计，环境影响的初步评价等。

项目建议书编制完成后，应报企业决策机构审议批准，并视法规要求和具体情况报有关政府部门审批或备案。

2. 可行性研究

可行性研究是以提升投资效果为目的，从技术上、经济上、管理上对建设项目进行全面综合分析。可行性研究的基本任务是对拟建项目从技术经济角度进行全面的分析研究，并对其投产后的经济效益进行预测，为立项决策提供依据。可行性研究要围绕项目建议书展开，并编制可行性研究报告。

3. 项目评审

可行性研究报告形成后，企业应当组织规划、工程、技术、财务、法律等有关部门或委托具有相应资质的专业机构，对可行性研究报告进行全面审核和评价，提出评审意见，以作为项目决策的重要依据。

4. 立项决策

企业应当按照规定的权限和程序对工程项目进行决策，决策过程应有完整的书面记录。重大工程项目的立项应当报经董事会或类似权力机构集体审议批准。总会计师或分管会计工作的负责人应当参与项目决策。

（二）工程设计

工程设计是指对工程项目的建设提供有技术依据的设计文件和图纸的整个活动过程，是对拟建项目进行整体规划、体现具体实施意图的重要过程。工程设计是否经济合理，对于保证工程质量、加快工程建设进度、节省工程投资具有十分重要的意义。

一般工程项目设计可按初步设计和施工图设计两个阶段进行。对于技术较复杂、在设计时有一定难度的工程，可以按初步设计、技术设计和施工图设计三个阶段进行；对于小型工程项目，也可以简化为施工图设计一个阶段。

1. 初步设计

初步设计是整个设计构思基本形成的阶段。初步设计可以明确拟建工程在指定地点和规定期限内建设的技术可行性和经济合理性，同时确定主要技术方案、工程总造价和主要技术经济指标。建设单位可以自行完成初步设计或委托其他单位进行初步设计。

初步设计阶段的一项重要工作是编制设计概算。设计概算是计算和确定工程项目全部建设费用的经济文件，是编制项目投资预算、确定和控制项目投资的依据，也是签订施工合同的基础依据。

2. 施工图设计

施工图设计主要是通过图纸把设计者的意图和全部设计结果表达出来，作为施工建造的依据。与施工图设计直接关联的是施工图预算。施工图预算是在施工图设计完成后、工程开工前，根据已批准的施工图纸、现行的预算定额、费用定额和所在地区人工、材料、设备与机械台班等资源价格，按照规定的计算程序确定工程造价的技术经济文件。对建设单位而言，施工图预算是确定工程招标控制价的依据，也是拨付工程款及办理工程结算的依据；对施工单位而言，施工图预算是施工单位投标报价的参考依据，也是安排调配施工力量、组织材料供应的依据。

（三）工程招标

工程招标是指建设单位在立项之后，依照法定程序，以公开招标或邀请招标等方式，鼓励潜在的投标人依据招标文件参与竞争，通过评标择优选定中标人的一种经济活动。实行招投标是提高工程项目建设相关工作公开性、公平性、公正性和透明度的重要制度安排，是防范和遏制工程领域商业贿赂的有效举措。工程招标一般包括以下四项工作：招标，投标，开标、评标和定标，签订合同。

1. 招标

招标是指招标人发出招标通知，说明工程项目或采购物资的名称、规格、数量及其他条件，邀请投标人在规定的时间、地点按照一定的程序进行投标的行为。招标的主要工作包括招标组织方式（自行招标、委托招标）和招标方式（公开招标、邀请招标）等招标前期准备和招标公告、资格预审公告的编制与发布。

2. 投标

投标是指投标人应招标人的邀请或投标人满足招标人最低资质要求而主动申请，按照招标的要求和条件，在规定的时间内向招标人递交投标文件，争取中标的行为。投标的主要工作包括项目现场考察、投标预备会、投标文件的编制和递交。

3. 开标、评标和定标

投标工作结束后，建设单位应当组织开标、评标和定标。开标时间和地点应当在招标文件中预先确定；评标由招标人依法组建的评标委员会负责，应当按照招标文件确定的评标标准和方法，对投标文件进行评审和比较，推荐合格的中标候选人；建设单位应当按照规定的权限和程序从中标候选人中确定中标人，向中标人发出中标通知书。

4. 签订合同

确定中标人后，建设单位应当在规定期限内同中标人订立书面合同，双方不得另行订立背离招标文件实质性内容的其他协议。

（四）工程建设

工程建设是工程项目的施工阶段。此阶段的主要任务是将“蓝图”变成工程项目实体，实现投资决策意图。工程项目的质量、成本和进度控制主要在这一阶段。工程建设的主要工作包括工程监理、工程物资采购、工程价款结算和工程变更。

1. 工程监理

工程监理是指具有相关资质的监理单位受建设单位的委托，代替建设单位对承建单位的工程建设实施监控的一种专业化服务活动。

工程监理依据国家批准的工程项目建设文件、有关工程建设的法律法规和工程建设监理合同及其他工程建设合同，对承建单位在工程质量、工期、进度、安全和资金使用方面实施监督。建设单位和承建单位应按设计和开工前签订的合同所确定的工期、进度计划等相关要求进行施工建设，并采用科学、规范的管理方式保证施工质量、进度和安全。

2. 工程物资采购

工程物资采购主要分为建设单位自行采购和承建单位采购两种方式，采购的工程物资包括材料和设备。工程物资成本一般占到工程项目总造价的 60%以上，对工程的成本、进度、质量具有重大影响。为了保证工程项目的顺利进行，采购单位需要按照施工进度需要，及时购置工程物资。

3. 工程价款结算

工程价款结算是指对建设工程的承包合同价款进行约定和依据合同约定进行工程预付款、工程进度款、工程竣工价款结算的活动。签订施工合同后，建设单位一般先向承包单位支付一笔预付款，之后按合同约定或项目目标拨付工程进度款。

4. 工程变更

工程建设周期一般较长，在建设过程中由于某些情况发生变化，如建设单位对工程提出新要求、出现设计错误、外部环境条件发生变化等，有时需要对工程进行必要变更。工程变更包括工程量变更、项目内容变更、进度计划变更、施工条件变更等。

（五）工程验收

工程验收也称竣工验收，是指工程项目竣工后由建设单位会同设计、施工、监理单位以及工程质量监督部门等，对该项目是否符合规划设计要求以及建筑施工和设备安装质量进行全面检验的过程。

在竣工验收环节，除了全面检验建设项目质量和投资使用情况外，还要做好竣工结算和竣工决算两项重要工作。竣工结算是指承建单位按照合同规定的内容全部完成所承建的工程，经验收质量合格并符合合同要求之后，与建设单位进行的最终工程价款结算；

竣工决算是以实物数量和货币指标为计量单位，综合反映竣工项目从筹建开始到项目竣工交付使用为止的全部建设费用、财务情况和投资效果的总结性文件。

（六）项目后评估

项目后评估也称项目后评价，是指在项目已经完成并运行一段时间后，对项目的目的、执行过程、效益、作用和影响进行系统的、客观的分析和总结的一种技术经济活动。

企业应当建立完工项目后评估制度，重点评价工程项目预期目标的实现情况和项目投资效益等，并以此作为绩效考核和责任追究的依据。

企业工程项目业务流程如图9－1所示。

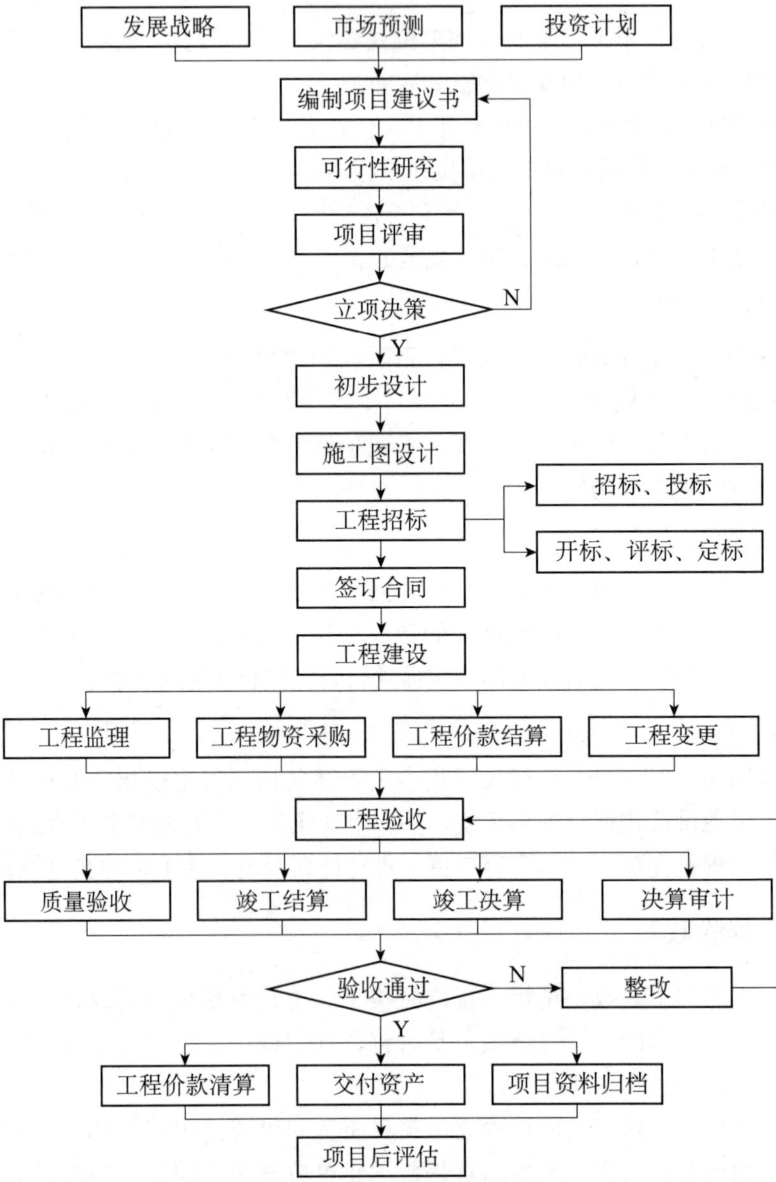

图9－1　工程项目业务流程图

任务三
工程项目主要风险与控制措施

一、工程项目的主要风险

企业工程项目至少应当关注下列风险：

（一）决策失误风险

投资意向与企业发展战略脱节，缺乏可行性研究或可行性研究流于形式，评审决策不当，可能导致项目盲目上马，难以实现预期效益或项目失败，给企业带来巨大经济损失。

（二）设计失当风险

初步设计出现较大疏漏，工程造价信息不对称，概预算严重脱离实际，可能导致施工组织混乱、工程变更、工期拖延、工程质量存在隐患、投资失控以及投产后运行成本过高等风险发生。

（三）招标不规范风险

项目招标“暗箱”操作，违反公开性、公平性、公正性和透明度的制度安排，存在商业贿赂、串通舞弊等违法行为，可能导致中标人实质上难以承担工程项目、中标价格失实及相关人员涉案，致使建设单位遭受重大经济损失。

（四）工程监理不力风险

工程监理不到位、安全监管不力，监理人员与施工方串通舞弊，可能导致工程物资质次价高、工程质量低劣、工期进度延迟、安全事故频发、投资失控等问题发生。

（五）项目资金缺口风险

项目资金不落实，项目资金被挪用，未能按施工合同条款或工程进度拨付工程款，可能导致工程进度延迟或施工中断，甚至形成进度缓慢、一拖再拖的“胡子工程”。

（六）竣工验收不规范风险

竣工验收不规范，或验收人员、审计人员收受施工方贿赂，质量检验不把关、决算审计走过场，可能导致工程存在重大质量隐患，竣工决算失真，工程交付使用后难以正常运行，导致企业遭受重大经济损失。

二、工程项目的关键控制点、控制目标和控制措施

工程项目内部控制的关键控制点、控制目标和控制措施如表 9－1 所示。

表 9－1　工程项目内部控制的关键控制点、控制目标和控制措施

关键控制点	控制目标	控制措施
1. 可行性研究	可行性研究有效化	（1）确定可行性研究报告的内容和格式，明确编制要求 （2）重大工程项目要委托专业机构进行可行性研究
2. 项目评审	评审严格，决策规范	（1）组建项目评审组或委托具有资质的专业机构进行项目评审 （2）按照规定的权限和程序对工程项目进行决策，并实行决策责任追究制度 （3）重大工程项目应当报经董事会审议批准
3. 初步设计	初步设计科学、合理	（1）根据项目特点选择具有相应资质和经验的设计单位 （2）签订设计合同，细化设计单位的权利和义务 （3）与设计单位充分交流信息资料，以使设计方案科学、合理 （4）建立严格的初步设计审查和批准制度，层层把关，确保设计质量
4. 施工图设计	施工图设计科学、合理	（1）建立严格的概预算编制与审核制度，并严格执行 （2）建立严格的施工图设计管理与交底制度，并严格执行 （3）建立严格的设计变更管理制度，并严格执行 （4）严格按照法律法规和管理要求执行各项设计报批规定，上一环节尚未批准的，不得进入下一环节
5. 招标	招标活动合法、规范	（1）建立健全招投标管理制度，并严格执行 （2）招标公告要公开、透明，杜绝各种舞弊行为
6. 投标	公平投标	（1）对投标人的信息采取保密措施，防止投标人之间串通舞弊 （2）严格按照招标公告确定的资格条件对投标人进行实质审查 （3）履行完备的标书签收、登记和保管手续，对投标书实施保密措施
7. 开标、评标和定标	公开、透明，保护招标人和投标人的合法利益	（1）应邀请所有投标人或其代表出席有关活动 （2）委托公证机构进行检查和公证 （3）依法组建评标委员会，确保其成员具有较高的职业道德水平
8. 签订合同	合法、合规，维护企业利益	（1）工程合同要准确描述合同条款，明确双方权利义务和违约责任 （2）建立健全工程合同订立及审批管理制度，明确审核、审批程序和所涉及的部门人员及相应权责

续表

关键控制点	控制目标	控制措施
9. 工程监理	确保工程质量	（1）建立监理进度控制体系，明确相关程序、要求和责任 （2）建立全面质量控制制度，落实质量控制责任 （3）建立项目成本控制制度，健全成本控制体系 （4）建立安全生产、文明施工管理制度，细化各项安全防范措施 （5）严肃处理各种违法违纪人员，切实净化施工监理环境
10. 工程价款结算	规范、及时、足额	（1）严格按施工合同、工程进度拨付工程款 （2）严格执行价款结算授权审批制度
11. 工程变更	规范工程变更程序	（1）建立严格的工程变更审批制度，严格控制工程变更 （2）按照规定程序办理工程变更手续，减少经济损失 （3）对于重大的工程变更事项，必须经建设单位、监理机构和承包单位集体商议
12. 工程验收	确保工程验收质量	（1）健全竣工验收各项管理制度，未实施竣工决算审计的工程项目，不得办理竣工验收手续 （2）明确竣工验收的条件、标准、程序、组织管理和责任追究等 （3）严格履行工程验收程序，至少应经过承包单位初检、监理机构审核、正式竣工验收三道程序 （4）重大项目的验收，应吸收相关方面专家进行评审

三、工程项目的会计系统控制

企业应当建立健全记录工程项目业务的会计凭证和账簿，正确核算工程项目业务活动情况，妥善保管有关工程项目合同、批文、原始会计凭证、发票、收据、付款凭证、工程物资采购等资料，确保会计记录与实际工程项目活动的一致性。工程项目的会计系统控制具体措施包括以下四个方面：

（一）准确核算工程项目业务

企业应按照国家统一的会计准则，建立在建工程、工程物资和预付工程款账户，通过相应的会计账户准确核算有关工程项目的资金投入、工程物资采购和工程价款支付情况；要完善工程项目支出入账管理程序，准确核算有关工程项目支出。

（二）妥善保管工程项目业务的凭证、资料

财务部门要对工程项目的合同、协议、批文、发票、收据、凭证、账表等文件资料登记造册，派专人负责，妥善保管，以备查用。

（三）实行工程项目资金预算管理制度

财务部门要实行工程项目资金预算管理制度，严格按预算、按合同、按工程进度、按审核无误的付款凭证和付款审批制度办理工程项目业务的资金支付，不得无故多付、早付，或少付、拖延支付工程价款。

（四）定期核对工程项目账目

财务部门的工程项目核算岗位人员要定期与工程项目负责人核对工程项目的资金、工程物资、预付工程款等账目，确保会计记录与工程项目的实际业务发生情况核对一致，账账相符、账实相符。

案例分析

有媒体报道：吉林省靖宇县和抚松县境内一段总投资23亿元的铁路工程——宇松铁路工程，被指违规分包给一家冒牌公司和一位做过厨师、“完全不懂建桥”的包工头，本应浇筑混凝土的桥墩，竟被偷工减料投入大量石块，造成巨大的安全隐患。

经查，媒体反映的问题属实，这是一起典型的工程质量重大责任事故。中铁九局作为宇松铁路项目的施工总承包单位、沈阳铁路建设监理有限公司作为宇松铁路的监理单位、沈阳铁路局宇松铁路建设指挥部作为宇松铁路建设项目的建设管理机构，都对这起质量事故和严重的违法分包与转包问题负有责任。

分析要求：根据内部控制的有关规范和原理，分析“骗子包工程，厨子建铁路”为什么能得逞。

分析提示：“骗子包工程，厨子建铁路”是一起典型的建设单位、总承包单位、监理单位串通舞弊案件。沈阳铁路局宇松铁路建设指挥部作为建设单位涉嫌重大舞弊行为，应对质量事故和违法分包与转包问题负主要责任；中铁九局作为总承包单位，罔顾国家法律法规，将工程分包给冒牌公司，冒牌公司又将工程转包给“厨子”，应对质量事故和违法分包与转包问题负直接责任；沈阳铁路建设监理有限公司作为监理单位，对“厨子”不具备施工资质的事实视而不见，对偷工减料、胡作非为的施工行为置若罔闻、听之任之，应对质量事故和违法分包与转包问题负重要责任。

第一，建设单位在招标过程中如果能够严格执行招投标管理制度，并在与承包单位签订的施工合同中明确规定“承包单位如果对工程进行分包与转包，则接受分包与转包的单位必须拥有相应的资质”，就会大大降低“骗子包工程，厨子建铁路”的可能性。

第二，总承包单位如果能够真正秉承自己“勇于跨越，追求卓越”的企业精神，兑现“建造精品，创造价值”的企业宗旨，践行“真诚对待每个人，用心做好每件事”的核心价值观，就绝对不会使“骗子包工程，厨子建铁路”的奇闻成为现实。

第三，监理单位如果能够严格审查“厨子”的施工资质，并按照标准严格监督施工过程和质量，也会大大降低“骗子包工程，厨子建铁路”的可能性。

任务四

工程项目控制制度设计

一、工程项目控制制度的设计方法与内容

工程项目控制制度设计主要包括现状调研、风险评估、内部控制测试和制度设计四大基本环节。各环节的设计方法与内容是：

（一）现状调研

1. 了解内部控制现状

首先，确认有无工程项目方面的相关控制制度和规定；其次，确认现行制度设计得是否完善；再次，确认制度是否得到贯彻执行；最后，确认有无具体的操作文件、控制表单及监控档案等。

2. 梳理描述业务流程

分析企业工程项目的业务流程有哪些，流程包括哪些环节，设有哪些关键控制点，能否有效控制工程项目可能发生的风险，并将企业工程项目的业务流程现状用图表的形式描绘出来。

（二）风险评估

工程项目风险评估包括目标设定、风险识别、风险分析和风险应对四个环节。

1. 目标设定

首先，根据企业工程项目目的和要求设定工程项目的总体控制目标；然后，根据工程项目业务流程，分别设定工程立项、工程设计、工程招标、工程建设、工程验收和项目后评估六大环节的具体控制目标。

2. 风险识别

要对照《企业内部控制应用指引第 11 号——工程项目》中有关工程项目风险的提示，结合企业工程项目实际情况，识别并具体描述工程项目各环节可能遇到或发生的各种风险。要关注引起工程项目风险的主要因素，准确识别与实现工程项目控制目标有关的内部风险和外部风险。

3. 风险分析

首先，从内部因素和外部因素两方面分析企业工程项目风险产生的原因；然后，对

照工程项目风险评估标准进行风险评估，并编制工程项目风险评价表。

4. 风险应对

工程项目风险应对是选择工程项目风险应对策略的过程。要结合企业实际情况，明确工程项目可行性研究、立项、设计、招标、造价、监理、工程建设、变更、付款、竣工验收和项目后评估等环节的职责和权限，按照规定的权限和程序办理各环节的工程项目业务，确保工程项目合规、安全、有效进行。要根据风险分析和评估结果，针对不同等级的工程项目风险，相应采取风险规避、风险降低、风险分担和风险承受四种应对策略，并编制工程项目风险应对表。

（三）内部控制测试

工程项目内部控制测试在现状调研和风险评估的基础上进行，主要包括根据内部控制缺陷评价标准进行内控缺陷测试和编制内部控制缺陷评价表两项工作。

（四）制度设计

工程项目控制制度设计的基本程序包括确定关键控制点、编制风险控制矩阵、完善内部控制制度和绘制控制流程图四个环节。

1. 确定关键控制点

工程项目关键控制点的确定应根据工程项目风险评估的结果，结合内部控制缺陷评价结论进行。一般来说，工程项目的关键控制点应当包括可行性研究、工程立项、工程设计、工程招标、工程造价、工程监理、工程建设、工程变更、工程付款、工程验收和项目后评估等影响工程项目控制目标实现的关键环节。

2. 编制风险控制矩阵

工程项目风险控制矩阵是对工程项目流程中的控制目标、各种风险、关键控制点、责任主体、应对策略等的简要说明与描述，是工程项目内部控制制度设计要素的集中体现和纲领性文件，也是企业工程项目内部控制制度的重要组成部分。

3. 完善内部控制制度

根据工程项目内部控制的要求、现行工程项目控制制度的设计运行情况，以及风险评估结论，修订、完善、补充或重新制定工程项目内部控制制度，要将内部控制的原则、要求、方法和措施嵌入工程项目管理制度之中。

4. 绘制控制流程图

根据工程项目风险控制矩阵和工程项目控制制度，结合工程项目的实际情况绘制工程项目控制流程图，标明风险控制点和关键控制点，并编写控制流程说明。

二、工程项目控制制度的设计目标

工程项目控制制度的设计目标要围绕企业内部控制的战略目标、经营目标、资产目标、报告目标和合规目标，根据工程项目内部控制的总体要求来确定。一般而言，工程项目内部控制的基本目标是规范工程项目行为，提高工程质量，保证工程进度，控制工程成本，防范商业贿赂，有效控制工程项目风险，实现工程项目的计划性、合法性、安全性和效益性。为此，工程项目控制制度设计应能实现以下控制目标：

（一）严格履行审批手续，保证工程项目的合法性

企业实施工程项目必须经过立项批准，在批准前要对工程项目进行可行性研究，具备完备、合法的审批手续。工程项目的实施过程必须符合国家的各项规范政策，符合工程项目建设的有关法律法规的具体规定。工程项目实施过程的咨询、评估、招标、评标、定标、签订合同、工程施工、工程监理等，都必须符合国家有关工程项目的规范性要求。

（二）搞好质量监督，保证工程项目建设质量的可控性

没有质量保证的“豆腐渣”工程不但没有经济价值，而且会带来许多后患。尤其是重点工程项目，更需要按照“质量第一”的要求进行控制。同时，要加强工程项目安全管理，避免发生人身伤害及机械设备损害的安全风险。

（三）加强成本管理，保证工程项目建设成本的合理性

要按照预算严格控制各项费用支出，准确、及时地进行工程项目成本核算。同时，要做好工程竣工验收、决算报告及总结评价工作，保证工程项目成本的合理性。

（四）加强进度管理，保证工程项目建设工期的可控性

工程项目从项目建议书批准之日起就应抓进度管理，确定各项活动的完成时间，分析各活动之间的依赖关系，制定进度计划，调整和控制进度的变化，控制项目进度计划。特别是复杂的大型建设项目，绝不能仅仅控制承包商的施工进度，还应控制影响项目的全部条件的进度，如设计，对外谈判签约，设备、材料采购等。必须强化对工程建设全过程的监控，明确相关机构和岗位的职责权限，规范工程立项、招标、造价、建设、验收等环节的工作流程及控制措施，避免发生工程项目进度风险，确保工程项目按时竣工、验收，并发挥效益。

（五）严格工程项目核算，保证会计核算资料的准确性

会计部门要按照工程项目有关管理规定组织核算，正确编制会计凭证，及时登记、核对工程项目会计账簿，全面、完整地反映工程项目建设成本及费用的形成过程，使会计资料能够真实、全面、准确地反映工程项目建设情况。

（六）防范舞弊行为，保护工程项目资产的安全性

由于工程项目工期长、投资数额大，有些项目还需要采取分包等方式施工建造，往往容易发生舞弊行为，因此必须加强工程项目管理，堵塞漏洞、消除隐患，防止并及时

发现、纠正错误及舞弊行为，防范与治理内部勾结、内外勾结、损公肥私、商业贿赂等犯罪行为，保护工程项目资产的安全完整。

三、工程项目控制制度设计案例

黑龙江北大荒农业股份有限公司固定资产投资及工程项目管理制度

第一章　总则

第一条　为加强黑龙江北大荒农业股份有限公司（以下简称“公司”）固定资产投资及工程项目管理，规范项目建设程序和行为，提高项目建设质量和投资效益，根据《中华人民共和国公司法》《企业内部控制基本规范》《公司章程》及其他有关规定，结合公司实际，制定本制度。

工程项目内控制度文本

第二条　本制度适用于公司及所属分、子公司固定资产投资活动及工程项目的管理。

第三条　固定资产投资是指公司及分、子公司因生产、经营和管理需要，投入货币资金购置、建造的生产性或服务性设施项目，以及对原有固定资产进行维修、更新改造的投资活动；工程项目具体包括公司及分、子公司新建项目、扩建项目、改建项目、维修项目。固定资产投资及工程项目以下统称“投资项目”。

第四条　公司投资项目实行统一计划、集中管理、分工负责、分级实施的管理体制。公司发展计划部负责投资项目管理和实施。

第五条　公司负责制定投资计划，审批投资项目，管理投资项目的基建财务、招标投标、工程监理、造价审核，公司发展计划部负责牵头组织财务、审计、行业管理部门实施监督检查、竣工验收和后评价等工作。

各分、子公司负责本单位投资项目的规划布局、前期准备、组织实施、监督检查和初步验收等工作。

第六条　投资项目建设要严格遵循基本建设程序。

基本建设程序包括提出项目建议书、编制可行性研究报告、进行初步设计、施工准备、建设实施、竣工验收、后评价等阶段。

第七条　投资项目实行领导责任制，各分、子公司总经理对投资项目的申报、实施、质量、资金管理及建成后运行等负总责。

第八条　投资项目管理是对项目的投资计划、立项、报批、实施、监督、验收等全过程实施监控。各分、子公司必须建立相应的管理机构，制定并执行管理制度。

第二章　项目立项和申报

第九条　投资项目设立应具备以下条件。

（一）符合国家产业政策和公司发展规划；

（二）符合企业生产经营布局和结构调整方向；

（三）突出企业经营主业，有利于提高企业核心竞争能力，非主业投资应当符合企业调整和改革方向，不影响主业的发展；

（四）投资规模应与企业资产规模、资产负债水平和实际筹资能力相适应；

（五）充分进行科学论证，预期投资收益应不低于国内同行业水平。

第十条　投资项目申报需提交以下材料。

（一）项目立项申请文件；

（二）项目建议书或可行性研究报告；

（三）项目初步设计及方案；

（四）项目造价咨询报告书。

第十一条　各分、子公司要做好投资项目的规划和储备工作，在每年10月上旬前向公司发展计划部申报下年度投资计划安排意见，发展计划部会同财务部、行业管理部门进行审核，编制公司年度投资方案，履行公司相关决策程序后下达投资计划。

第十二条　投资项目凡是涉及土地审批、施工许可、环境保护、消防安全、卫生防疫等审批事项，需事前征求政府行业主管部门意见，并按有关规定办理审批手续。

第十三条　公司授权十六家农业分公司自行审批部分固定资产投资项目，内容包括：办公设备购置，生产所需机械设备购置等。每年限额为：友谊分公司、八五二分公司、八五三分公司不超过100万元；二九〇分公司、二九一分公司、八五四分公司、八五六分公司不超过80万元；宝泉岭分公司、江滨分公司、新华分公司、勤得利分公司、青龙山分公司、八五九分公司、庆丰分公司、兴凯湖分公司不超过50万元。自行审批投资项目应履行分公司总经理办公会议审议程序，报公司发展计划部备案后，依据公司招投标管理规定实施采购事宜。

第三章　建设实施与管理

第十四条　各分、子公司必须严格执行公司投资项目批准文件，不得擅自变更建设地点、建设性质、建设内容、建设规模、建设标准等。确因客观原因需要变更的，按程序向公司申请，经公司总经理批准，由公司发展计划部牵头组织征求行业管理部门意见，办理变更手续后方可实施。

第十五条　各分、子公司投资项目管理应制定科学合理的实施计划，按照投资项目实施各阶段管理要求进行检查和监督。项目建设中要做好重要技术资料、文件档案的管理工作。

第十六条　投资项目勘察设计工作要委托具有乙级以上（含乙级）资质的单位承担；项目造价咨询预算编制与结算审核要委托具有乙级以上（含乙级）资质的单位承担；项目监理要委托具有乙级以上（含乙级）资质的单位承担。

第十七条　投资项目的勘察设计、施工、监理、造价咨询以及工程建设有关的重要仪器、设备、材料的采购，要依据《公司招投标管理办法》中的相关规定履行招标手续。

第十八条　公司及分、子公司投资项目的招标工作由公司招标管理工作领导小组办公室负责管理和实施，公司纪检部门负责招标工作的监督。

第十九条　投资项目的间接费用由勘察设计费、预算编制与结算审核费、监理费、建设单位管理费构成，取费标准按照国家规定标准执行。

建设单位管理费中可以列支项目论证会议费、咨询费、质量检测费、技术图书资料费、差旅费、业务招待费等。

第二十条　投资项目的勘察设计、施工、监理、造价咨询及设备材料采购都要依法订立合同，使用国家规范文本签订，合同条款中要明确质量要求和违约责任。

第二十一条　各分、子公司要在投资项目开工之日起，每间隔15日向公司发展计划部书面报告投资项目实施进展情况，查找存在问题，研究解决办法，对逾期没有完成计划任务的项目要做出说明。

第二十二条　项目资金要依据形象进度进行申请和拨付，公司发展计划部负责审核形象进度和拨款额度，各分、子公司要在资金到位后及时足额拨付给施工单位。

第二十三条　公司在投资项目实施期间，进行定期和不定期监督检查，由公司发展计划部牵头组织，财务部、审计部、行业管理部门参加，对检查中发现的各类问题及时处理和纠正。

第四章　项目验收与后评价

第二十四条　投资项目按批准文件所规定的内容建成，经竣工决算审计后，符合验收要求的，必须及时组织验收，办理资产交接手续。

第二十五条　投资项目验收分为初步验收和竣工验收两个阶段。

初步验收由分、子公司自行组织实施，由发展计划部牵头，财务部、审计部、项目使用单位、设计单位、监理单位参加验收，初步验收合格后向公司申请竣工验收。

竣工验收由公司组织实施，由发展计划部牵头，财务部、审计部、安监办、行业管理部门参加验收，验收合格后出具项目竣工验收意见书。

第二十六条　投资项目工程质量保证期为一年，以竣工验收意见书签发日期为准，质量保证金按照合同价款的10%预留，质量保证期结束后由各分、子公司组织项目回访，确认无质量问题后予以支付。

第二十七条　投资项目竣工验收并运行一年后，由公司发展计划部牵头组织财务部、审计部、行业管理部门组成项目后评价小组，对投资项目进行后评价并形成报告，评价内容主要包括项目预期目标实现和投资收益情况等。

第五章　罚则

第二十八条　各分、子公司在投资项目管理过程中，要全过程加强工程档案管理，因领导不力、管理不善，出现超计划投资、质量事故和安全事故的，公司将给予主要负责人通报批评、警告、降职、免职或解聘等处分。

第六章　附则

第二十九条　本制度中所称行业管理部门为工业经济部、农业生产部、经贸流通部、公路办。

第三十条　本制度由公司发展计划部负责草拟、解释和督办，由公司董事会负责审议和修订。

第三十一条　本制度自文件下发之日起执行，公司以前发布的有关规定凡与本制度相抵触的，一律按本制度执行。

项目小结

本项目讲解企业工程项目控制，包括工程项目控制概述、工程项目业务流程、工程项目主要风险与控制措施、工程项目控制制度设计四部分内容。工程项目是指企业自行或者委托其他单位所进行的建造、安装工程。工程项目对于提高企业生产能力、促进产业升级和技术进步，实现可持续发展具有十分重要的意义。由于工程项目投入资源多、占用资金大、建设工期长、涉及环节多、多种利益关系错综复杂，是构成经济犯罪和腐败问题的高危区。学习工程项目控制要重点理解工程项目的含义、内容、主要风险、关键控制点、控制目标和控制措施，了解掌握工程项目控制制度设计的方法和内容。

项目练习

一、单选题

1. 工程项目是指企业自行或委托其他单位所进行的（　　）。

A. 基本建设项目　　B. 建造、安装工程

C. 技术改造项目　　D. 大修理工程

2. 工程立项阶段主要包括编制项目建议书、（　　）、项目评审和立项决策四个环节。

A. 可行性研究　　B. 项目预算　　C. 项目申请　　D. 调查研究

3.《企业内部控制应用指引第 11 号——工程项目》将工程项目业务流程界定为工程立项、工程招标、（　　）、工程建设、工程验收等环节。

A. 工程决策　　B. 工程造价　　C. 工程监理　　D. 工程审批

4. 在竣工验收环节，除了全面检验建设项目质量和投资使用情况外，还要做好（　　）和竣工决算两项重要工作。

A. 项目报告　　B. 财务报表　　C. 会计报表　　D. 竣工结算

二、判断题

1. 工程项目可以分为基本建设项目和技术改造项目两大类。（　　）

2. 工程项目的评估必须在可行性研究前进行。（　　）

3. 工程项目按其实施过程一般可以分为决策阶段、设计阶段、实施阶段、竣工阶段和项目后评估阶段。 （ ）

三、简答题

1. 什么是工程项目？工程项目至少应当关注哪些风险？
2. 简述工程项目内部控制的总体要求。
3. 工程项目的业务流程是怎样的？
4. 简述招标环节的控制目标和主要控制措施。
5. 简述工程项目控制制度设计的目标。

项目实训

寰宇公司决定投资 2 000 万元建设职工活动中心，项目建成后，决算金额 2 300 万元。据查，该工程由公司工会提出申请，由工会有关人员进行可行性研究，经公司董事会审批同意并授权工会主席李锐具体负责项目的实施和工程款的支付审批。之后，李锐私自决定将工程交由某个体施工队承建。在工程即将完工时，施工队负责人向李锐建议职工活动中心应有配套建设设施，建议增建保龄球馆，李锐认为这一建议可取，指示工会人员提出项目变更申请，经他签字批准后实施。工程完工后，工会有关人员办理了竣工验收手续，由财务部门将交付使用资产登记入账。职工活动中心交付使用后，发现包括保龄球道在内的许多工程设施存在严重的质量问题。

【分析要求】

寰宇公司在建设职工活动中心时，内部控制存在哪些薄弱环节？

项目十

研究与开发控制

教学目标

知识目标

了解研究与开发的业务流程

掌握研究与开发的主要风险、关键控制点和控制措施

能力目标

理解研究与开发控制制度设计的目标

能够为中小企业设计研究与开发控制制度

素养目标

具有防范研究与开发主要风险的意识

初步掌握研究与开发控制制度的设计方法

研究与开发控制概述

学习指南

学习任务	知识概要
任务一 研究与开发控制概述	研究与开发的含义 研究与开发内部控制的总体要求
任务二 研究与开发业务流程	研究与开发业务流程概述 研究与开发业务流程的环节与内容
任务三 研究与开发主要风险与控制措施	研究与开发的主要风险 研究与开发的关键控制点、控制目标和控制措施 研究与开发的会计系统控制
任务四 研究与开发控制制度设计	研究与开发控制制度的设计方法与内容 研究与开发控制制度的设计目标 研究与开发控制制度设计案例

教学引导

科技创新　引领高质量发展

2023 年 5 月 12 日，记者走进江西金力永磁科技股份有限公司，“用稀土创造美好生活”的标语格外显眼。生产车间内，机器轰鸣声不停，员工各司其职忙生产、赶订单，干事创业的激情扑面而来。

“总书记强调，要紧紧扭住技术创新这个战略基点，掌握更多关键核心技术，抢占行业发展制高点。这为我们的发展指明了方向，提振了信心。”虽已过去四年，回忆起习近平总书记视察时的情形，金力永磁董事长蔡报贵仍激动不已。

牢记嘱托，感恩奋进。四年来，金力永磁苦练内功，在节能、环保领域持续加大科技创新力度，掌握了国际领先水平的晶界渗透技术，成为全球稀土永磁行业首家“零碳工厂”。

在金力永磁展示厅，记者看到“成为世界稀土永磁行业领军企业”“建设具有较强国际竞争力的稀土钨稀有金属产业基地”“绿水青山就是金山银山”等标语，诠释了企业发展的初心。

在展示厅，记者见到了公司技术研发总监刘路军。四年前，他向习近平总书记表达了“做出世界上最好磁钢，为祖国争光”的决心。“技术创新是企业的命根子。总书记的谆谆教导，言犹在耳。公司舍得投资研发、宽容失败的工作环境，让我们放开手脚大胆做事。随着各项技术瓶颈的突破，我们逐步打开另一片天地。”刘路军说。

站在透明的展示柜旁，他随手拿起一件新能源汽车稀土永磁样品向记者介绍：“它运用了我们自主研发的晶界渗透技术，磁性能从42EH提高到50EH。更为关键的是，重稀土使用量节约了70%。去年，这类磁钢销售量可装备286万辆新能源汽车。”

晶界渗透技术只是缩影，找到制胜法宝的金力永磁一路疾驰：2022年，公司投入研发费用3.37亿元，同比增长110.71%，占营业收入比例为4.71%。截至2022年末，公司已拥有授权专利60件，其中授权发明专利28件、授权实用新型专利32件。

与展示厅紧挨着的是烧结车间。磁钢烧结是金力永磁生产过程中的一道关键程序。车间里，“90后”烧结工段负责人赖鑫波带领着班组10多名年轻员工在机床上忙碌。

“总书记的肯定与鼓励，坚定了我们做好产品的信心，激发了我们提高烧结产品合格率的干劲。”四年前，习近平总书记与他们亲切交谈的场景，赖鑫波至今记忆犹新。四年来，“新生代”工人不负重托、刻苦钻研，将企业烧结工序产品合格率提升到99.7%，比2019年提高了0.7个百分点。

如今，在科技创新的引领下，金力永磁已走出一条高质量发展之路。公司营业收入从2019年的16.97亿元增长到2022年的71.65亿元，并于去年在港交所主板上市，成为赣州第一家、全省第三家“A＋H”上市企业，全国第二、全球第三的钕铁硼龙头企业。

【问题思考】为什么说技术创新是企业的命根子？

任务一
研究与开发控制概述

一、研究与开发的含义

研究与开发是指企业为获取新产品、新技术、新工艺等所开展的各种活动。研究与开发是企业进行自主创新的重要手段，通过研发新产品、新技术、新工艺（“三新”），能够增强企业的核心竞争力，促进企业实现发展战略。

（一）“三新”的定义

新产品是指在结构、材质、工艺等方面比老产品有明显改进，显著提高了产品的性能或扩大了产品的使用功能以及采用新技术原理设计构思的产品。但根据用户要求生产的单台非标准设备，用进口元器件、零部件组装的国内尚未生产的产品以及单独改变花色、外观、包装的产品除外。

新技术是指在一定地域、时域和行业内有所创新并具有竞争力的技术，包括首次发明创造的开拓性技术；在原有技术基础上发展的，性能有重大突破和显著进步的技术；以及对原有技术进行一定程度改革，使之有所进步的技术。

新工艺是指在工艺要求、加工方法等流程路线某一方面或几个方面与老工艺相比有明显改进，具有独创性、先进性、实用性，并在一定范围内首次应用的工艺。

（二）研究与开发的阶段

研究与开发分为研究阶段和开发阶段。

研究阶段是指为获取并理解新的科学或技术知识而进行的独创性的有计划调查的阶段。研究阶段是探索性的，可以理解为是基础研究，是对新知识、新理论、新原理的探索，是为进一步的开发活动进行资料及相关方面的准备。

开发阶段是指在进行商业性生产或使用前，将研究成果或其他知识应用于某项计划或设计，以生产出新的或具有实质性改进的材料、装置、产品等的阶段。开发阶段包括试生产研究和推广应用研究。试生产研究是指实验室条件的扩大和中间试验，或小批量生产；推广应用研究是指为了推广应用新材料、新产品，要研究解决推广应用中的科学技术问题。

（三）研究与开发的方式

研究与开发一般分为自主研究开发、委托研究开发和合作研究开发三种方式。

1. 自主研究开发

自主研究开发是指企业主要依靠自己的资源、技术、人力，依据自己的意志，独立研究开发，并在研究开发项目的主要方面拥有完全独立的知识产权。自主研究开发包括原始创新、集成创新和在引进消化基础上的再创新三种类型。

2. 委托研究开发

委托研究开发是指委托具有研发能力的企业、科研单位或机构开展的研究开发，研发所需经费由委托人全额承担，受托人交付研究开发成果。企业受研发技术人员、资金、时间、信息等因素的约束，将自身的研发任务通过契约的形式整体委托给外部其他单位或机构完成，或者通过购买将研发技术整体从外部企业购得，这样企业就可以集中精力去完成以企业自身实力可以完成的研发任务，从而不仅避免了重复研发，而且有精力去增强自身的核心竞争力。

3. 合作研究开发

合作研究开发是指企业与其他企业、科研机构、高等院校之间的联合研发行为，合作各方共同参与、共同出资、共享效益、共担风险，共同研发完成同一研究开发项目。

合作研究开发是以合作创新为目的，以优势互补为前提，由多个组织共同参与的研发模式。通过合作研究开发，可以有效利用组织外部资源，降低研发成本，分摊研发投入，共担研发风险，分享研发成果。

（四）研究与开发控制的重要意义

研究与开发是企业核心竞争力的源泉，是企业自主创新的重要体现，是企业加快转变经济发展方式的强大推动力，企业通过研发新产品和新技术、创造新工艺，能够增强核心竞争力，促进实现发展战略。在经济全球化背景下，是否具备创新能力已经日益成为企业成败的关键。

企业的研究与开发活动是以开发新产品、新技术、新工艺为目的的业务活动，与传统产品开发相比具有更大的技术风险、财务风险和市场风险等诸多方面的不可测、不可控因素。研发项目具有投入大、专业性强、周期长、风险高的特点，其成败会对企业的生产经营活动及未来发展产生巨大影响。因此，提升企业自主创新能力，加强创新成果的开发、实施、管理与保护，有效控制研发风险，对于增强企业核心竞争力、促进实现发展战略具有十分重要的意义。

二、研究与开发内部控制的总体要求

企业应当重视研发工作，根据发展战略，结合市场开拓和技术进步要求，科学制定研发计划，强化研究与开发活动全过程管理，规范研发行为，促进研发成果的转化和有效利用，不断提升企业自主创新能力，充分发挥科技的支撑引领作用，促进企业实现发展战略。

（一）以发展战略为导向，科学制定研发计划

企业的研究与开发活动应当以企业发展战略为导向，坚持重点业务重点研发的工作思路，围绕提升企业核心竞争力开展研发活动。研发计划的制定要科学、合理，瞄准前沿、着眼实际，贴近市场、贴近企业。

（二）强化研发活动全过程管理，规范企业研发行为

企业要科学规划、周密部署、从严从细强化研发过程管理，规范研究与开发行为。要建立研发项目管理制度和技术标准，建立信息反馈制度和研发项目重大事项报告制度；严格落实岗位责任制，合理设计研发项目实施进度计划和组织结构，跟踪研发项目进展，建立良好的工作机制，保证研发项目顺利实施。

（三）加强研究成果开发，促进研究成果的转化和有效利用

企业开展研发活动的最终目的是将潜在的生产力转化为实实在在的经济效益。因此，企业应在科研、生产与市场之间建立有机联系，促进研究成果的转化。企业应当加强研

究成果的开发，形成科研、生产、市场一体化的自主创新机制，促进研究成果向生产力的转移和转化，采取有效措施调动科研人员将创新成果转化为生产力的积极性，不断提升企业自主创新能力，不断改进和提升研发活动的管理水平。

任务二
研究与开发业务流程

一、研究与开发业务流程概述

企业通过研究与开发活动，能够有效提升自主创新能力，增强核心竞争力，促进发展战略的实现。但是，研究与开发是一项创造性的活动，具有探索性和不确定性，具有很大的技术风险、财务风险和市场风险。因此，企业的研究与开发活动必须制定一整套科学、严谨的业务流程，以有效控制风险的发生。《企业内部控制应用指引第10号——研究与开发》将研究与开发的业务流程界定为立项与研究、开发与保护等环节。企业在设计研究与开发业务流程时，应根据法规要求、研发项目、研发内容与企业实际情况，制定适合本企业特点的研究与开发业务流程。

二、研究与开发业务流程的环节与内容

研究与开发的业务流程主要包括立项、研发过程管理、结题验收、研究成果开发、研究成果保护、研发活动评估等环节。

（一）立项

立项是企业在调查研究的基础上，对研发项目的目标、规模、投资、技术、基本方案和预期效益等方面进行的可行性研究和评审决策过程。立项主要包括立项申请、评审和审批三个步骤。

1. 立项申请

企业应当根据实际需要，结合研发计划，提出研发项目立项申请，开展可行性研究，编制可行性研究报告。立项申请时，项目的可行性研究报告应该明确研发项目立项的理由，开发内容与方式，开发项目的技术路线、工艺流程、技术和经济目标，开发进度与完成期限，项目的预算，研发人员（或合作方）的基本条件与概况等。

2. 评审

立项项目的可行性论证，应该组织专家组进行。专家组成员的构成必须遵循规避原则。一般而言，专家组成员都是独立于立项申请及审批之外的专业机构和人员，包括行业技术专家、管理专家和财务专家，其中以技术专家为主。此外，企业还可以借助中介机构的服务。

3. 审批

研发项目应当按照规定的权限和程序进行审批，重大研发项目应当报经董事会或类似权力机构集体审议决策。审批过程中，应当重点关注研发项目促进企业发展的必要性、技术的先进性以及成果转化的可行性，企业应该对研发项目的立项过程进行跟踪与管理。

（二）研发过程管理

研发过程是研发活动的核心环节。企业应当跟踪检查研发项目进展情况，评估各阶段研究成果，提供足够的经费支持，确保项目按期、保质完成，有效规避研发失败风险。研发项目立项后，企业要严格执行研发过程管理，降低研发费用，缩短研发时间，提高项目提交成果的质量和绩效，并优化决策过程。

（三）结题验收

结题验收是对研究过程形成的交付物进行质量验收。对于按照政策法规需要由政府科技管理部门或其他相关部门验收的研发项目，应按相关法规办理验收；对于不需要由政府主管部门验收的项目，企业应当组织相关专家自行验收。结题验收分为检测鉴定、专家评审、专题会议三种方式。结题验收的内容一般包括：项目产品开发进度与取得成果情况，项目资金落实与支出情况，项目产品市场开拓与销售情况，合同技术、经济、质量、资产指标完成情况，项目验收时与立项时企业资产、销售、利税情况，项目执行过程中存在的问题及其他相关的说明等。

（四）研究成果开发

研究成果开发是指企业将研究成果经过开发过程转换为企业的生产技术或产品。开发研究成果是企业开展技术研究的目的，研究成果经过开发，转化为企业的生产技术或产品，成为企业研发活动接受市场检验的直接对象。研究成果的开发应当分步推进，通过试生产充分验证产品性能，在得到市场认可的基础上再进行大规模的批量化生产。否则，一开始就将研发的新产品进行大规模投产，很可能会给企业带来经济损失。

（五）研究成果保护

研究成果保护是企业研发活动的有机组成部分。有效保护研究成果，既是保护研发企业合法权益的需要，也是尊重知识、尊重人才、保护知识产权的需要。企业应当建立研究成果保护制度，加强对专利权、非专利技术、商业秘密及研发过程中形成的各类涉密图纸、程序、资料的管理，严格按照制度规定借阅和使用，禁止无关人员接触研究成果。在法律保护上，企业可以采取申请专利的方式加以保护；对于作为非专利技术、商业秘密等形式存在的无形资产，则更应该严加管理，避免泄密和流失。

（六）研发活动评估

研发活动评估是对研发项目的立项、研究、开发、保护等过程进行的全面评估，旨在总结研发管理经验，分析存在的薄弱环节，完善相关制度和办法，不断改进和提升研发活动的管理水平。研发活动评估制度主要包括三个阶段：立项阶段的评估、研究开发过程的跟踪评估与信息反馈、研发结果的评估与保护。这三个阶段环环相扣，相互衔接，缺一不可。企业应严格执行研发活动评估制度，不断改进和提升研发活动的管理水平。

企业研究与开发业务流程如图 10-1 所示。

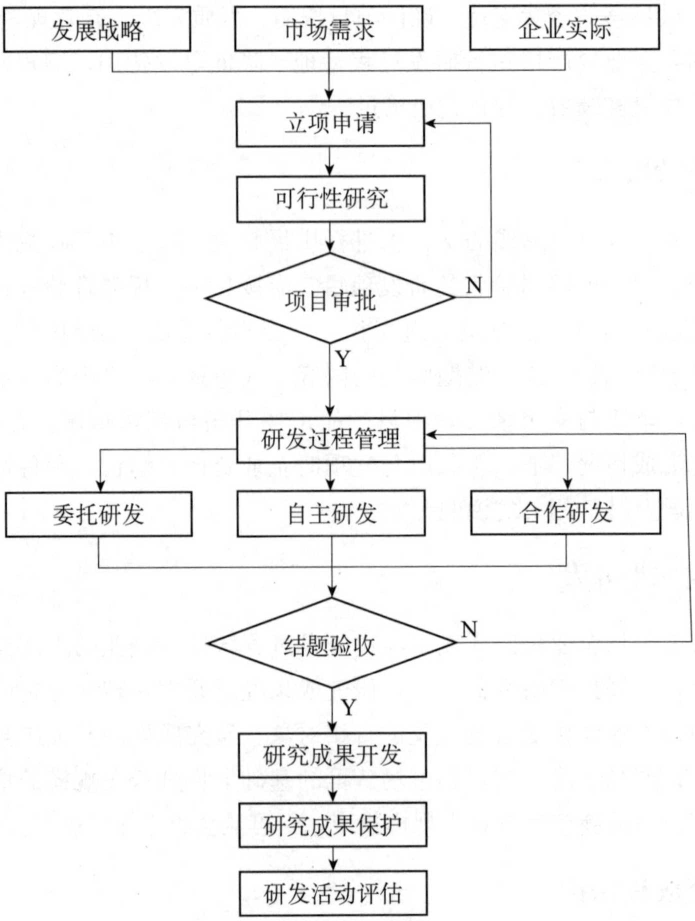

图 10-1　研究与开发业务流程图

任务三

研究与开发主要风险与控制措施

一、研究与开发的主要风险

企业开展研发活动至少应当关注下列风险：

（一）研发项目论证失误风险

研发项目与企业发展战略不匹配，研发项目未经科学论证或论证不充分，评审和审批环节把关不严，可能导致创新不足或资源浪费。研发项目的可行性论证一般会涉及项目立项必要性、技术可行性、合作方的研发实力、研发成果和知识产权分配、合作方的考核指标、对企业科技进步的促进作用、资金匹配与投入能力以及研发项目的管理等问题。研发项目技术不可行，合作方或企业自己的研发实力与研发项目的创新要求不匹配，会造成创新不足，继而导致企业资源的不良配置。

（二）研发管理不善风险

研发项目具有研发时间长、业务环节多、耗费资金大、不确定性因素多、经济风险和技术风险大、系统操作复杂的特点。因此，在研发过程中，企业所面临的风险种类繁多、各种风险之间的相互关系错综复杂。此外，由于研发过程主要是依靠研发人员进行，因此，研发人员的经验、知识结构及其自信度，都会造成不同程度的风险。如果研发方式不当，研发人员配备不合理、管理不善，或者激励约束机制不到位，研发过程失控，可能面临研发成本过高、研发人员串通舞弊、研究成果泄露、研发人员中途离任、研发效率降低、知识产权界定不清或研发失败等风险，给企业造成巨大的经济损失。

（三）研究成果转化不足风险

将研究成果转化为真正的经济效益，一般要经过技术产品化、产品商品化、商品社会化和技术扩散化四个阶段。在这四个阶段中，缺少任何一个环节，都有可能导致企业利益受损。如果企业重研究、轻开发，缺乏研究成果向生产过程转化的能力和措施，可能导致研究成果发挥不出应有的效能，挫伤企业开展创新研究的积极性，导致企业丧失核心竞争力。

（四）研究成果保护不力风险

研究结果一旦成型，其产品则应成为受保护的对象。公司应及时制定研究成果的产权保护措施，确定权益和责任，申请专利保护。如果企业缺乏保护研究成果的有效措施，可能导致研究成果流失、泄密或内外勾结、串通舞弊或研究成果被竞争对手窃取，导致企业利益遭受严重损失。

二、研究与开发的关键控制点、控制目标和控制措施

研究与开发内部控制的关键控制点、控制目标和控制措施如表 10－1 所示。

表 10－1　研究与开发内部控制的关键控制点、控制目标和控制措施

关键控制点	控制目标	控制措施
1. 立项	（1）立项论证充分 （2）审批严格规范	（1）建立科学规范的立项审批制度 （2）项目审批前必须经过可行性研究，编制可行性研究报告 （3）研发项目按照规定的权限和程序进行审批 （4）重大研发项目应当报经董事会或类似权力机构集体审议决策
2. 研发方式选择	选择最佳研发方式	（1）根据研发项目特点和企业自身的掌控能力选择研发方式 （2）企业与研发人员、研发机构或合作单位签订规范的研发合同，明确各方的投资、分工、权利与义务、研究成果产权归属等
3. 研发过程管理	有效掌控研发过程	（1）建立研发项目管理制度和技术标准，建立信息反馈制度和研发项目重大事项报告制度，严格落实研发岗位责任制 （2）合理设计研发项目实施进度计划和组织结构，建立良好的工作机制 （3）搞好研发研究经费预算管理，保证研发资金及时、足额投入，严格进行研发会计核算 （4）开展研发项目中期评审，适时进行研发调整 （5）加强委托研发单位资信、专业能力等方面的管理
4. 结题验收	科学、严谨，不走过场	（1）建立健全技术验收制度 （2）对异常情况应重新进行验收 （3）对重要的研发项目可以组织外部专家参加鉴定
5. 研究成果开发	保证研究成果的转化和应用	（1）建立健全研究成果开发制度，促进研究成果及时有效转化 （2）科学鉴定大批量生产的技术成熟度，力求降低产品成本 （3）开展以市场为导向的新产品开发与消费者测试 （4）建立研发项目档案，推进有关信息资源的共享和应用

续表

关键控制点	控制目标	控制措施
6. 研究成果保护	保护研发企业的合法权益	（1）建立研究成果保护制度 （2）进行知识产权评审，及时取得权属 （3）建立严格的核心研究人员管理制度 （4）建立实施研发长效激励机制
7. 研发活动评估	改进和提升研发活动的管理水平	（1）企业应当建立研发活动评估制度，完善相关制度和办法 （2）加强对立项与研究、开发与保护等过程的全面评估

三、研究与开发的会计系统控制

企业应当建立健全记录研究与开发业务的会计凭证和账簿，正确核算研究与开发业务活动情况，妥善保管有关研究与开发业务的原始会计凭证、发票、物资采购、费用报销等资料，确保会计记录和实际研究与开发活动的一致性。研究与开发的会计系统控制具体措施包括以下四个方面：

（一）准确核算研究与开发业务

企业应按照国家统一的《企业会计准则》，建立科研经费专用账户，通过相应的会计账户准确核算有关研究与开发的资金投入、物资采购和经费支出情况；要根据《财政部关于企业加强研发费用财务管理的若干意见》（财企〔2007〕194 号）和《企业会计准则》的规定，对研究阶段和开发阶段两个部分的研发费用支出分别进行核算。其中，研究阶段的支出要全部费用化，计入当期损益；开发阶段的支出，符合资本化条件的，确认为无形资产，不符合资本化条件的，计入当期损益。若确实无法区分研究阶段的支出和开发阶段的支出，将其全部费用化，计入当期损益。

（二）妥善保管研究与开发业务的凭证、资料

财务部门要对研究与开发业务的合同、协议、发票、凭证等文件资料登记造册，派专人负责，妥善保管，以备查用。

（三）实行研究与开发业务资金预算管理制度

财务部门要实行研究与开发业务资金预算管理制度，严格按预算、审核无误的付款凭证和付款审批制度办理研究与开发业务的资金支付。

（四）定期核对研发项目账目

财务部门的研发项目核算岗位要定期与研发部门负责人核对研发项目的资金支出账

目，确保会计记录与研发部门的实际支出核对一致，账账相符、账实相符。

案例分析

2020年12月8日，吉林省高级人民法院对（中国工程院院士、中国农业大学教授李某及同案张某贪污上诉）一案进行二审公开开庭审理并当庭宣判。二审维持松原市中级人民法院对被告人李某犯贪污罪的定罪部分和第二、第三判项，撤销该判决中对李某的量刑部分，对上诉人李某以贪污罪改判有期徒刑十年，并处罚金人民币二百五十万元。

松原市中级人民法院判决认定，被告人李某利用所担任的中国农业大学教授、中国农业大学农业生物技术国家重点实验室主任、中国农业大学生物学院李宁课题组负责人以及负责管理多项国家科技重大专项课题经费的职务便利，伙同被告人张某采取侵吞、虚开发票、虚列劳务支出等手段，贪污课题科研经费共计人民币3 410万余元，其中贪污课题组其他成员名下的课题经费人民币2 092万余元。

上述款项均被李某、张某转入李某个人控制的账户并用于投资李某等参股、控股的多家公司。原审判决认为，二被告人行为均已构成贪污罪。在共同犯罪中，李某起主要作用，系主犯；张某起次要作用，系从犯，有坦白情节，且认罪悔罪，可依法对其减轻处罚。一审法院判决：

一、被告人李某犯贪污罪，判处有期徒刑十二年，并处罚金人民币三百万元。

二、被告人张某犯贪污罪，判处有期徒刑五年八个月，并处罚金人民币二十万元。

三、扣押的赃款依法予以没收，上缴国库，不足部分继续追缴。

一审宣判后，李某提出上诉。

吉林省高级人民法院二审审理期间，上诉人李某自愿认罪认罚，提交了悔罪书，在其辩护律师见证下签署了《认罪认罚具结书》。二审庭审中，李某对原审判决认定的事实、证据及判决认定的罪名均无异议，当庭表示认罪、悔罪，上诉请求二审法院根据其认罪态度，依法从轻处罚，并愿意接受法院的判罚。根据李某的认罪态度，检察机关提出了二审的量刑建议。

分析要求：工程院院士、中国农业大学教授李某及张某贪污案发生的根本原因是什么？说明了什么？

分析提示：

（1）李某及张某贪污案发生的根本原因在于中国农业大学内部控制制度的缺失。

（2）李某及张某贪污案说明：中国农业大学财务管理非常薄弱，审计管理形同虚设；同时说明加强研究与开发内部控制势在必行。

任务四

研究与开发控制制度设计

一、研究与开发控制制度的设计方法与内容

研究与开发控制制度设计主要包括现状调研、风险评估、内部控制测试和制度设计四大基本环节。各环节的设计方法与内容是：

（一）现状调研

1. 了解内部控制现状

首先，确认有无研究与开发方面的相关控制制度和规定；其次，确认现行制度设计得是否完善；然后，确认制度是否得到贯彻执行；最后，确认有无具体的操作文件、控制表单及监控档案等。

2. 梳理描述业务流程

分析企业研究与开发的业务流程有哪些，流程包括哪些环节，设有哪些关键控制点，能否有效控制研究与开发可能发生的风险，并将企业研究与开发的业务流程现状用图表的形式描绘出来。

（二）风险评估

研究与开发风险评估包括目标设定、风险识别、风险分析和风险应对四个环节。

1. 目标设定

首先，根据企业研究与开发的目的和要求设定研究与开发的总体控制目标；然后，根据研究与开发流程，分别设定研发项目立项、研发过程管理、结题验收、研究成果开发、研究成果保护、成果使用、研发活动评估等环节的具体控制目标。

2. 风险识别

要对照《企业内部控制应用指引第 10 号——研究与开发》中有关研究与开发风险的提示，结合企业研究与开发实际情况，识别并具体描述研究与开发各环节可能遇到或发生的各种风险。要关注引起研究与开发风险的主要因素，准确识别与实现研究与开发控制目标有关的内部风险和外部风险。

3. 风险分析

首先，从内部因素和外部因素两方面分析企业研究与开发风险产生的原因；然后，

对照研究与开发风险评估标准进行风险评估，并编制研究与开发风险评价表。

4. 风险应对

研究与开发风险应对是选择研究与开发风险应对策略的过程。要结合企业实际情况，制定研发项目立项、过程管理、结题验收、研究成果保护、成果使用、研发活动评估等环节的风险控制措施，明确各环节的职责和权限，按照规定的权限和程序开展研究与开发活动，确保研究与开发活动合规、有效进行。要根据风险分析和评估结果，针对不同等级的研究与开发风险，相应采取风险规避、风险降低、风险分担和风险承受四种应对策略，并编制研究与开发风险应对表。

（三）内部控制测试

研究与开发内部控制测试在现状调研和风险评估的基础上进行，主要包括根据内部控制缺陷评价标准进行内控缺陷测试和编制内部控制缺陷评价表两项工作。

（四）制度设计

研究与开发控制制度设计的基本程序包括确定关键控制点、编制风险控制矩阵、完善内部控制制度和绘制控制流程图四个环节。

1. 确定关键控制点

研究与开发关键控制点的确定应根据研究与开发风险评估的结果，结合内部控制缺陷评价结论进行。一般来说，研究与开发的关键控制点应当包括研发项目立项、过程管理、结题验收、研究成果保护、成果使用、研发活动评估等影响研究与开发控制目标实现的关键环节。

2. 编制风险控制矩阵

研究与开发风险控制矩阵是对研究与开发流程中的控制目标、各种风险、关键控制点、责任主体、应对策略等的简要说明与描述，是研究与开发内部控制制度设计要素的集中体现和纲领性文件，也是企业研究与开发内部控制制度的重要组成部分。

3. 完善内部控制制度

根据研究与开发内部控制的要求、现行研究与开发控制制度的设计运行情况，以及风险评估结论，修订、完善、补充或重新制定研究与开发内部控制制度，要将内部控制的原则、要求、方法和措施嵌入研究与开发管理制度之中。

4. 绘制控制流程图

根据研究与开发风险控制矩阵和研究与开发控制制度，结合研究与开发的实际情况绘制研究与开发控制流程图，标明风险控制点和关键控制点，并编写控制流程说明。

二、研究与开发控制制度的设计目标

研究与开发控制制度的设计目标要围绕企业内部控制的战略目标、经营目标、资产目标、报告目标和合规目标，根据研究与开发内部控制的总体要求来确定。一般而言，研究与开发内部控制的基本目标是促进企业自主创新，增强核心竞争力，规范研发行为，有效控制研发风险，实现发展战略，实现研究与开发活动的合法性、可行性、安全性和效益性。为此，研究与开发控制制度设计应能实现以下控制目标：

（一）科学制定研发计划，保证研发活动与发展战略的符合性

企业应当以发展战略为指引，以市场需求为导向制定研发计划，围绕提升企业核心竞争力开展研发活动。研发的方向必须有利于企业产品结构调整和市场布局谋划，符合国家法律法规、产业政策，有利于拓展和巩固市场，有利于企业发展战略的实现。

（二）严格立项审批程序，保证研发项目决策的科学性

企业应当建立科学、规范的立项、审批制度，根据实际需要，结合研发计划，提出研发项目立项申请，开展可行性研究，编制可行性研究报告。研发项目的立项应该在充分的市场调研的基础上进行，明确国外有关技术发展的概况、国内有关产品与技术的现状、国内已取得的最新阶段成果，并对经研发后可以达到的技术水平等情况进行说明，对研究成果推广应用和市场前景进行预测。项目审批要严格按照规定的权限和程序进行，重大研发项目应当报经董事会或类似权力机构集体审议决策，保证研发项目决策的科学性和正确性。

（三）强化研发活动过程管理，保证研发活动的有效性

企业应当建立健全研发项目管理制度、技术标准、信息反馈制度和研发项目重大事项报告制度，合理设计项目实施进度计划和组织结构，建立良好的工作机制，规范研究与开发行为，保证研发项目的顺利实施。研发项目立项后，企业应当跟踪检查研发项目进展情况，评估各阶段研究成果，要合理制定研发项目费用规划、费用结构、费用估算、费用预算和费用控制的标准，严格执行费用管理规定，努力降低研发费用，缩短研发时间，保证研发活动的有效性，确保研发项目按期、保质完成，有效规避研发项目失败风险。

（四）健全研究成果验收制度，确保研究成果评审、验收的严谨性

企业应当建立健全技术验收制度，严格执行测试程序。对验收过程中发现的异常情况应重新进行验收申请或补充进行研发，直至研发项目达到研发标准为止。要落实技术主管部门验收责任，由独立的、具备专业胜任能力的测试人员进行鉴定试验，并按计划进行正式的、系统的、严格的评审。要加大企业在测试和鉴定阶段的投入，对重要的研发项目可以组织外部专家参加鉴定，以确保研究成果评审、验收科学、严谨，不走过场。

（五）建立自主创新机制，促进研究成果转换的有效性

企业应当加强研究成果的开发，形成“科研、生产、市场”一体化的自主创新机制，

促进研究成果及时、有效转化。企业应当建立健全研究成果开发制度，科学鉴定新产品大批量生产的技术成熟度，力求降低产品成本，要坚持开展以市场为导向的新产品开发测试，积极培育产品市场，将企业潜在的生产力转化为实实在在的经济效益。

（六）建立研究成果保护制度，确保研究成果的安全性

企业应当建立研究成果保护制度，加强对专利权、非专利技术、商业秘密及研发过程中形成的各类涉密图纸、程序、资料的管理，严格按照制度规定借阅和使用，禁止无关人员接触研究成果。企业对于通过验收的研究成果，可以委托相关机构进行审查，确认是否申请专利或作为非专利技术、商业秘密等进行管理。对于需要申请专利的研究成果，应当及时办理有关专利申请手续。对于作为非专利技术、商业秘密等形式存在的无形资产，应该建立无形资产管理制度并建立有效监督机制。企业应当建立严格的核心研发人员管理制度，明确界定核心研发人员范围和名册清单，签署符合国家有关法律法规要求的保密协议，确保企业研究成果和核心技术的安全完整、万无一失。

（七）严格研发费用核算，保证会计核算资料的准确性

企业要按照《企业会计准则》和国家研发费用方面的政策、法规，健全研发费用会计核算制度，全面、准确地核算企业研发费用。要按照会计核算政策的规定，设置专门的会计科目，科学、合理、清晰地设置具体明细科目，准确核算每一个研发项目研发费用发生额。计入研发费用的实际发生额必须有根有据。企业在一个纳税年度有多个研发项目的，研发费用应按不同研发项目归集，发生的公共费用应当进行合理分摊。

要根据《中华人民共和国企业所得税法》及其实施条例等文件的规定计算应纳税所得额，准确计算、缴纳企业所得税，有效规避涉税风险的发生。

三、研究与开发控制制度设计案例

浙江新农化工股份有限公司研究与开发管理制度

第一章 总则

第一条 为了促进浙江新农化工股份有限公司（以下简称“公司”）自主创新，增强核心竞争力，推动公司研发工作的开展，有效控制研发风险，实现发展战略，根据《企业内部控制基本规范》和《企业内部控制应用指引第10号——研究与开发》，制定本制度。

第二条 本制度所称研究与开发，是指公司为获取新产品、新技术、新工艺等所开展的各种研发活动。

研究与开发管理制度文本

第三条 公司开展研发活动至少应当关注下列风险：

（一）研究项目未经科学论证或论证不充分，可能导致创新不足或资源浪费。

（二）研发人员配备不合理或研发过程管理不善，可能导致研发成本过高、舞弊或研发失败。

（三）研究成果转化应用不足、保护措施不力，可能导致公司利益受损。

第四条 公司应当重视研发工作，根据发展战略，结合市场开拓和技术进步要求，科学制定研发计划，强化研发全过程管理，规范研发行为，促进研发成果的转化和有效利用，不断提升公司的自主创新能力。

第五条 职责分工

（一）总经理负责审批项目建议书，下达研发计划书、任务书，研发验证报告和试产报告。

（二）分管副总经理负责筛选确定研发项目，审核项目建议书。

（三）市场部负责根据市场调研或分析，提供市场信息及新产品动向；负责组织由行业管理部门、财务部、审计部参加的项目成果验收。

（四）合成研发部、制剂研发部分别负责原药、中间体项目和制剂项目研发全过程的组织、协调、验证工作。

第六条 本制度适用于公司及其所属分公司、子公司。

第二章 立项与研究

第七条 研发立项的原则

（一）以市场为导向、以经济效益为中心，以增强公司技术创新能力和市场竞争力为目标。

（二）以产品为龙头，产品开发与工艺技术、工程技术相结合。

（三）与技术改造、技术引进等计划紧密衔接，发挥整体优势，全面有效地促进公司技术进步。

第八条 根据信息来源不同，研发项目通过以下三种方式获得并进行相应的审批：

（一）市场部根据市场调研或分析提出项目建议书，报分管副总经理审核、总经理批准并向合成研发部或制剂研发部下达研发任务书，市场部将相关背景资料转交合成研发部或制剂研发部。

（二）合成研发部或制剂研发部根据技术改进和综合各方面的信息，提交项目建议书报分管副总经理审核、总经理批准后实施。

（三）重大的研究开发项目，需要报公司董事会审议通过后方可实施。

第九条 研发项目的筹备

（一）项目确定后，由合成研发部或制剂研发部依据项目特点和要求确定项目负责人，报总经理审批。项目负责人根据项目建议书，制定研发计划书，计划书内容包括：

1. 研发的输入、输出、评审、验证、确认等各阶段的划分和主要工作内容。

2. 各阶段人员职责和权限、进度要求和配合单位。

3. 资源配置需求，如人员、信息、设备、资金保证等相关内容。

（二）研发策划的输出文件将随着研发的进展，在适当时予以修改。

（三）对于研发过程中的信息沟通，由合成研发部或制剂研发部负责公司内部可能涉及的各部门之间的联系及信息传递，并填写研发信息联络表；市场部负责与外部机构（如客户、合作伙伴等）的联系及信息传递。

第十条　研发计划的变更

（一）变更原因

1. 在实施研发计划过程中，发现因项目设计错误或于评审、验证、确认后要求的更改，以及因投产生产中有困难而需要改进产品的功能和性能及客户与供方要求的更改时，可申请调整或取消计划内容。

2. 年中由于市场需求或国家有关政策，需要开发新的项目时，可申请新增计划内容。

（二）变更程序

1. 设计人员应正确识别和评估设计更改对原材料使用、生产过程、使用性能、安全性、环保性、可靠性等方面带来的影响。

2. 研发的更改提出部门应提交更改申请，并附上相关资料，报分管副总经理批准后方可进行更改。

3. 在研发过程中，设计人员可在研发初稿上直接修改或重新编制相应的初稿；产品定型后如需要更改设计和建议，可将更改的建议填写在信息联络表中提交合成研发部或制剂研发部负责人，由相关设计人员根据可行性和必要性填写更改申请并附上相关资料，报分管副总经理批准后方可进行更改。

4. 当变更涉及主要参数和功能、性能指标的改变，或人身安全及相关法律法规的要求时，应对变更进行适当的验证和确认，经总经理批准后才能实施。

第三章　开发与保护

第十一条　设计和开发过程的实施。设计和开发过程由公司合成研发部或制剂研发部组织实施，设计和开发程序应明确对设计和开发的策划、输入、设计、输出、评审、验证、确认、更改等过程的控制要求，并应满足其引用的行业标准要求。

第十二条　研发过程的管控

（一）研发的输入

1. 研发输入包括以下内容：

（1）主要功能、性能要求、技术指标。这些要求主要来自客户或者市场的需求与期望，一般应包含在合同、订单或项目建议书中。

（2）适用的法律法规的要求，对国家强制性标准一定要满足。

（3）以前类似的研发提供的适用信息。

（4）对确定产品的安全性和适用性至关重要的特性要求，包括安全、使用、运输、加工、维护及环境等。

2. 研发的输入应形成文件，并填写研发输入清单，附有各类相关的资料。

3. 由合成研发部或制剂研发部组织有关设计人员和市场部、财务部、审计部等相关部门对研发输入进行评审，保证其充分性和适宜性，对其中不完善、含糊或矛盾的要求进行澄清和解决，确保研发的输入满足任务书的要求。

（二）研发的输出

1. 研发人员根据研发任务书、方案及计划等开展设计工作，并编制相应的研发输出文件，纳入研发输出清单。

2. 研发输出文件包括：指导生产活动的图样和文件，如图样、生产工艺等；包含或引用的验收准则；标准件，外协、外购件清单，采购物资分类明细等；产品技术规范或企业标准；产品防护的细节。

3. 根据公司产品特点，规定对安全和正常使用至关重要的产品特性，包括生产、使用、搬运、维护及处理的要求。

第十三条 研发的验证

（一）根据评审通过的研发初稿制作样品。合成研发部或制剂研发部负责对样品进行型式试验或送权威检测机构检测，并出具检测报告。对产品的部分设计或功能、性能，可引用已证实的类似设计的有关证据，作为本次设计的验证依据。

（二）在研发的适当阶段也可以进行验证，可采用与已证实的类似设计进行比较、计算验证、模拟测试等。

（三）合成研发部或制剂研发部综合所有验证结果，编制研发验证报告，记录验证的结果及跟踪的措施，报主管副总批准，确保研发输入中每一项性能、功能指标都有相应的验证记录。

（四）样品验证通过后，总经理组织各相关部门对生产、加工的可行性进行评审，并以书面形式报总经理批准后由合成研发部或制剂研发部指导生产。

（五）公司检验人员对产品进行检验试验，并出具相应的检测报告。

第十四条 知识产权管理

（一）知识产权制度是保护科学技术成果的重要法律制度。公司在进行新产品开发时要遵守国家有关知识产权的法律规定，并注意利用知识产权法律来保护公司的合法利益不受侵犯。

（二）知识产权的管理，具体包括取得、日常管理、清查及盘点等规定，参见资产管理制度。

（三）为避免和应对同行有可能发生仿制嫌疑的诉讼，所有项目设计资料（产品研发设计过程及试制与鉴定过程中的所有资料）必须存档保存（文本、光盘等）。此项工作由公司产品部门负责人负责。

第十五条 研究人员的管理

（一）公司合成研发部或制剂研发部对项目的研究人员需要进行特别的管理，当项目组中的人员确定后，项目经理或项目负责人需要编制该项目的名册清单。

（二）公司与新产品研发人员签订劳动合同时，需要在劳动合同中特别约定研发成果的归属、离职条件、离职移交程序、离职竞业限制年限及其他违约责任等，同时为保证公司利益不受损失，需要与其签订保密协议。

（三）项目经理或项目负责人需要随时与重要项目的研发人员沟通，了解项目执行的情况，随时掌握项目研究人员的情绪变化，并积极主动地与研究人员沟通。

第十六条　研究成果的开发

（一）产品试制：产品试制的目的是确认研发的新产品是否能够满足预期的使用要求。通常应在产品交付前或产品实施前完成。需用户使用一段时间才能完成确认工作的，应在可能的适用范围内实现局部确认。根据公司产品的特点，可以从下述三种确认方式中选择：

1. 总经理组织召开产品鉴定会，邀请有关专家、用户参加，提交新产品鉴定报告，即对研发予以确认。

2. 试产合格的产品，由合成研发部或制剂研发部联系投入市场一段时间，并提供客户对样品符合标准或合同要求的满意程度及对适用性的评价，客户满意即为对研发予以确认。

3. 新产品可送往国家授权的单位进行试验并出具合格报告，并提供客户使用满意的报告，即为对研发予以确认。

（二）上述报告及相关资料未确认的结果，合成研发部或制剂研发部据此结果进行分析，根据需要采取相应纠正和改进措施，以确保研发的产品满足客户预期的使用要求。

（三）试制程序完成后，需要按照要求对试制品进行鉴定。合成研发部或制剂研发部根据鉴定报告提交上级领导以及相关政府机构，经批准后由生产部门开始批量生产准备。

第十七条　技术资料验收及存档管理

（一）技术资料的验收汇总存档管理由公司研发中心负责。在研发过程中形成的资料等，必须按照严格的借阅和使用程序进行，禁止无关人员接触。

（二）资料管理人员存档时必须验证，如不齐全可拒绝存档，并上报合成研发部或制剂研发部负责人进行批示。

第十八条　研究开发经费管理

（一）公司的研发费用分为研究费用和开发费用两部分，主要包括研究费用、试制费、技术咨询费、材料费、研究设备折旧费、技术人员工资等。

（二）公司研发费用的核算遵循单独立项、统一管理的原则。针对各个项目发生的研究费用在账本中单设账页反映，发生的研发费用在管理费用下的研发费用明细科目中核算，并且设置科技人员的工资、差旅费、专利申请费、试验费、检测费、技术咨询费、试验设备租赁费等明细科目。

（三）研发费用的使用、报销、结算由财务部负责，严格控制研发费用使用的合理性、合法性。

（四）项目完成后，财务部编制项目预算、决算分析表，找出问题并做重点分析。

（五）财务部对科技成果的转换要加强核算管理，认真计算新产品的收入、成本、税金、费用、分析投入与产出比。

第十九条　评估与改进

（一）公司或企业应当建立对研发活动的评估制度，加强对立项与研究、开发与保护等过程的全面评估，总结优点、发现问题，为今后产品研发项目提供借鉴。

（二）研发项目结束后，公司或企业的市场部负责会同合成研发部或制剂研发部、财务部、审计部等相关部门认真总结研发管理中发现的问题，分析产品研发过程中存在的薄弱环节，完善相关制度与管理办法，改进与提升研发活动的管理水平。

第二十条　产品标准的备案：公司生产的产品必须有产品标准，产品标准应到各地方的技术监督局进行备案。经备案后的产品标准的副本应提交产品部一份留存。

第四章　附　则

第二十一条　本制度由公司市场部负责起草和解释。

第二十二条　本制度经公司董事会审议通过后自发布之日起执行。

项目小结

本项目讲解企业研究与开发控制，包括研究与开发控制概述、研究与开发业务流程、研究与开发主要风险与控制措施、研究与开发控制制度设计四部分内容。研究与开发是以开发新产品、新技术、新工艺为目的的业务活动，具有投入大、专业性强、周期长、风险高的特点，其成败会对企业的生产经营活动及未来发展产生巨大影响。企业通过研发新产品、新技术、新工艺，能够增强核心竞争力，促进实现发展战略。学习研究与开发控制要重点理解研究与开发的含义、内容、主要风险、关键控制点、控制目标和控制措施，了解掌握研究与开发控制制度设计的方法和内容。

项目练习

一、单选题

1. 新技术是指在一定地域、时域和行业内有所创新并具有（　　）的技术。

A. 战略性　　　　B. 市场潜力

C. 经济效益　　　　D. 竞争力

2. 研究阶段是指为获取并理解新的科学或技术知识而进行的（　　）、有计划调查的阶段。

A. 有组织　　　　B. 独创性的

C. 有预算　　　　D. 开拓性的

3. 立项主要包括立项申请、（　　）和审批三个步骤。

A. 计划　　　　B. 可行性研究

C. 评审　　　　D. 预算

4. 结题验收是对研究过程形成的交付物进行（　　）验收。

A. 评审　　B. 质量　　C. 检查　　D. 总结

二、判断题

1. 研究与开发一般分为自主研究开发、委托研究开发和合作研究开发三种方式。（　　）

2. 企业研发活动的最终目的是将潜在的生产力转化为实实在在的生产技术或产品。（　　）

3. 如果企业重研究、轻开发，缺乏研究成果向生产过程转化的能力和措施，可能导致研究成果发挥不出应有的效能，挫伤企业开展创新研究的积极性，导致企业丧失核心竞争力。（　　）

三、简答题

1. 什么是研究与开发？企业研究与开发至少应当关注哪些风险？

2. 简述研究与开发内部控制的总体要求。

3. 企业研究与开发的业务流程是怎样的？

4. 简述立项环节的控制目标和主要控制措施。

5. 企业研究与开发有哪些关键控制点？

项目实训

案例概述见任务四中的《浙江新农化工股份有限公司研究与开发管理制度》。

【分析要求】根据本项目学习的知识，分析、评价《浙江新农化工股份有限公司研究与开发管理制度》是否符合内部控制的要求，并重点思考以下两个问题：

（1）该管理制度是否充分考虑了企业研究与开发活动应当关注的主要风险？

（2）该管理制度还存在哪些缺陷？

项目十一

担保业务控制

教学目标

知识目标

了解担保业务的业务流程

掌握担保业务的主要风险、关键控制点和控制措施

能力目标

理解担保业务控制制度设计的目标

能够为中小企业设计担保业务控制制度

素养目标

具有防范担保业务主要风险的意识

初步掌握担保业务控制制度的设计方法

担保业务控制概述

学习指南

学习任务	知识概要
任务一 担保业务控制概述	担保业务的含义 担保业务内部控制的总体要求
任务二 担保业务流程	担保业务流程概述 担保业务流程的环节与内容
任务三 担保业务主要风险与控制措施	担保业务的主要风险 担保业务的关键控制点、控制目标和控制措施 担保业务的会计系统控制
任务四 担保业务控制制度设计	担保业务控制制度的设计方法与内容 担保业务控制制度的设计目标 担保业务控制制度设计案例

教学引导

A企业缘何成为追债的“冤大头”？

2021年9月15日，某市中级人民法院发布一则悬赏公告，提供真实有效且法院尚未掌握的李某名下的财产线索，A企业将支付举报人最高2 160万元的奖赏。一则悬赏公告，让久未露面的李某再次出现在大众视野里。

A企业之所以花费天价悬赏金寻找李某，是因此前A企业曾替李某及B企业承担代偿义务，但此后B企业却未承担还款义务，李某也未承担担保责任。

此前，某市中级人民法院曾执行A企业与B企业、李某追偿权纠纷一案。据执行裁定书显示，A企业于2017年5月10日向法院申请执行，要求两位被执行人B企业、李某向A企业支付代偿款2.16亿元及利息，李某在该案中须承担未清偿部分1/4的连带清偿责任的义务。

一晃几年又过去了，B企业、李某至今仍未履行偿款义务，A企业这才通过某市中级人民法院最高悬赏2 160万元“追债”。

A企业缘何成为追债的“冤大头”呢？为何李某和B企业会欠下A企业超2亿元的巨额债务呢？

缘由是2013年1月B企业与某银行签订《综合授信协议》，申请获得了最高5.2亿元的授信额度，授信使用期限自2013年1月10日至2014年1月9日。同时，A企业、李某及另外两家公司作为4名保证人，与授信人银行分别签订《最高额保证合同》各一份。这份合同约定为确保上述协议的履行，A企业、李某等4名保证人愿意为B企业提供最高额连带责任保证担保。

一年之后，B企业出现了重大经营风险，银行对此提起诉讼，要求B企业偿还其本息。但此时的B企业并没有偿还债务的能力，作为保证人之一的A企业，无奈之下，以自有资金帮B企业还债。

2014年9月，A企业代其偿还了银行2亿元本金及1 623万元利息。然而，A企业帮B企业承担了代偿义务后，B企业此后却未承担还款义务，李某也未承担担保责任。替他人掏了一大笔钱的A企业怎能罢休，随后便起诉B企业及李某索要代偿款。

法院认为，原告A企业依法向B企业行使追偿权于法有据，依法予以支持，被告李某应在其担保范围内向原告承担责任。最后法院判定李某应按照担保合约履行1/4的代偿责任，之后可以再向B企业提出诉讼。

【问题思考】A企业缘何成为追债的“冤大头”？李某为何被悬赏寻找？

任务一
担保业务控制概述

一、担保业务的含义

担保业务是指企业作为担保人按照公平、自愿、互利的原则与债权人约定，当债务人不履行债务时，依照法律规定和合同协议承担相应法律责任的行为。

根据《中华人民共和国民法典》的规定，企业发生的担保业务有为债务人提供保证合同和为债务人提供担保合同两种类型。

（一）保证合同

1. 保证合同的定义

保证合同是为保障债权的实现，保证人和债权人约定，当债务人不履行到期债务或者发生当事人约定的情形时，保证人履行债务或者承担责任的合同。保证人可以要求债务人提供反担保。

2. 保证合同的内容

保证合同的内容一般包括被保证的主债权的种类、数额，债务人履行债务的期限，保证的方式、范围和期间等条款。

3. 保证合同的方式

保证的方式包括一般保证和连带责任保证。当事人在保证合同中约定，债务人不能履行债务时，由保证人承担保证责任的，为一般保证。一般保证的保证人在主合同纠纷未经审判或者仲裁，并就债务人财产依法强制执行仍不能履行债务前，有权拒绝向债权人承担保证责任，但是有下列情形之一的除外：

（1）债务人下落不明，且无财产可供执行；

（2）人民法院已经受理债务人破产案件；

（3）债权人有证据证明债务人的财产不足以履行全部债务或者丧失履行债务能力；

（4）保证人书面表示放弃本款规定的权利。

当事人在保证合同中约定保证人和债务人对债务承担连带责任的，为连带责任保证。连带责任保证的债务人不履行到期债务或者发生当事人约定的情形时，债权人可以请求债务人履行债务，也可以请求保证人在其保证范围内承担保证责任。

4. 保证合同的保证范围

保证范围包括主债权及其利息、违约金、损害赔偿金和实现债权的费用。当事人另有约定的，按照其约定。

（二）担保合同

1. 担保合同的定义

担保合同是债权人在借贷、买卖等民事活动中，为保障实现其债权，担保物提供人和债权人约定，债权人在债务人不履行到期债务或者发生当事人约定的实现担保物权的情形，依法享有就担保财产优先受偿权利的合同。第三人为债务人向债权人提供担保的，可以要求债务人提供反担保。

债务人自己提供物的担保的，债权人应当先就该物的担保实现债权；第三人提供物的担保的，债权人可以就物的担保实现债权，也可以请求保证人承担保证责任。提供担保的第三人承担担保责任后，有权向债务人追偿。

2. 担保合同的方式

担保合同包括抵押合同、质押合同和其他具有担保功能的合同。下面主要讲抵押合同和质押合同。

（1）抵押合同是债权人（抵押权人）与债务人或第三人（抵押人）签订的，抵押人不转移财产的占有，将该财产抵押给债权人，当债务人不履行到期债务或者发生当事人约定的实现抵押权的情形，债权人有权就抵押财产优先受偿的合同。

（2）质押合同是债权人（质权人）与债务人或第三人（出质人）签订的，出质人将其动产或权利（如汇票、支票、债券、存款单、提货单等）出质给债权人占有，当债务人不履行到期债务或者发生当事人约定的实现质权的情形，债权人有权就该动产或权利优先受偿的合同。

（三）担保合同与保证合同的区别

（1）担保合同的担保人可以是第三人，也可以是债务人自己；保证合同的保证人则必须是第三人。

（2）担保合同以设立担保物权为前提，包括抵押权、质权等；保证合同则是以合同当事人的意思表示真实为前提。

（3）担保合同的债权人在债务人不履行到期债务或者发生当事人约定的实现担保物权的情形时，依法享有就担保财产优先受偿的权利；保证合同的债务人不能履行债务时，由保证人承担保证责任。

担保制度作为担保债权实现的重要制度，一开始就与金钱借贷关系息息相关。在现代市场经济中，担保的意义已不仅是单纯的担保问题，而且可以通过担保推动借贷关系的蓬勃开展，对促进资金融通起到了不容忽视的积极作用。担保业务一方面有利于银行等债权人降低贷款风险，另一方面使债权人与债务人形成了稳定可靠的资金供需关系，有利于现代市场经济的建设和发展。但是，担保业务具有“双刃剑”特征，企业在向其他单位或个人提供担保业务时，可能对自身发展产生不利影响。一旦被担保人不能偿还到期债务，担保人就会因代为承担偿还责任而使自身企业陷入担保怪圈和旷日持久的诉讼拉锯战中。因此，对于担保业务，企业必须慎之又慎，一定要实施严格的内部控制，防范担保业务风险，这对于维护企业权益、促进经营活动顺利进行具有十分重要的意义。

二、担保业务内部控制的总体要求

企业应当依法制定和完善担保业务政策及相关管理制度，明确担保的对象、范围、方式、条件、程序、担保限额和禁止担保等事项，规范调查评估、审核批准、担保执行等环节的工作流程，按照政策、制度、流程办理担保业务，定期检查担保政策的执行情况及效果，切实防范担保业务风险。

（一）健全规章制度，规范担保行为

担保是企业的一项重要法律行为，受《中华人民共和国公司法》《中华人民共和国民法典》等诸多法律法规的约束和规范。因此，企业应当依法制定和完善担保业务政策、业务流程及相关管理制度，严格按照政策、制度、流程办理担保业务。

（二）加强监督管理，防范担保风险

企业应将日常的监督管理作为风险控制的重要手段，对被担保单位实施全面、动态监督。要跟踪监控借款资金的使用情况和资金状况，督促被担保单位按规定用途使用借款资金，按合同约定履行还款义务；在其借款合同履行完毕后，要及时解除担保责任、消除或有负债，从源头和制度上防范担保风险，维护企业利益。

（三）准确核算担保业务，及时披露担保信息

担保业务是企业的或有负债，一旦被担保方无力偿还到期债务，担保方就不得不承担连带责任而负责清偿债务。因此，企业应按照国家统一的会计准则进行担保会计处理，确保所有担保业务记录均能如实反映实际情况，保证账面担保责任与实际担保责任相一致。要将企业的对外担保业务分不同情况在会计报表及其附注中及时、正确、恰当地加以反映，以客观地反映财务状况和经营成果。

任务二 担保业务流程

一、担保业务流程概述

企业办理担保业务，一般包括受理担保申请、调查评估、审批、签订担保（保证）合同、担保执行与监督、担保（保证）合同终止等环节。具体而言，一是担保申请人提出担保申请；二是担保人对担保项目和被担保人资信状况进行调查，对担保业务进行风险评估；三是担保人根据调查评估结果，结合本企业担保政策和授权审批制度对担保业务进行审批，重大担保业务应提交董事会或类似权力机构批准；四是担保人依据既定权限和程序，与被担保人签订担保（保证）合同；五是担保人切实加强对担保（保证）合同的日常管理，对被担保人经营情况、财务状况和担保项目执行情况等进行跟踪监控；六是如果被担保人不能如期偿债，担保人应履行代为清偿义务并向被担保人追偿债务，同时应当按照本企业担保业务责任追究制度，严格追究有关人员的责任。

二、担保业务流程的环节与内容

（一）受理担保申请

受理担保申请是企业办理担保业务的第一道关口。企业收到担保申请人的担保申请后，要由企业财务部门严格按照担保政策和相关管理制度对担保申请人提出的担保申请进行审核。一般而言，对于与本企业存在密切业务关系而需要互保的企业、与本企业有潜在重要业务关系的企业、本企业的子公司及具有控制关系的其他企业等，可以考虑提

供担保；反之，则必须十分慎重。如果担保申请人实力较强、经营情况良好、恪守信用，可以考虑接受申请，反之则不应受理；如果担保申请人申请资料完备、情况翔实，可以考虑接受申请，反之不予受理。

（二）调查评估

企业在受理担保申请后，要对担保申请人进行资信调查和风险评估。担保申请人的资信状况主要包括基本情况、资产质量、财务状况、经营情况、信用程度、行业前景等。评估结果应形成书面评估报告，全面反映调查评估情况，为担保决策提供第一手资料。企业对担保申请人出现以下情形之一的，不得提供担保：

（1）担保项目不符合国家法律法规和本企业担保政策的；

（2）已进入重组、托管、兼并或破产清算程序的；

（3）财务状况恶化、资不抵债、管理混乱、经营风险较大的；

（4）与其他企业存在较大经济纠纷，面临法律诉讼且可能承担较大赔偿责任的；

（5）与本企业已经发生过担保纠纷且仍未妥善解决，或不能及时足额交纳担保费用的。

（三）审批

财务部门完成对担保申请人的资信调查和风险评估后，将初步认定符合担保条件的担保申请和评估报告上报有关部门、机构审批。担保审批要严格遵守本企业担保管理制度中规定的审批程序和审批权限，执行担保授权和审批制度；审批机构和审批人要在授权范围内进行审批，不得超越权限审批；企业要建立和完善重大担保业务的集体决策审批制度，明确重大担保业务的判断标准、审批权限和程序。重大担保业务应当报经董事会或类似权力机构批准。

上市公司的重大对外担保，应取得董事会全体成员2/3以上签署同意或者经股东大会批准，未经董事会或类似权力机构批准，不得对外提供重大担保。上市公司须经股东大会审核批准的对外担保，包括但不限于下列情形：

（1）上市公司及其控股子公司的对外担保总额，超过最近一期经审计净资产50%以后提供的任何担保；

（2）为资产负债率超过70%的担保对象提供的担保；

（3）单笔担保额超过最近一期经审计净资产10%的担保；

（4）对股东、实际控制人及其关联方提供的担保。

（四）签订担保（保证）合同

企业要依据既定权限和程序，与被担保人签订担保（保证）合同。担保（保证）合同应明确约定担保双方的权利、义务，以及被担保人的违约责任等相关内容，并要求被担保人定期提供财务报告与有关资料，及时通报担保事项的实施情况。

（五）担保执行与监督

在担保有效期内，企业担保经办部门应当加强担保（保证）合同的日常管理，定期监测被担保人的经营情况和财务状况，对被担保人进行跟踪和监督，了解担保项目的执行、资金的使用、贷款的归还、财务运行及风险等情况，确保担保（保证）合同有效履行。如果被担保人不能如期偿债，企业应履行代为清偿义务并向被担保人追偿债务，同时应当按照本企业担保业务责任追究制度，严格追究有关人员的责任。

（六）担保（保证）合同终止

当担保（保证）合同到期时，企业要全面清查用于担保的财产、权利凭证，按照合同约定及时终止担保关系。企业应当妥善保管担保（保证）合同、与担保（保证）合同相关的主合同、反担保（保证）函或反担保（保证）合同，以及抵押、质押的权利凭证和有关原始资料，切实做到担保业务档案完整无缺。

企业担保业务流程如图 11－1 所示。

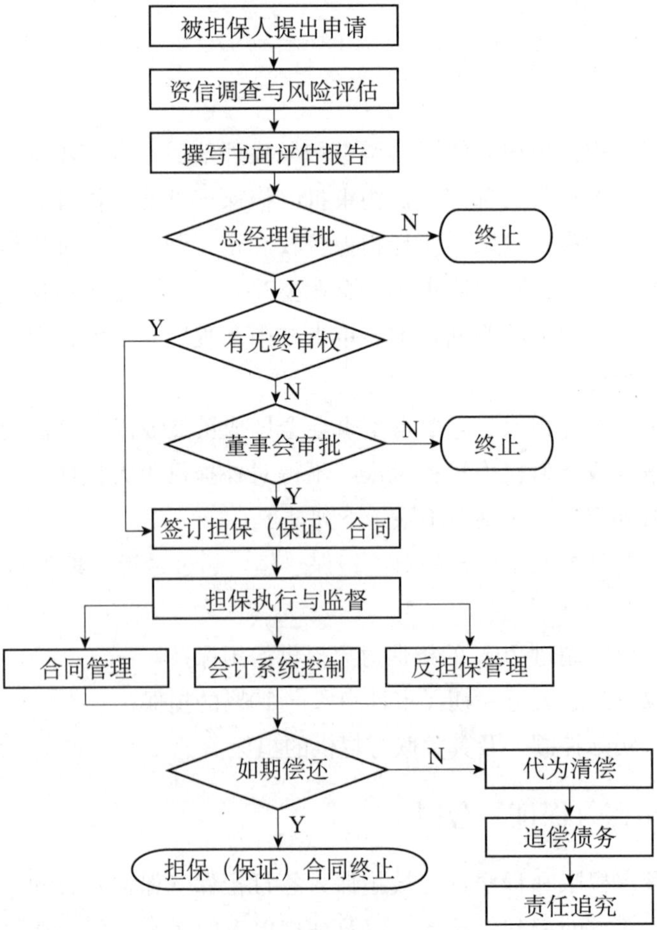

图 11－1　担保业务流程图

任务三

担保业务主要风险与控制措施

一、担保业务的主要风险

企业办理担保业务至少应当关注下列风险：

（一）担保程序不规范风险

企业缺乏规范的担保制度，或制度不规范、不认真执行；对担保申请人的资信调查不深入、不透彻，对担保项目的风险评估不全面、不科学；担保审批不严或越权审批，未经授权对外订立担保（保证）合同，或者担保（保证）合同内容存在重大疏漏和欺诈，都可能导致企业担保决策失误或遭受欺诈、经济利益和企业信誉受损。

（二）担保业务舞弊风险

在担保业务中存在人情担保、商业贿赂、串通舞弊等违法违纪行为，可能导致担保业务的经办、审批等相关人员涉案或企业经济利益受损。

（三）担保业务监控管理不力风险

对担保合同履行情况疏于监控或监控不力，对被担保人财务及经营状况监控不力，对被担保人出现财务困难或经营陷入困境等状况不能及时掌握、应对措施不当，可能导致企业不能及时发现和妥善应对被担保人的异常情况，延误处置时机，致使企业为承担相关法律责任，代为清偿债务，而使自身的经济利益受到直接损害。

二、担保业务的关键控制点、控制目标和控制措施

担保业务内部控制的关键控制点、控制目标和控制措施如表 11－1 所示。

表 11－1 担保业务内部控制的关键控制点、控制目标和控制措施

关键控制点	控制目标	控制措施
1. 调查评估	掌握真实情况，得出准确结论	（1）完善担保政策和相关管理制度，并严格执行 （2）委派具备胜任能力的专业人员开展调查和评估，并落实责任制度 （3）与国家法律法规和本企业担保政策相抵触的业务，一律不得提供担保 （4）调查评估人员与担保业务审批人员实行职务分离

续表

关键控制点	控制目标	控制措施
2. 审批	审批严格，决策规范	(1) 建立和完善担保授权审批制度，并严格执行 (2) 认真审查担保申请人的调查评估报告 (3) 建立和完善重大担保业务的集体决策审批制度 (4) 需要变更担保事项的，应当重新履行调查评估程序和审批手续
3. 签订担保（保证）合同	合法、合规，维护企业利益	(1) 严格按照经审核批准的担保业务订立担保（保证）合同 (2) 认真审核合同条款，保证内容完整、表述严谨准确、手续齐备 (3) 实行担保（保证）合同会审联签制度和合同签字授权制度 (4) 加强企业印章管理，严格执行印章使用审批登记制度 (5) 规范担保（保证）合同的记录、传递、使用和保管 (6) 担保（保证）合同要准确描述合同条款，明确双方权利义务和违约责任 (7) 建立健全担保（保证）合同订立及审批管理制度，明确审核、审批程序和所涉及的部门人员及相应权责
4. 担保执行与监督	及时掌握被担保人的财务及经营状况	(1) 指定专人定期监控被担保人的经营情况和财务状况，对被担保人进行跟踪和监督 (2) 及时报告被担保人的异常情况和重要信息 (3) 督促被担保人认真履行偿债义务 (4) 及时终结担保责任
5. 代为清偿和权利追索	认真履行合同义务，切实维护企业权益	(1) 按照担保（保证）合同承担代偿义务，维护企业诚实守信的市场形象 (2) 运用法律武器向被担保人追索赔偿权利 (3) 切实加强对反担保财产的管理 (4) 严格落实担保业务责任追究制度

三、担保业务的会计系统控制

企业应当建立健全记录担保业务的会计凭证和账簿，正确核算担保业务情况，妥善保管有关担保业务的合同、协议、抵押凭证、质押凭证、会计凭证、收款收据、付款凭证等资料，确保会计记录与实际担保业务的一致性。担保业务的会计系统控制具体措施包括以下四个方面：

（一）准确核算担保业务

企业应按照国家统一的会计准则进行担保业务会计处理，发现被担保人出现财务状况恶化、资不抵债、破产清算等情形的，应当合理确认预计负债和损失；属于上市公司的，还应当区分不同情况依法予以公告。

（二）及时掌握担保信息

健全担保业务经办部门与财务部门的信息沟通机制，促进担保信息的及时、有效沟通；建立担保事项台账，详细记录担保对象、金额、期限、用于抵押和质押的物品或权利以及其他有关事项；同时，及时足额收取担保费用，维护企业担保权益。

（三）加强反担保财产管理

建立健全反担保财产登记账簿，妥善保管被担保人用于反担保的权利凭证，定期核实财产的存续状况和价值，发现问题及时处理，确保反担保财产安全完整。

（四）妥善保管担保业务档案

夯实担保合同基础管理，妥善保管担保（保证）合同、与担保（保证）合同相关的主合同、反担保函或反担保合同，以及抵押、质押的权利凭证和有关原始资料，做到担保业务档案完整无缺。当担保（保证）合同到期时，企业要全面清查用于担保的财产、权利凭证，按照合同约定及时终止担保关系。

案例分析

替人担保拖垮“明星企业”

因替人家担保1 000万元贷款，曾享有“中国不锈钢餐具中心”美誉的某实业有限公司被拖入泥潭，最终不得不被拍卖，以还清债务。

据知情人士说，2008年，全球经济危机发生时，某实业有限公司替人家担保1 000万元贷款，因受被担保人财务恶化连累，只得借高利贷来替之还贷，由此陷入困境而难以自拔。它的倒下令众多业内人士惋惜不已。

创立于1995年的某实业有限公司，注册资金2 200万元人民币，是一家制造与销售不锈钢刀具、餐具、厨具的专业厂家。2004年产量突破1.3亿套（支），在全国市场中占有18%的份额。2003年5月，全国唯一的“中国不锈钢餐具中心”正式落户该公司，这个称号是由科技部下属的中国日用五金技术开发中心授予的。2004年7月，受国家日用五金标准化中心的委托，某实业有限公司还负责中国不锈钢厨具国家标准的修订工作。

曾是生产不锈钢餐具的明星企业，如今落到这个境地，某实业有限公司老板面对记者的采访时不愿多说，一直叹气。

福建省鹏翰拍卖有限公司、福建省顶信拍卖有限公司联合刊登的拍卖公告称，受厦门市中级人民法院委托，某实业有限公司所有的海沧新阳工业区厂房、食堂、宿舍楼等房地产，总占地面积3万多平方米，整体拍卖起拍价4 029万元，定于7月24日下午3∶30在中国拍卖行业协会网络拍卖平台进行公开拍卖。据福建省鹏翰拍卖有限公司负责人透露，第一次拍卖流拍之后，整体拍卖起拍价由5 036.53万元下调为4 029.22万元，下调了1 000多万元，吸引了不少买家的兴趣，已有数家企业表示愿意交保证金，参与竞拍。

资料来源：杨清白．替人担保拖垮“明星企业”．海西晨报，2013-07-19.

【问题思考】 替人担保拖垮“明星企业”这一案例，给人们带来哪些启示?

分析要求： 根据内部控制的有关规范和原理，分析企业办理担保业务应当关注哪些风险和事项。

分析提示： 担保业务存在巨大的风险。从本案例可以看出，对外担保给某实业有限公司带来了巨大损失。《企业内部控制应用指引第 12 号——担保业务》要求企业办理担保业务至少应当关注下列风险：一是对担保申请人的资信状况调查不深、审批不严或越权审批，可能导致企业担保决策失误或遭受欺诈；二是对被担保人出现财务困难或经营陷入困境等状况监控不力、应对措施不当，可能导致企业承担法律责任；三是担保过程中存在舞弊行为，可能导致经办审批等相关人员涉案或企业利益受损。

对担保方来说，担保风险还具有以下特点，需引起注意：

(1) 担保业务不在会计账簿上直接反映，具有隐蔽性。

(2) 被担保方的经营管理难以监控，风险爆发常常具有突然性。

(3) 对担保方的资金影响可能被放大：风险金额超过担保方可承受范围，爆发在担保方经营、资金的困难或短缺时期，多头担保、重复担保、循环担保可能引起连锁反应。

从以上分析来看，担保业务虽然不常发生，但对企业影响巨大，企业进行内部控制时应重点关注。

任务四

担保业务控制制度设计

一、担保业务控制制度的设计方法与内容

担保业务控制制度设计主要包括现状调研、风险评估、内部控制测试和制度设计四大基本环节。各环节的设计方法与内容是：

（一）现状调研

1. 了解内部控制现状

首先，确认有无担保业务方面的相关控制制度和规定；其次，确认现行制度设计得是否完善；然后，确认制度是否得到贯彻执行；最后，确认有无具体的操作文件、控制表单及监控档案等。

2. 梳理描述业务流程

分析企业担保业务的业务流程有哪些，流程包括哪些环节，设有哪些关键控制点，能否有效控制担保业务可能发生的风险，并将企业担保业务的业务流程现状用图表的形式描绘出来。

（二）风险评估

担保业务风险评估包括目标设定、风险识别、风险分析和风险应对四个环节。

1. 目标设定

首先，根据企业担保业务的目的和要求设定担保业务的总体控制目标；然后，根据担保业务流程，分别设定受理担保申请、调查评估、审批、签订担保（保证）合同、担保执行与监督、担保（保证）合同终止等环节的具体控制目标。

2. 风险识别

担保业务风险是担保企业在担保业务运作过程中，因各种不确定性因素的影响而遭受损失的可能性及后果。企业要对照《企业内部控制应用指引第 12 号——担保业务》中有关担保业务风险的提示，结合企业担保业务实际情况，识别并具体描述担保业务各环节可能遇到或发生的各种风险。要关注引起担保业务风险的主要因素，准确识别与实现担保业务控制目标有关的内部风险和外部风险。

3. 风险分析

首先，从内部因素和外部因素两方面分析企业担保业务风险产生的原因；然后，对照担保业务风险评估标准进行风险评估，并编制担保业务风险评价表。

4. 风险应对

担保业务风险应对是选择担保业务风险应对策略的过程。要结合企业实际情况，严格控制担保行为，建立担保决策程序和责任制度，明确担保原则、担保标准、担保条件、担保责任和担保审批权限等相关内容，按照规定的权限和程序办理担保业务，确保担保业务合规、有效进行。要根据风险分析和评估结果，针对不同等级的担保业务风险，相应采取风险规避、风险降低、风险分担和风险承受四种应对策略，并编制担保业务风险应对表。

（三）内部控制测试

担保业务内部控制测试在现状调研和风险评估的基础上进行，主要包括根据内部控制缺陷评价标准进行内控缺陷测试和编制内部控制缺陷评价表两项工作。

（四）制度设计

担保业务控制制度设计的基本程序包括确定关键控制点、编制风险控制矩阵、完善内部控制制度和绘制控制流程图四个环节。

1. 确定关键控制点

担保业务关键控制点的确定应根据担保业务风险评估的结果，结合内部控制缺陷评价结论进行。一般来说，担保业务的关键控制点应当包括受理担保申请、调查评估、审批、签订担保（保证）合同、担保执行与监督、担保（保证）合同终止等影响担保业务控制目标实现的关键环节。

2. 编制风险控制矩阵

担保业务风险控制矩阵是对担保业务流程中的控制目标、各种风险、关键控制点、责任主体、应对策略等的简要说明与描述，是担保业务内部控制制度设计要素的集中体现和纲领性文件，也是企业担保业务内部控制制度的重要组成部分。

3. 完善内部控制制度

根据担保业务内部控制的要求、现行担保业务控制制度的设计运行情况，以及风险评估结论，修订、完善、补充或重新制定担保业务内部控制制度，要将内部控制的原则、要求、方法和措施嵌入担保业务管理制度之中。

4. 绘制控制流程图

根据担保业务风险控制矩阵和担保业务控制制度，结合担保业务的实际情况绘制担保业务控制流程图，标明风险控制点和关键控制点，并编写控制流程说明。

二、担保业务控制制度的设计目标

担保业务控制制度的设计目标要围绕企业内部控制的战略目标、经营目标、资产目标、报告目标和合规目标，根据担保业务内部控制的总体要求来确定。一般而言，担保业务内部控制的基本目标是规范担保业务行为，有效控制担保业务风险，实现担保业务的合法性、安全性和真实性。为此，担保业务控制制度设计应能实现以下控制目标：

（一）确保担保业务的合法性

担保业务是一项法律行为，企业开展担保活动必须符合国家相关法律法规的规定，坚决杜绝违反《中华人民共和国公司法》《中华人民共和国民法典》等法律法规的行为。

（二）确保担保业务的安全性

担保业务充满风险，为了加强风险控制，将风险降至最低，担保业务必须在严格的授权下进行。企业应当建立和完善担保授权审批制度，明确授权批准的方式、权限、程序、责任和相关控制措施，规定各层级人员应当在授权范围内进行审批，不得超越权限审批。

（三）确保担保业务记录的完整性

企业应按照国家统一的会计准则进行担保会计处理，确保所有担保业务记录均能如实反映情况，保证账面担保责任与实际担保责任相一致。要建立担保事项台账，详细记录担保对象、金额、期限、用于抵押和质押的物品或权利以及其他有关事项；要切实加强对反担保财产的管理，妥善保管被担保人用于反担保的权利凭证，定期核实财产的存续状况和价值，发现问题及时处理，确保反担保财产的安全完整。

（四）确保担保信息披露的恰当性

企业要健全担保业务经办部门与财务部门的信息沟通机制，促进担保信息的及时、有效沟通。担保业务作为会计上的或有事项，可能会带来或有负债及预计负债，应当分不同情况在会计报表及其附注中及时、正确、恰当地加以反映，以客观地反映财务状况和经营成果。

三、担保业务控制制度设计案例

成都盛帮密封件股份有限公司对外担保管理制度

第一章　总则

第一条　为规范成都盛帮密封件股份有限公司（以下简称“公司”）对外担保行为，有效控制公司对外担保风险，保证公司资产安全，根据《公司法》等法律、法规、规范性文件及《公司章程》的相关规定，制定本制度。

对外担保管理制度文本

第二条　本制度所称对外担保，是指公司根据《中华人民共和国民法典》及其他法律、法规和规范性文件的规定，为他人提供担保，不包括公司为公司自身债务提供的担保。

第三条　公司为直接或间接控股子公司（以下统称“子公司”）提供担保，适用本制度。

第四条　未经公司董事会或股东大会批准，公司不得提供对外担保。

第二章　对外担保的审批

第五条　公司对外担保事项的审批权限根据《公司章程》的有关规定执行。

第六条　董事会应指定公司财务部为对外担保具体事项的经办部门（简称“经办部门”）。

第七条　董事在审议对外担保议案前，应当积极了解被担保方的基本情况，如经营和财务状况、资信情况、纳税情况等。

董事在审议对外担保议案时，应当对担保的合规性、合理性、被担保方偿还债务的能力以及反担保措施是否有效等做出审慎判断。

第八条　经办部门和董事会应认真审议分析被担保方的财务状况、营运状况、行业前景和信用情况，依法审慎做出决定。必要时可聘请外部专业机构对实施对外担保的风险进行评估，作为董事会或股东大会进行决策的依据。

第九条　应由股东大会审批的对外担保，必须经董事会审议通过后，方可提交股东大会审批。公司下列对外担保行为，须经股东大会审议批准：

（一）单笔担保额超过公司最近一期经审计净资产10%的担保；

（二）公司及其控股子公司的对外担保总额，超过公司最近一期经审计净资产50%以后提供的任何担保；

（三）连续12个月内担保金额超过公司最近一期经审计净资产的50%且绝对金额超过5 000万元；

（四）为资产负债率超过70%的担保对象提供的担保；

（五）连续12个月内担保金额超过公司最近一期经审计总资产的30%；

（六）公司的对外担保总额，超过最近一期经审计总资产的30%以后提供的任何担保；

（七）对股东、实际控制人及其关联人提供的担保；

（八）深圳证券交易所或者《公司章程》规定的其他担保事项。

董事会审议担保事项时，应当经出席董事会会议的2/3以上董事审议同意。股东大会审议前款第（五）项担保事项时，必须经出席会议的股东所持表决权的2/3以上通过。

上述担保金额的确定标准按照中国证监会、深圳证券交易所的相关规定执行。

公司为控股子公司提供担保，如每年发生数量众多、需要经常订立担保协议而难以就每份协议提交董事会或者股东大会审议的，公司可以对资产负债率为70%以上以及资产负债率低于70%的两类子公司分别预计未来12个月的新增担保总额度，并提交股东大会审议。前述担保事项实际发生时，公司应当及时披露，任一时点的担保余额不得超过股东大会审议通过的担保额度。

第十条　股东大会在审议为股东、实际控制人及其关联人提供的担保议案时，该股东或者受该实际控制人支配的股东，不得参与该项表决，该项表决由出席股东大会的其他股东所持表决权的半数以上通过。

公司独立董事、保荐机构或独立财务顾问（如适用）应当在董事会审议对外担保事项（对合并范围内子公司提供担保除外）时就其合法合规性、对公司的影响及存在风险等发表独立意见，必要时可以聘请会计师事务所对公司累计和当期对外担保情况进行核查。如发现异常，应当及时向董事会和监管部门报告并公告。

公司独立董事应在年度报告中，对公司报告期末尚未履行完毕和当期发生的对外担保情况、执行本管理制度情况进行专项说明，并发表独立意见。

第十一条　公司为控股股东、实际控制人及其关联方提供担保的，控股股东、实际控制人及其关联方应当提供反担保。

公司为控股子公司、参股公司提供担保，该控股子公司、参股公司的其他股东原则上应当按出资比例提供同等担保或者反担保等风险控制措施。相关股东未能按出资比例向公司控股子公司或者参股公司提供同等比例担保或反担保等风险控制措施的，公司董事会应当披露主要原因，并在分析担保对象经营情况、偿债能力的基础上，充分说明该笔担保风险是否可控，是否损害公司利益等。

第十二条　公司为全资子公司提供担保，或者为控股子公司提供担保且控股子公司其他股东按所享有的权益提供同等比例担保，属于第九条第一款（一）至（四）项情形的，可以豁免提交股东大会审议，但是《公司章程》另有规定的除外。

第十三条　公司出现因交易或者关联交易导致其合并报表范围发生变更等情况的，若交易完成后原有担保形成对关联方提供担保的，应当及时就相关关联担保履行相应审议程序和披露义务。董事会或者股东大会未审议通过上述关联担保事项的，交易各方应当采取提前终止担保或取消相关交易或者关联交易等有效措施，避免形成违规关联担保。

第十四条　公司及控股子公司提供反担保应当比照担保的相关规定执行，以其提供的反担保金额为标准履行相应审议程序和信息披露义务，但公司及控股子公司为以自身债务为基础的担保提供反担保的除外。

第三章　对外担保合同的管理

第十五条　经董事会或股东大会审议批准的担保项目，应订立书面合同。担保合同应当符合有关法律、法规的规定，明确约定主债权范围或限额、担保责任范围、担保方式和担保期限。

第十六条　经办部门应当妥善管理担保合同及相关原始资料，及时进行清理检查，并定期与银行等相关机构进行核对，保证存档资料的完整、准确、有效，关注担保的时效、期限等信息。

第十七条　经办部门在合同管理过程中发现未经董事会或股东大会审议批准的异常担保合同，应当及时向董事会、监事会报告并公告。

第十八条　经办部门应当持续关注被担保人的情况，调查了解贷款企业具体情况、银行账户资金出入情况、项目实施进展情况等，收集被担保人最近一期的财务资料和审计报告，定期分析其财务状况及偿债能力，关注其生产经营、资产负债、对外担保以及分立合并、法定代表人变化等情况，建立相关财务档案，定期向董事会报告。

第十九条　如发现被担保人经营状况严重恶化、债务逾期、资不抵债、破产、清算或者其他严重影响还款能力情形的，经办部门应当及时报告董事会。董事会应当采取有效措施，将损失降低到最低程度。

第二十条　对外担保的主债务到期后，公司应督促被担保人在限定时间内履行偿债义务。若被担保人未能按时履行义务，经办部门应当及时报告董事会，公司应及时采取必要的补救措施。

第二十一条　公司担保的主债务到期后需展期并需继续由公司提供担保的，应视为新的对外担保，重新履行本制度规定的对外担保审批程序和信息披露义务。

第四章　对外担保的信息披露

第二十二条　公司应当严格按照法律、法规、部门规章、规范性文件及《深圳证券交易所创业板股票上市规则》《公司章程》《成都盛帮密封件股份有限公司信息披露管理制度》的规定，认真履行对外担保的信息披露义务。

第五章　责任追究

第二十三条　公司董事、高级管理人员、经办部门人员违反法律、行政法规、《公司章程》或者本制度中有关担保事项的审批权限、审议程序擅自提供担保，给公司造成损害的，应当承担赔偿责任，公司可以依法对他提起诉讼；涉嫌犯罪的，公司依法移交相关部门追究刑事责任。

第二十四条　因控股股东、实际控制人及其关联人不及时偿债，导致公司承担担保责任的，公司董事会应当及时采取追讨、诉讼、财产保全、责令提供担保等保护性措施避免或者减少损失，并追究有关人员的责任。

第六章　附则

第二十五条　公司控股子公司对于向公司合并报表范围之外的主体提供担保的，应视同公司提供担保并遵守《公司章程》及本制度的相关规定。公司控股子公司对于向公司合并报表范围之内的主体提供担保的，公司应当在控股子公司履行审议程序后及时披露。

第二十六条　本制度由董事会制定，经股东大会通过后生效并施行。本制度的修订亦应经股东大会批准方可生效。

第二十七条　本制度未尽事宜，按国家有关法律、法规、部门规章、规范性文件和《公司章程》的规定执行。本制度的规定如与国家日后颁布或修订的法律、法规、部门规章、规范性文件或经合法程序修改后的《公司章程》的规定不一致，按后者的规定执行，并应当及时修改本制度。

第二十八条　本制度由公司董事会负责解释。

项目小结

本项目讲解企业担保业务控制，包括担保业务控制概述、担保业务流程、担保业务主要风险与控制措施、担保业务控制制度设计四部分内容。担保业务是指企业作为担保人按照公平、自愿、互利的原则与债权人约定，当债务人不履行债务时，依照法律规定和合同协议承担相应法律责任的行为。企业发生的担保业务有为债务人提供保证合同和为债务人提供担保合同两种类型。担保业务具有“双刃剑”特征，企业在向其他单位或个人提供担保业务时，可能对自身发展产生不利影响。一旦被担保人不能偿还到期债务，担保人就会因代为承担偿还责任而使自身企业陷入担保怪圈和旷日持久的诉讼拉锯战中。

因此，对于担保业务，企业必须慎之又慎。学习担保业务控制要重点理解担保的含义、内容、主要风险、关键控制点、控制目标和控制措施，了解掌握担保业务控制制度设计的方法和内容。

项目练习

一、单选题

1. 担保业务是指企业作为担保人，按照公平、自愿、互利的原则与债权人约定，当债务人不履行债务时，依照法律规定和合同协议承担相应（　　）的行为。

A. 担保承诺　　　　B. 合同条款

C. 法律责任　　　　D. 担保责任

2. 企业办理担保业务，一般包括受理担保申请、（　　）、审批、签订担保合同、担保执行与监督、担保合同终止等流程。

A. 可行性研究　　　　B. 书面报告

C. 签字　　　　D. 调查评估

3. 担保申请人的资信状况主要包括基本情况、资产质量、财务状况、经营情况、（　　）、行业前景等。

A. 企业规模　　　　B. 盈利能力

C. 信用程度　　　　D. 资产负债率

4. 担保合同到期时，企业要全面清查用于担保的财产、（　　），按照合同约定及时终止担保关系。

A. 权利凭证　　　　B. 财务报表

C. 会计报表　　　　D. 会计账簿

二、判断题

1. 担保一般有口头担保和书面担保，二者具有相同的法律效力。（　　）

2. 上市公司的重大对外担保，应取得董事会全体成员 2/3 以上签署同意或者经股东大会批准。（　　）

3. 上市公司须经股东大会审核批准的对外担保，不包括对股东提供的担保。（　　）

三、简答题

1. 什么是担保业务？担保业务至少应当关注哪些风险？

2. 简述担保业务内部控制的总体要求。

3. 根据担保业务的有关规定，企业对担保申请人出现的哪些情形不得提供担保？

4. 简述担保审批环节的控制目标和主要控制措施。

5. 简述担保业务控制制度设计的目标。

项目实训

联合公司法定代表人蔡某至今仍在为自己的无知受骗而万分痛苦。他只是为“朋友”

申请的贷款仗义担保，最终联合公司却为此付出750万元的高昂代价，食下了盲目担保的苦果。

“只是履行一下形式而已。”这就是东海公司法定代表人张某给联合公司法定代表人蔡某吃的“定心丸”。张某为了向银行申请贷款，找到了熟人蔡某，请联合公司为其担保。蔡某不假思索爽快地在张某带来的担保合同上签字、盖章。银行向东海公司发放贷款700万元。张某将这笔钱投进了期货市场，最后血本无归。

因无钱归还贷款，张某向蔡某提出了续保要求，蔡某又签下了担保书；银行以借新还旧的方法，重新发放了750万元贷款，将其中的700万元用于归还旧贷款。到贷款期满，张某仍然没钱归还借款。银行将东海公司和联合公司告上法庭，这时东海公司已经关门大吉，张某也下落不明。法院依法判决联合公司对东海公司750万元的借款承担连带清偿责任。蔡某觉得冤枉，但法律无情。

【分析要求】根据担保业务内部控制的总体要求、担保业务流程和其他内部控制要求，分析蔡某为什么会落入“担保陷阱”。

项目十二

财务报告控制

教学目标

知识目标

了解财务报告的业务流程

掌握财务报告的主要风险、关键控制点和控制措施

能力目标

理解财务报告控制制度设计的目标

能够为中小企业设计财务报告控制制度

素养目标

具有防范财务报告主要风险的意识

初步掌握财务报告控制制度的设计方法

财务报告控制概述

学习指南

学习任务	知识概要
任务一 财务报告控制概述	财务报告的含义
	财务报告内部控制的总体要求
任务二 财务报告业务流程	财务报告业务流程概述
	财务报告业务流程的环节与内容
任务三 财务报告主要风险与控制措施	财务报告的主要风险
	财务报告的关键控制点、控制目标和控制措施
	财务报告的会计系统控制
任务四 财务报告控制制度设计	财务报告控制制度的设计方法与内容
	财务报告控制制度的设计目标
	财务报告控制制度设计案例

教学引导

关于进一步提升上市公司财务报告内部控制有效性的通知

为加强对上市公司实施企业内部控制规范的管理、指导和监督，规范会计师事务所内部控制审计行为，提升上市公司财务报告内部控制有效性和会计信息质量，强化资本市场领域财会监督力度，现将有关事项通知如下。

一、充分认识加强财务报告内部控制的重要意义

近年来，财政部会同证监会等相关部门，不断健全企业内部控制规范体系，逐步建立了上市公司实施、注册会计师审计、政府监管推动的内部控制实施机制，着力推动上市公司提升内部控制水平，上市公司实施企业内部控制规范总体取得一定成效。但部分上市公司仍存在对内部控制重视程度不够、内部控制缺陷标准不恰当、内部控制评价和审计未充分发挥应有作用等问题。

内部控制特别是财务报告内部控制，是加强财会监督、遏制财务造假、提高上市公司会计信息质量的重要基础。有关地方和单位要高度重视，切实提升上市公司财务报告内部控制的有效性，充分发挥内部控制在上市公司财务报告中的控制关口前移、提升披

露透明度、保护投资者权益等重要作用。

二、提升上市公司财务报告内部控制有效性的重点领域

针对当前多发的上市公司财务造假和相关内部控制缺陷，提升上市公司财务报告内部控制有效性，主要目标是评估和应对为迎合市场预期或特定监管要求、谋取以财务业绩为基础的私人报酬最大化、骗取外部资金、侵占资产、违规担保、内幕交易、操纵市场等动机，对财务报告信息做出虚假记载、误导性陈述或者重大遗漏的风险，特别是防范上市公司董事、监事、高级管理层和实际控制人等“关键少数”的舞弊风险。主要包括以下重点领域。

（一）资金资产活动相关舞弊和错报的风险与控制

（1）加强资金资产管理舞弊风险评估与控制；

（2）加强资金资产活动相关账户及财务报表列报的风险评估与控制。

（二）收入相关舞弊和错报的风险与控制

（1）加强收入确认政策的合理性及其变更的控制；

（2）加强收入舞弊风险的评估与控制；

（3）加强收入相关账户及财务报表列报的风险评估与控制。

（三）成本费用相关舞弊和错报的风险与控制

（1）加强对成本费用相关会计政策和会计估计及其变更合理性的控制；

（2）加强成本费用舞弊风险的评估与控制；

（3）加强成本费用相关账户及财务报表列报的风险评估与控制。

（四）投资活动相关舞弊和错报的风险与控制

（1）加强投资活动舞弊风险评估与控制；

（2）加强投资活动相关账户及财务报表列报的风险评估与控制。

（五）关联交易相关舞弊和错报的风险与控制

（1）加强关联交易舞弊风险的评估与控制；

（2）加强关联交易列报风险的评估与控制。

（六）重要风险业务和重大风险事件相关的风险与控制

（1）加强重要风险业务的风险评估及控制；

（2）加强重大风险因素和事件预警及应急处置机制建设与实施。

（七）财务报告编制相关的风险与控制

（1）加强财务报告流程相关风险评估与控制；

（2）加强对与财务报告编制相关的信息系统风险评估与控制；

（3）重点关注“关键少数”舞弊导致的财务报告重大错报风险，并建立有效的反舞弊机制。

三、明确责任，加强组织实施

（一）上市公司作为第一责任人，要确保财务报告内部控制有效实施。

（二）会计师事务所要发挥审计监督作用，重点审计财务报告内部控制有效性。

（三）政府监管部门形成合力，强化对上市公司和会计师事务所监管。

财政部、证监会等监管部门加强统筹协调、形成工作合力，加强对上市公司内部控制有效性评估和会计师事务所执业质量检查，重点关注上市公司财务报告内部控制有效性情况、内部控制信息披露情况和内部控制重大缺陷整改情况，加大对财务造假和审计舞弊案例的处罚力度，不断增强上市公司财务报告内部控制有效性，持续提升监管效能。

财政部、证监会

2022 年 3 月 2 日

【问题思考】为什么财政部、证监会联合下文，要求进一步提升上市公司财务报告内部控制有效性？

任务一

财务报告控制概述

一、财务报告的含义

财务报告，也称财务会计报告，是指企业对外提供的反映企业某一特定日期的财务状况和某一会计期间的经营成果、现金流量等会计信息的文件。包括会计报表及其附注和其他应当在财务报告中披露的相关信息和资料。

财务报告是企业投资者、债权人做出科学投资、信贷决策等经济决策的重要依据，是进行企业盈利能力分析、发展能力分析、营运能力分析和偿债能力分析的基础资料，也是反映企业管理层受托责任履行情况的集中展示。

财务报告的重要性是不言而喻的，其内容的真实性则是财务报告的命脉。近几年来，康美药业、康得新、辅仁药业、金正大、广州浪奇、同济堂、天夏智慧等上市公司财务报告造假案例让人瞠目结舌。因为这些令人不齿的财务报告造假案都是发生在《企业内部控制基本规范》《企业内部控制应用指引》《企业内部控制评价指引》和《企业内部控制审计指引》颁布实施之后，所有财务造假企业都号称企业内部控制体系健全，每年的注册会计师审计都出具了“××公司按照《企业内部控制基本规范》和相关规定在所有重大方面保持了有效的财务报告内部控制”的鉴证报告。人们不禁要问：问题到底出在哪里呢？就内部控制体系建设而言，无非是财务报告控制制度设计或财务报告控制制度执行出了问题，抑或是设计、执行都出了问题。

为了加强对上市公司实施企业内部控制规范的管理、指导和监督，规范会计师事务所内部控制审计行为，提升上市公司财务报告内部控制有效性和会计信息质量，强化资本市场领域财会监督力度，国务院颁布了《关于进一步提高上市公司质量的意见》（国发〔2020〕14 号），国务院办公厅颁布了《关于进一步规范财务审计秩序促进注册会计师行业健康发展的意见》（国办发〔2021〕30 号），财政部、证监会联合颁布了《关于进一步提升上市公司财务报告内部控制有效性的通知》（财会〔2022〕8 号）。这一系列政府文件颁布出台充分说明：真正达成“以防范风险和控制舞弊为中心、以控制标准和评价标准为主体，结构合理、层次分明、衔接有序、方法科学、体系完备”的企业内部控制规范体系建设目标还任重道远，加强和规范财务报告内部控制，有助于遏制财务造假、提高会计信息质量，确保财务报告的真实性和完整性，有助于确保财务报告的合法合规，防范和化解企业法律风险，提升企业经营管理水平，促进资本市场和市场经济健康可持续发展。

二、财务报告内部控制的总体要求

企业应当严格执行会计法律法规和国家统一的会计准则制度，加强对财务报告编制、对外提供和分析利用全过程的管理，明确相关工作流程和要求，落实责任制，确保财务报告合法合规、真实完整和有效利用。总会计师（财务总监）或分管会计工作的负责人负责组织领导财务报告的编制、对外提供和分析利用等相关工作。企业负责人对财务报告的真实性、完整性负责。

（一）严格执行法律法规和会计准则

内部控制的首要目标是合理保证企业经营管理合法合规，作为内部控制体系重要组成部分的财务报告内部控制，自然应当将严格执行会计法律法规和国家统一的会计准则、会计制度作为财务报告内部控制的第一要求。从某种意义上讲，只要企业、社会中介机构、政府监管部门都能严格、认真、不走样地执行会计法律法规和会计准则，则财务报告可能遇到或发生的各种风险就能得到有效避免。

（二）保证财务报告及相关信息真实完整

编制财务报告要重点关注会计政策和会计估计，根据完整、无误的会计记录和其他有关资料编制财务报告，如实反映公司的财务状况、经营成果和现金流量，保证财务报告及相关信息的真实性与完整性。《企业会计准则——基本准则》第二章第十二条“企业应当以实际发生的交易或者事项为依据进行会计确认、计量和报告，如实反映符合确认和计量要求的各项会计要素及其他相关信息，保证会计信息真实可靠、内容完整”的要求应当也必须成为财务报告内部控制的重要要求。

（三）规范财务报告控制流程

企业应当编制《财务报告管理手册》，明确财务报告信息归集、编制、审批、报送、披露及分析利用等环节的相关流程，规范财务报告各环节工作的职责分工、权限范围和审批程序，相关机构设置和人员配备应当科学合理、精干高效，并确保财务报告编制、审批、披露全过程的不相容岗位相互分离。

（四）健全各环节的授权批准制度

企业应当健全财务报告编制、对外提供和分析利用各环节的授权批准制度，严格按照财务报告控制流程操作。具体包括：编制方案的审批、会计政策与会计估计的审批、重大交易和事项会计处理的审批、对财务报告内容的审核审批等。

（五）确保企业日常信息数据准确无误

财务报告质量的源头是企业的经营活动、投资活动和财务活动的各类信息数据。如果这些源头数据不真实、不可靠，就会导致财务报告编制、利用的所有努力付诸东流。因此，财务报告的内部控制必须从涉及财务报告的源头信息做起，建立日常信息核对和责任追究制度，确保会计记录的数字真实、内容完整、计算准确、依据充分、期间适当，以保证财务报告的真实性和完整性，防范出于主观故意的编造虚假交易，虚构收入、费用或利润的风险。

（六）充分利用现代信息技术

企业应当充分利用现代信息技术，提高会计信息处理的工作效率和工作质量，减少或避免财务报告的编制差错和人为调整因素。在利用的同时，要特别注意防范信息技术所带来的特有风险，定期更新和维护会计信息系统，建立会计信息安全管理制度，制定信息系统操作规范，保证信息系统各项技术和业务配置维护符合会计准则要求和内部管理规定，要做好数据源的管理，保证原始数据从录入环节的真实、准确、完整，满足财务分析的需要，确保财务报告信息数据的安全与保密。

（七）落实财务报告责任制度

企业总会计师（财务总监）或分管会计工作的负责人负责组织领导财务报告编制和分析利用工作，企业负责人对财务报告的真实性和完整性承担责任，企业财会部门负责财务报告编制和分析报告编写工作，企业内部参与财务报告编制的各部门应当及时向财会部门提供编制财务报告所需的信息，参与财务分析会议的部门应当积极提出意见和建议以促进财务报告的有效利用，企业法律事务部门或外聘律师应当对财务报告对外提供的合法合规性进行审核。

任务二
财务报告业务流程

一、财务报告业务流程概述

财务报告业务流程是指财务报告从编制方案、会计信息处理，到个别报告编制、合并报告编制、报送及分析利用全过程各环节工作需要严格遵循的先后顺序，工作内容、方式、责任等的安排和界定，是确保达成财务报告内部控制目标的基本保证。

财务报告业务流程主要由财务报告编制流程、财务报告对外提供流程、财务报告分析利用流程三个阶段组成，各个阶段又包括许多必不可少的环节。在实际操作中，企业应当充分结合自身业务特点、岗位分工和管理要求，构建、优化企业财务报告业务流程。

二、财务报告业务流程的环节与内容

财务报告业务流程主要包括制定财务报告编制方案、确定重大事项会计处理、清查资产核实债务、关账与结账、编制个别财务报告、编制合并财务报告、财务报告审核、财务报告审计、对外提供财务报告、编制财务分析报告、报告利用与整改落实等 11 个环节。

（一）制定财务报告编制方案

企业财会部门应在编制财务报告前制定财务报告编制方案，并经财会部门负责人审核批准。财务报告编制方案要明确会计政策、会计估计、合并方法、编制范围、编制原则、编制程序、编报时间和职责分工等相关内容。

（二）确定重大事项会计处理

在编制财务报告前，企业要确认对当期财务报告有重大影响的主要事项，并确定重大事项的会计处理。对财务报告产生重大影响的交易和事项的会计处理，要按照规定的权限和程序进行审批。

（三）清查资产核实债务

在结账前，企业组织财务和相关部门进行资产清查、减值测试和债权债务核实工作。主要包括：核对银行对账单、盘点库存现金、核对票据；核查应收款项、应付款项、应交税金；核查各项存货、固定资产、无形资产和在建工程，确定资产归属，确保各类资产、各类债务和权益账实相符、账账相符。对清查过程中发现的差异，应当分析原因，提出处理意见，取得合法证据后按照规定权限审批。清查资产与核实债务的结果及其处理办法应向公司董事会或者相应机构报告，并根据会计准则制度的规定进行相应的会计处理。

（四）关账与结账

在编制年度财务报告前，企业应在日常定期核对信息的基础上完成对账、账务检查、调账与差错更正等业务，然后实施关账操作。对账是将各会计账簿记录与实物资产、往来单位或者个人等进行相互核对，以保证账证相符、账账相符；账务检查主要包括检查相关会计核算是否符合会计准则制度，是否合理确定本期应计的收入和应计的费用，是否存在因会计差错、会计政策变更等原因需要调整的前期或者本期相关项目。调账与差错更正是根据账务检查报告，经财会负责人审核后，按照有关规定完成调整账目及更正错账的会计处理。关账是指在当期所有交易或事项处理完毕并经财会负责人审核确认后实施的结账操作。如果在关账之后发现有重大差错，且必须在本期进行调整的，经企业总会计师（财务总监）或财会负责人审批后方可重新打开已关闭的会计期间。

（五）编制个别财务报告

母公司、分公司、子公司财会部门要按照会计准则制度规定的财务报告格式和内容，根据登记完整、核对无误的会计账簿记录和其他有关资料编制财务报告，做到内容完整、数字真实、计算准确，不得漏报或者任意进行取舍。

（六）编制合并财务报告

集团公司财会部门应当编制合并财务报告，分级收集合并范围内分公司、子公司及内部核算单位的财务报告并审核无误，进而合并全资及控股公司财务报告，如实反映企业集团的财务状况、经营成果和现金流量。

（七）财务报告审核

财务报告对外提供前需按规定程序进行审核，主要包括财会部门负责人审核财务报告的准确性并签名盖章；总会计师（财务总监）、分管会计工作的负责人审核财务报告的真实性、完整性、合法合规性，并签名盖章；企业负责人审核财务报告整体合法合规性，并签名盖章。

（八）财务报告审计

在财务报告对外提供前，企业应选择具有相关业务资格的会计师事务所对年度财务报告进行审计，并出具审计报告。

（九）对外提供财务报告

一般企业的财务报告完成审核并签名盖章后即可对外提供。上市公司还需经董事会和监事会审批通过后方能对外提供，财务报告应与审计报告一同向投资者、债权人、政府监管部门等报送。

（十）编制财务分析报告

企业财会部门应按照财务分析制度定期编写财务分析报告，并通过定期召开财务分析会议等形式对分析报告的内容予以完善，以充分利用财务报告反映的综合信息，全面分析企业的经营管理状况和存在的问题，不断提高经营管理水平。

（十一）报告利用与整改落实

企业财务部门将经过公司总经理审批的分析报告及时报送各部门负责人，各部门要研究、核实财务分析报告提出的问题和整改建议，并制定具体的整改措施、完成时间和责任人，财会部门要安排专人监督整改落实情况。

企业财务报告业务流程如图 12－1 所示。

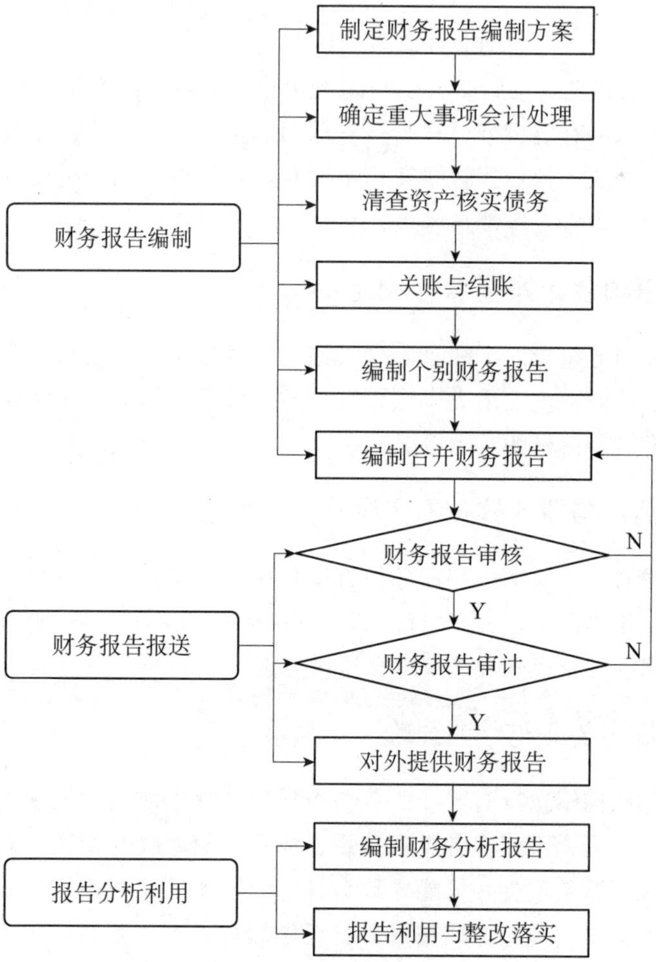

图 12－1　财务报告业务流程图

任务三

财务报告主要风险与控制措施

一、财务报告的主要风险

企业编制、对外提供和分析利用财务报告，至少应当关注下列风险：

财务报告风险案例

（一）财务报告编制方案不当风险

如果财务报告编制方案中的会计政策未能有效更新，不符合有关法律法规；重要会计政策、会计估计变更未经审批，导致会计政策使用不当；会计政策未能有效贯彻、执行；各部门职责、分工不清，导致数据传递出现差错、遗漏、格式不一致；各步骤时间安排不明确，导致整体编制进度延后，违反相关报送要求，都会给财务报告工作带来风险。

（二）重大事项会计处理不当风险

如果企业编制财务报告前不能正确处理诸如债务重组、非货币性交易、公允价值的计量、收购兼并、资产减值等重大事项，会导致会计信息扭曲，无法如实反映企业财务状况、经营成果和现金流量的实际情况。

（三）资产清产与债务核查不实风险

如果在资产清查、减值测试和债务核查工作中走过场，盘点及监盘责任不落实，可能导致财产清查结果不准确，资产、负债账实不符，账账不符，虚增或虚减资产、负债，造成报告期的财务状况、经营成果和现金流量失真。

（四）不按规定关账与结账风险

如果企业在结账前不执行对账和账务检查操作，就不能及时发现虚假交易、虚列或隐瞒收入，虚列、多列、不列或者少列费用、成本，随意改变费用、成本的确认标准或计量方法，遗漏账项调整项目，可能导致会计记录与实际业务不符；如果提前结账或把本期发生的经济业务事项延至下期登账，甚至先编财务报告后结账或结账后又打开已关闭的会计期间，可能导致会计信息不准确。

（五）财务报告失真，决策失误风险

如果在未确认各项经济业务是否已经处理完毕的情况下编制财务报告，可能导致编报信息不完整、不准确，影响财务报告的真实性和完整性；如果提供失真的财务报告，误导财务报告使用者，就会导致决策失误，干扰市场秩序，造成难以估量的损失。

（六）上市公司决策管理者故意舞弊作假风险

如果上市公司高级管理层和实际控制人为了谋取以财务业绩为基础的私人报酬最大化、骗取外部资金、侵占资产、违规担保、内幕交易、操纵市场等动机，对财务报告信息做出虚假记载、误导性陈述或者重大遗漏的故意舞弊作假行为，会给投资者带来巨大经济损失，给企业、社会中介机构，以及舞弊作假者带来巨额经济赔偿责任和刑事责任。

（七）社会中介机构不尽责风险

如果注册会计师未能保持审计工作应有的职业谨慎态度，未能严格遵循审计准则的要求开展审计工作，可能导致公司对外报送的财务报告不合法合规，公司可能承担相应法律责任，甚至受到证券部门行政处罚；如果注册会计师不专业、不独立、不尽责，甚至为了眼前利益为虎作伥，不惜与企业合谋舞弊，出具不真实的审计报告，不仅会误导投资者，扰乱资本市场秩序，还会给企业与中介机构自身带来灭顶之灾。

（八）财务分析流于形式风险

如果财务分析报告的目的不明确，财务分析方法不正确，财务分析报告的内容不完整，未对企业生产经营活动中发生的重大事项做专门分析；财务分析仅局限于财会部门的自娱自乐或流于形式，就难以及时发现企业经营管理中存在的问题，可能会导致企业财务风险与经营风险的发生。

二、财务报告的关键控制点、控制目标和控制措施

财务报告内部控制的关键控制点、控制目标和控制措施如表 12－1 所示。

表 12－1　财务报告内部控制的关键控制点、控制目标和控制措施

关键控制点	控制目标	控制措施
1. 财务报告编制方案审批	财务报告编制方案合规可行	（1）制定并及时更新会计政策 （2）按照规定的权限和程序审批会计政策 （3）严格审批财务报告编制方案
2. 重大事项会计处理审批	确保会计信息的准确性	（1）制定并实施重大事项会计核算制度 （2）明确重大事项会计处理的审批程序

续表

关键控制点	控制目标	控制措施
3. 财产清查及债务核实报告审批	确保账实相符、账账相符	（1）制定科学合理的财产清查方案 （2）落实财产清查和债务核实责任 （3）严格审批财产清查及债务核实报告
4. 账目核对与检查	保证账证、账账相符，账务处理正确	（1）制定并落实对账责任制度 （2）落实账务检查责任制度 （3）调账严格按规定履行审批程序 （4）严格按程序关账和反关账
5. 财务报告编制	财务报告准确完整、合法合规	（1）编制执行财务报告编制手册 （2）严格按照规定的程序编制财务报告 （3）落实财务报告编制、校验与审核责任 （4）建立并实行财务报告编制责任追究制度
6. 财务报告审核	确保财务报告质量	（1）严格按规定程序审核财务报告 （2）建立并落实财务报告审核责任追究制度
7. 财务报告审计	审计结论准确恰当	（1）制定会计师事务所选聘制度并严格执行 （2）配合注册会计师做好审计工作 （3）对会计师事务所审计工作情况进行正确评价
8. 财务报告报出审批	按照法律法规报送财务报告	（1）严格财务报告报出的审批程序 （2）制定并落实财务报告披露责任 （3）严格执行财务报告报出前的保密规定
9. 财务分析报告审核	（1）将财务报告转化为对决策者有用的信息 （2）准确揭示公司经营状况和存在的问题	（1）严格按照财务分析制度的规定编写财务分析报告 （2）搞好业财融合，提高财务分析能力 （3）严格审核和完善财务分析报告
10. 跟踪整改落实	根据分析报告进行决策和整改落实，不断提高经营管理水平	（1）及时将财务分析报告报送有关部门 （2）建立并落实财务分析报告整改监督制度，跟踪财务分析报告整改落实情况

三、财务报告的会计系统控制

企业应当按照会计法和国家统一的会计准则、会计制度，加强会计基础工作，明确会计凭证、会计账簿和财务报告的处理程序，对会计主体发生的各项经济业务进行规范的记录、归集、分类和编制财务报告，充分发挥会计系统的控制职能，保证会计资料和财务报告真实完整。财务报告的会计系统控制具体措施包括以下四个方面：

（一）确保经济信息准确

财务报告的会计系统控制要从财务报告的源头信息做起，确保企业所有经营活动、投资活动和财务活动合法合规、经济业务信息准确无误；要严格执行企业各项经济活动授权审批制度，确保进入会计核算系统的所有自制原始凭证与外来原始凭证都真实可靠，都有经办人、审核人、批准人的签字认可。

（二）准确进行会计核算

企业的会计核算必须遵守《中华人民共和国会计法》《企业会计准则》和会计制度的规定，在一个会计期间，企业发生的所有经济业务，都要通过填制和审核凭证、登记账簿和编制会计报表这三个环节进行会计处理，将经济业务转换为系统的会计信息。即，经济业务发生后，经办人员要填制或取得原始凭证报审批人批准，经会计人员审核整理后，按照设置的会计科目，运用复式记账法，编制记账凭证，并据以登记账簿；要依据会计凭证和账簿记录对生产经营过程中发生的各项收入、成本、费用进行计算，并依据财产清查对账簿记录加以核实，在保证账实相符、账账相符的基础上，定期编制会计报表。

（三）规范编制财务报告

编制财务报告要根据真实的交易、事项以及完整、准确的账簿记录等资料，并按照会计准则、会计制度规定的编制基础、编制依据、编制原则和编制方法，对会计报表中各项会计要素进行合理的确认和计量，不得随意改变会计要素的确认和计量标准。在编制年度财务报告前，对当期财务报告产生重大影响的交易和事项的会计处理，要按照规定的权限和程序进行审批，要做好资产清查、减值测试和债权债务核实工作，确保会计报表之间、会计报表各项目之间，凡有对应关系的数字，应当相互一致；会计报表中本期与上期的有关数字应当相互衔接。

（四）依法履行监督职责

对企业的经济活动进行会计监督，是《中华人民共和国会计法》赋予企业财会机构、会计人员的神圣职责。会计人员要不辱使命，恪尽职守，加强会计监督，坚决抵制财务作假行为，确保编制的财务报告真实可靠、全面完整；公司董事会、监事会、高管团队和实际控制人要遵循法律规定，积极支持财会机构，会计人员忠于职守、履行职责，自觉遵守财务报告内部控制制度，保证企业财务报告的真实性和可靠性。

案例分析

在A股市场上因为多次制造扇贝漂移闹剧而“大名鼎鼎”的某上市公司，经过证监会动用高科技手段反复调查，终于证实了其信息披露严重失实的违法问题。目前证监会决定对某上市公司给予警告，并处以60万元罚款，对15名责任人员处以3万元至30万元不等罚款，对4名主要责任人采取5年至终身市场禁入。其中公司原董事长、总裁吴某刚被处以终身市场禁入。此外，值得注意的是，短短8个月间，某上市公司财务总监已换了4次。

一个上市公司在短期内频繁更换财务总监这个重要职务的任职者，说明在多年持续的财务造假状态下，其财务运作已经处于严重混乱之中，导致新的任职者难以理清，不得不以辞职了事。某上市公司所面临的问题，不仅在于财务总监的频繁更替，新任董事长人选也一时难觅。对于某上市公司来说，高管集体倒台事件正暴露出A股市场一些公司面临的实际问题。

对于一个上市公司来说，包括董事长在内的一众公司高管，不仅应是企业所从事行业的专家，而且应该是熟悉资本市场、对市场保持敬畏的人才。但是，A股市场的快速发展造成了这种“两栖人才”的奇缺，这使得像某上市公司这样的地方企业具有了根本性的缺陷。这样的公司进入资本市场以后，触犯相关法律几乎是随时可能发生的。

A股市场建立将近30年来，因违反市场法律法规而受到各种处罚的上市公司及其高管，如过江之鲫一般络绎不绝，其背后正暴露出大量上市公司存在的先天不足。某上市公司是长长的名单中的一个，只不过它在造假上更加具有戏剧性罢了。那么，当吴某刚受到市场禁入处罚而离开某上市公司时，未来新产生的董事长如果继续是资本市场的“门外汉”，又拿什么来保证其不会重蹈覆辙呢？

类似某上市公司这样的公司在A股市场上还有很多，它们上市以后其实“活得很累”，募集资金花光了，融资能力荡然无存，为了维持在市场上的生存，有的不惜铤而走险、弄虚作假，给投资者利益造成了很大的伤害。上市只是给公司带来了短时间的荣光，但辉煌散尽后，上市反而成了影响公司正常经营的“不堪承受之重”。

中国证监会发布对某上市公司的处罚，再一次向市场宣示了严厉惩处造假、保护投资者利益的坚定决心。随着大数据、云计算等技术的广泛应用，相关稽查执法工作将更加智慧、高效、精准，证券市场违法违规行为也将无处遁形。可以相信，在未来的市场执法中，存在严重不足的上市公司如果再不及时补课，加强公司依法治理的制度化建设，等待它们的就只能是黯然收场。而对投资者来说，为了规避风险，也应该远离这些摸不着边的公司。

分析要求：

（1）根据所学知识分析，某些上市公司为什么胆大妄为，财务作假？

（2）从内部控制角度分析，如何保证企业财务报告的真实性、可靠性？

分析提示：

（1）某些上市公司敢于财务作假的原因主要有三个：一是利益驱动，牟取以财务业绩为基础的私人报酬最大化；二是中介机构“利”字当头，与违法公司沆瀣一气；

三是违法成本太低，现行法律法规对财务作假处罚太轻，缺乏威慑力。

（2）从内部控制角度分析，保证企业财务报告的真实性、可靠性需要采取以下两项措施：一是搞好财务报告内部控制制度建设，确保制度设计的规范性和可行性；二是严格执行财务报告内部控制制度，规范编制财务报告。

任务四 财务报告控制制度设计

一、财务报告控制制度的设计方法与内容

财务报告控制制度设计主要包括现状调研、风险评估、内部控制测试和制度设计四大基本环节。各环节的设计方法与内容是：

（一）现状调研

1. 了解内部控制现状

首先，确认有无财务报告方面的相关控制制度和规定；其次，确认现行制度设计得是否完善；然后，确认制度是否得到贯彻执行；最后，确认有无具体的操作文件、控制表单及监控档案等。

2. 梳理描述业务流程

分析企业财务报告的业务流程有哪些，流程包括哪些环节，设有哪些关键控制点，能否有效控制财务报告可能发生的风险，并将企业财务报告的业务流程现状用图表的形式描绘出来。

（二）风险评估

财务报告风险评估包括目标设定、风险识别、风险分析和风险应对四个环节。

1. 目标设定

首先，根据企业财务报告的目的和要求设定财务报告的总体控制目标；然后，根据财务报告业务流程，分别设定财务报告编制方案、确定重大事项会计处理、清查资产核实债务、关账与结账、编制个别财务报告、编制合并财务报告、财务报告审核、财务报告审计、对外提供财务报告、编制财务分析报告、报告利用与整改落实等环节的具体控制目标。

2. 风险识别

要对照《企业内部控制应用指引第 14 号——财务报告》中有关财务报告风险的提示，结合企业财务报告实际情况，识别并具体描述财务报告各环节可能遇到或发生的各种风险。要关注引起财务报告风险的主要因素，准确识别与实现财务报告控制目标有关的内部风险和外部风险。

3. 风险分析

首先，从内部因素和外部因素两方面分析企业财务报告风险产生的原因；然后，对照财务报告风险评估标准进行风险评估，并编制财务报告风险评价表。

4. 风险应对

财务报告风险应对是选择财务报告风险应对策略的过程。要结合企业实际情况，明确财务报告编制方案、确定重大事项会计处理、清查资产核实债务、关账与结账、编制个别财务报告、编制合并财务报告、财务报告审核、财务报告审计、对外提供财务报告、编制财务分析报告、报告利用与整改落实等环节的职责和权限，按照规定的权限和程序办理财务报告编制、财务报告对外提供和财务报告分析利用三个阶段各项工作，确保财务报告活动合规、有效进行。要根据风险分析和评估结果，针对不同等级的财务报告风险，相应采取风险规避、风险降低、风险分担和风险承受四种应对策略，并编制财务报告风险应对表。

（三）内部控制测试

财务报告内部控制测试在现状调研和风险评估的基础上进行，主要包括根据内部控制缺陷评价标准进行内部控制缺陷测试和编制内部控制缺陷评价表两项工作。

（四）制度设计

财务报告控制制度设计的基本程序包括确定关键控制点、编制风险控制矩阵、完善内部控制制度和绘制控制流程图四个环节。

1. 确定关键控制点

财务报告关键控制点的确定应根据财务报告风险评估的结果，结合内部控制缺陷评价结论进行。一般来说，财务报告的关键控制点应当包括财务报告编制方案审批、重大事项会计处理审批、财产清查及债务核实报告审批、财务报告审核、财务报告审计等影响财务报告控制目标实现的关键环节。

2. 编制风险控制矩阵

财务报告风险控制矩阵是对财务报告业务流程中的控制目标、各种风险、关键控制点、责任主体、应对策略等的简要说明与描述，是财务报告内部控制制度设计要素的集中体现和纲领性文件，也是企业财务报告内部控制制度的重要组成部分。

3. 完善内部控制制度

根据财务报告内部控制的要求、现行财务报告控制制度的设计运行情况，以及风险评估结论，修订、完善、补充或重新制定财务报告内部控制制度，要将内部控制的原则、要求、方法和措施嵌入财务报告管理制度之中。

4. 绘制控制流程图

根据财务报告风险控制矩阵和财务报告控制制度，结合财务报告的实际情况绘制财务报告控制流程图，标明风险控制点和关键控制点，并编写控制流程说明。

二、财务报告控制制度的设计目标

财务报告控制制度的设计目标要围绕企业内部控制的战略目标、经营目标、资产目标、报告目标和合规目标，根据财务报告内部控制的总体要求来确定。因为，企业编制财务报告的目的是向财务报告使用者提供与企业财务状况、经营成果和现金流量有关的会计信息，反映企业管理层受托责任履行情况，为财务报告使用者投资、贷款等经济决策提供依据。因此，财务报告内部控制的基本目标是规范企业财务报告，保证财务报告的合法性、真实性、准确性和完整性。为此，财务报告控制制度设计应能实现如下控制目标：

（一）保证财务报告的合法性

财务报告控制制度要明确规定企业必须严格按照《中华人民共和国会计法》《企业会计准则》和会计制度的规定，运用规范的会计方法处理企业发生的所有经济业务，原始凭证审核、会计科目运行、记账凭证编制、会计账簿登记，以及收入、成本、费用、利润核算、财务报告编制及披露全过程都要保证合法合规。

（二）保证财务报告的真实性

财务报告控制制度要明确规定企业必须以实际发生的交易或者事项为依据进行会计确认、计量和报告，如实反映符合确认和计量要求的各项会计要素及其他相关信息，保证会计信息真实可靠、内容完整。

（三）保证财务报告的准确性

通过编制《财务报告管理手册》实现财务报告编制及全过程的标准化、流程化、规范化；要明确规定财务报告的审核、审计责任，加强财务报告编制全过程的审核把关和财务报告披露前的审核、审计工作，确保财务报告的准确性。

（四）保证财务报告的完整性

财务报告控制制度要明确规定企业的所有经济业务都要纳入会计核算；报告期内发

生的会计业务都要纳入财务报告；财务报告的主要构成——资产负债表、利润表、现金流量表和财务情况说明书要完整编报；向不同财务报告使用者提供的财务报告，其编制依据、编制内容、编制结果应当一致；法律、法规规定财务报告须经注册会计师审计的，必须由注册会计师及其所在的会计师事务所出具的审计报告。

三、财务报告控制制度设计案例

深圳市德赛电池科技股份有限公司财务报告内部控制制度

（经2021年3月19日公司第九届董事会第十一次会议审议通过）

第一章 总则

第一条 为规范财务报告，确保财务报告的真实、准确、完整，发挥财务报告效用，严防财务报告泄密，确保财务报告及时、公平披露，根据《中华人民共和国会计法》《企业财务会计报告条例》等有关法律法规，《企业会计准则》《企业内部控制基本规范》及企业内部控制配套指引、《上市公司信息披露管理办法》等要求，制定本制度。

财务报告内控制度文本

第二条 本制度适用于深圳市德赛电池科技股份有限公司及其下属全资和控股公司。

第三条 本制度所称财务报告，是指公司对外提供的反映公司某一特定日期财务状况和某一会计期间经营成果、现金流量等会计信息的文件。包括资产负债表、利润表、现金流量表、所有者权益变动表、附表及会计报表附注和财务情况说明书等。

财务报告包括子公司个别财务报告、母公司个别财务报告和上市公司合并财务报告。

第四条 公司编制、对外提供和分析利用报告，至少应当关注下列风险：

（一）编制报告违反会计法律、法规和国家统一的会计准则制度，可能导致公司承担法律责任和声誉受损。

（二）提供虚假报告，误导报告使用者，造成决策失误，干扰市场秩序。

（三）不能有效利用报告，难以及时发现公司经营管理中存在的问题，可能导致公司财务和经营风险失控。

第五条 公司应当严格执行会计法律、法规和国家统一的会计准则制度，加强对报告编制、对外提供和分析利用全过程的管理，明确相关工作流程和要求，落实责任制，确保报告合法合规、真实完整和有效利用。

第六条 公司财务负责人负责组织领导财务报告的编制、审核财务报告编制质量；董事会负责审议对外披露的财务报告；监事会和审计委员会对公司财务报告行使监督职责。

第七条　公司负责人对财务报告的真实性、完整性负责。

第二章　财务报告的编制

第八条　公司财务部负责具体的财务报告编制工作。财务部会计人员应当按照国家统一的会计准则制度的规定和公司主要会计政策进行相应的会计处理，并在确保账实相符、账证相符的基础上，根据登记完整、核对无误的会计账簿记录和其他有关资料编制财务报告，做到内容完整、数据真实、计算准确、及时报送，不得漏报或者任意取舍。任何一级组织和领导不得授意、指使、强令会计人员编制和提供虚假的或隐瞒重要事实的财务报告。

第九条　公司依照有关法律法规规定的结账日进行结账，不得提前或者延迟。

年度结账日为公历年度每年的12月31日；半年度、季度、月度结账日分别为公历年度每半年、每季、每月的最后一天。公司不得为赶编财务报表而提前结账，不得预先编制财务报表后结账。

第十条　公司财务部应指定人员负责财务报告编制，明确财务报告的编制程序及报告的时间要求，并在相关岗位设置中落实编制和审核等不相容职务相分离的原则，确保复核有效。

第十一条　重大事项及非常规事项相关处理：

（一）对重大事项及非常规事项应予以高度关注。其中：重大事项通常包括以前年度审计调整、会计准则制度的变化、年度内合并范围的变化等对财务报告的影响；非常规事项是指公司在以往经营及账务处理中较少发生的特殊事项，包括但不限于商誉、投资性房地产、或有事项计量、股份支付、债务重组、非货币性资产交换等。

（二）重大事项及非常规事项处理流程：本部职能部门及各子公司对重大会计事项及非常规事项进行处理前，由业务职能部门及职能人员提供相关审核批准文件后，按照会计事项不同的复杂程度及重要性水平，提交本公司财务负责人审核并出具意见后，由财务人员进行财税处理。

第十二条　在编制年度、半年度财务报告前，公司财务部应当协同资产管理等部门进行各项资产清查、减值测试和核实债权债务的工作，确保财务报告中反映的资产真实、可靠。

对资产清查中发现的差异，应当分析原因，由相关部门提出处理意见，按权限逐级上报审批，财务部应根据会计准则、财务制度的相关规定进行恰当的会计处理。

第十三条　个别财务报告的编制：

（一）公司财务报告列示的资产、负债、所有者权益金额应当真实可靠。各项资产计价方法不得随意变更，并按照会计准则规定进行减值测试和计提减值准备，严禁虚增或虚减资产。各项负债应当反映公司的现时义务，不得提前、推迟或不确认负债，严禁虚增或虚减负债。所有者权益应当反映公司资产扣除负债后由所有者享有的剩余权益，由实收资本（或股本）、资本公积、留存收益等构成。

（二）公司财务报告应当如实列示当期收入、费用和利润。各项收入的确认应当遵循规定的标准，不得虚列或者隐瞒收入，不得推迟或提前确认收入。各项费用、成本的确认应当符合规定，不得随意改变费用、成本的确认标准或计量方法，虚列、多列、不列或者少列费用、成本。利润由收入减去费用后的净额、直接计入当期利润的利得和损失等构成。不得随意调整利润的计算、分配方法，编造虚假利润。

（三）公司财务报告列示的各种现金流量由经营活动、投资活动和筹资活动的现金流量构成，应当按照规定划清各类交易和事项的现金流量的界限。

（四）严格进行校验审核工作。会计报表之间、会计报表各项目之间有对应关系的，应当钩稽一致。会计报表中本期与上期的有关数字应当相互衔接。

（五）按照国家统一的会计准则制度编制附注。对会计报表中需要说明的事项，做出真实、完整、清晰的说明。检查担保、诉讼、未决事项、资产重组等重大或有事项是否在附注中得到反映和披露。

第十四条　合并财务报告由母公司财务部编制，主要包括季度、半年度、年度合并财务报告。母公司财务部应当明确合并财务报告的合并范围和合并方法，如实反映企业集团的财务状况、经营成果和现金流量。合并财务报告编报前，由公司合并财务报告编制人员制定定期财务报告通知文件，明确数据要求和时间安排等内容，发送至公司合并报表范围内各公司的财务部。各公司财务部有义务向母公司财务部提供编制财务报告所需要的各项信息资料。

（一）母公司财务部应依据经相关部门确认的产权（股权）结构图，并考虑所有相关情况，依据国家统一的会计准则制度的规定合理确定合并范围。

（二）母公司应当统一合并范围内公司所采用的会计政策，使各子公司所采用的会计政策与母公司一致。子公司所采用的会计政策与母公司不一致的，应当按照母公司的会计政策对子公司财务报表进行必要的调整。母公司可以要求子公司按照母公司的会计政策另行编制财务报表。

同时，母公司应当统一子公司的会计期间，使子公司的会计期间与母公司保持一致。子公司的会计期间与母公司不一致的，应当按照母公司的会计期间对子公司财务报表进行调整。母公司可以要求子公司按照母公司的会计期间另行编报财务报表。

设立在境外的子公司以外币表示的财务报表，应当折算为人民币并根据折算为人民币的财务报表编制合并财务报表。

（三）编制合并财务报表必须按规编制工作底稿。母公司财务部收集、审核合并范围内各公司财务报表，根据核准的合并内部单位交易统计数据等编制抵销分录后，计算出合并数据，形成本级次的合并财务报表，报送本级次财务负责人审核。

（四）子公司所有者权益中不属于母公司的份额，应当作为少数股东权益，在合并资产负债表中所有者权益项目下以“少数股东权益”项目列示。子公司当期净损益中属于少数股东权益的份额，应当在合并利润表中净利润项目下以“少数股东损益”项目列示。

第十五条 公司编制财务报告，应当关注会计政策和会计估计，对财务报告产生重大影响的交易和事项的处理应当按照规定的权限和程序进行审批。未经董事会决议不得随意变更会计政策和会计估计。

第十六条 公司合并财务报告的内容实行分级审核。主要包括合并会计交叉复核、财务负责人审核和董事会审核。原则上未经财务负责人审核的财务数据不能直接用于对外披露。公司年度财务报告需经审计委员会和股东大会审核。

第十七条 公司应当充分利用信息技术和科学合理方法提高工作效率和工作质量，尽量减少和避免人为调整因素。

第十八条 公司通过开展培训、后续教育等形式，组织财务人员学习相关法律法规和准则制度，及时更新知识，不断提高财务人员的岗位胜任能力和职业道德水平。

第十九条 公司财务部有义务、有责任做好财务报告及相关会计资料的保管工作，按照法律规定年限妥善保管财务报告及相关会计资料。

第三章 财务报告的对外提供

第二十条 公司依照相关法律法规和上市规则等有关财务会计报告提供期限的规定，由证券事务部协同财务部拟定，并由证券事务部报深圳证券交易所核准上市公司定期财务报告披露的第一时间。在公司季度、半年度、年度财务报告正式对外披露前，任何接触或接受公司财务报告的组织或者个人，不得提前向外部泄露可能导致股票市场价格波动的财务报告信息。

第二十一条 财务报告对外提供前需按规定程序进行审核。财务负责人、主管会计工作负责人、公司负责人审核财务报告并在财务报表上签名。上市公司董事、高级管理人员应当依法对公司定期报告是否真实、准确、完整签署书面确认意见；上市公司监事会应当依法对董事会编制的公司定期报告进行审核并提出书面审核意见。

第二十二条 财务会计报告依照规定须经注册会计师审计的，公司应选择符合资质的会计师事务所对财务报告进行审计。并依规将注册会计师及其会计师事务所出具的审计报告随同财务会计报告一并对外提供。公司不得干扰审计人员的正常工作，并应对审计意见予以落实。

第二十三条 财务报告的对外提供：

（一）公司的季度、半年度、年度等财务报告需经董事会审核通过后向全社会提供。在正式对外披露前，确需向有关部门或人员报送财务报告相关信息的，财务部等相关人员应及时告知并积极配合证券事务部按内幕信息知情人管理制度做好登记备案和保密工作。

（二）公司依照规定向有关各方提供的财务会计报告，其编制基础、编制依据、编制原则和方法应当一致。

（三）公司对外提供的财务报告应及时整理归档，并按有关规定妥善保存。

第四章 财务报告的分析利用

第二十四条 公司财务部负责编写财务分析报告。公司定期召开经营分析会议，会上共享财务分析结果，以充分利用财务报告反映的综合信息，全面分析公司的经营管理状况和存在的问题，不断提高经营管理水平。

（一）编写财务分析报告时要明确分析的目的，运用正确的财务分析方法，并能充分、灵活地运用各项资料。根据不同的分析目的和管理需求，可以从以下方面展开分析：公司的资产分布、负债水平和所有者权益结构；通过资产负债率、流动比率、资产周转率等指标分析公司的偿债能力和营运能力；分析公司净资产的增减变化，了解和掌握公司规模和净资产的不断变化过程；分析各项收入、成本、费用的构成及其增减变动情况；通过净资产收益率、每股收益等指标，分析公司的盈利能力和发展能力，了解和掌握当期利润增减变化的原因和未来发展趋势；分析经营活动、投资活动、筹资活动现金流量的运转情况，重点关注现金流量能否保证生产经营过程的正常运行，防止现金短缺或闲置。

（二）财务负责人应当在财务报告的分析和利用工作中发挥主导作用。财务负责人审核财务分析报告的准确性，判断是否需要对特殊事项和财务分析结果进行补充说明。对生产经营活动中的重要资料、重大事项以及与上年同期数据相比有较大差异的情况要做重点说明。

（三）公司经营分析会议应吸收有关部门负责人参加。公司管理者对财务指标和运营情况有知情权，并应重视财务分析报告中揭示的问题和提出的建议，布置和督促各相关部门和相关人员采取措施进行整改。

第五章 附则

第二十五条 本制度自董事会审议通过之日起执行。

第二十六条 公司以前相关制度的规定与本制度如有不符之处，以本制度规定为准。未尽事宜按有关法律法规、规章制度及规范性文件执行。

第二十七条 本制度由公司董事会负责解释和修订。

项目小结

本项目讲解企业财务报告控制，包括财务报告控制概述、财务报告业务流程、财务报告主要风险与控制措施、财务报告控制制度设计四部分内容。财务报告是企业投资者、债权人做出科学投资、信贷决策等经济决策的重要依据，是进行企业盈利能力分析、发展能力分析、营运能力分析和偿债能力分析的基础资料，也是反映企业管理层受托责任履行情况的集中展示。然而，出于牟取私人报酬最大化、骗取外部资金、侵占资产、违规担保、内幕交易、操纵市场等动机，企业财务报告作假的事情屡见不鲜，在给国家、社会、广大投资者造成巨大损失的同时，也给企业带来了极大伤害，甚至灭顶之灾。学习财务报告控制要重点理解财务报告的含义、内容、主要风险、关键控制点、控制目标和控制措施，了解掌握财务报告控制制度设计的方法和内容。

项目练习

一、单选题

1. 财务报告是（　　）、债权人做出科学投资、信贷决策等经济决策的重要依据。

A. 税务机关　　B. 企业投资者　　C. 经营管理者　　D. 财务人员

2. 财务报告业务流程主要由财务报告编制流程、财务报告对外提供流程、（　　）三个阶段组成。

A. 财务报告披露流程　　B. 财务报告审计流程

C. 财务报告分析利用流程　　D. 财务报告审批流程

3. 财务报告内部控制的基本目标是保证财务报告的合法性、真实性、（　　）和完整性。

A. 可行性　　B. 规范性　　C. 有效性　　D. 准确性

4. 财务报告的会计系统控制具体措施包括确保经济信息准确、准确进行会计核算、规范编制财务报告和（　　）四个方面。

A. 依法履行监督职责　　B. 搞好财务分析

C. 加强会计档案管理　　D. 按时提交财务报告

二、判断题

1. 财务报告是指企业对外提供的反映企业某一会计期间财务状况、经营成果和现金流量等会计信息的文件。（　　）

2. 企业负责人对财务报告的真实性和完整性承担责任。（　　）

3. 在编制财务报告前，企业要确认对当期财务报告有重大影响的主要事项，并确定是否对其进行会计处理。（　　）

三、简答题

1. 什么是财务报告？企业财务报告至少应当关注哪些风险？

2. 简述财务报告内部控制的总体要求。

3. 企业财务报告业务流程有哪些？

4. 企业财务报告有哪些关键控制点？

5. 财务报告控制制度设计的目标有哪些？

项目实训

案例见财务报告控制制度设计案例《深圳市德赛电池科技股份有限公司财务报告内部控制制度》。

分析要求：

根据所学知识评价深圳市德赛电池科技股份有限公司设计的财务报告内部控制制度是否完善。

参考文献

［1］财政部，证监会等．关于印发企业内部控制基本规范的通知（财会〔2008〕7号）．

［2］财政部，证监会等．关于印发企业内部控制配套指引的通知（财会〔2010〕11号）．

［3］财政部．关于印发小企业内部控制规范（试行）的通知（财会〔2017〕21号）．

［4］财政部会计司．企业内部控制应用指引解读［N］．中国会计报，2010（5）．

［5］张长胜．企业内部控制［M］．北京：北京大学出版社，2012.

［6］张长胜．企业全面预算管理［M］．3版．北京：北京大学出版社，2023.

［7］方红星，池国华．内部控制［M］．4版．大连：东北财经大学出版社，2019.

［8］蒙丽珍．内部控制与风险管理［M］．大连：东北财经大学出版社，2011.

［9］张庆龙，聂兴凯，彭志国．企业内部控制建设与评价［M］．北京：经济科学出版社，2011.

［10］李敏．企业内部控制规范［M］．上海：上海财经大学出版社，2011.